K.O. Auschwitz

K.O. Auschwitz

José Ignacio Pérez

© 2022, José Ignacio Pérez

Primera edición: abril de 2022

© de esta edición: 2022, Roca Editorial de Libros, S.L.
Av. Marquès de l'Argentera 17, pral.
08003 Barcelona
actualidad@rocaeditorial.com
www.rocalibros.com

Impreso por LIBERDÚPLEX, S.L.U.

ISBN: 978-84-12138-23-8
Depósito legal: B. 3912-2022

RC38238

A Noah por contarme.
A mis padres por educarme.
A Cris por aguantarme.
A todos los que han contribuido
a que este libro vea la luz.

Muchos milagros me salvaron la vida en Auschwitz.

Noah Klieger, prisionero 172 345

Nadie tiene amor más grande que el que da la vida por sus amigos.

Jn 15:13

Hubo algo que escribió Hemingway que siempre me impresionó: para él escribir era como boxear.

Gabriel García Márquez, *The Paris Review*, 1981

Índice

Nota del autor

Esta no es mi historia ni pretendo que lo sea. Lo que ustedes se disponen a leer no son mis palabras, sino los recuerdos, testimonios y memorias de los que sobrevivieron para contar lo que pasó allí. En Auschwitz.

He intentado ser lo más fiel posible a todo lo que ellos testificaron.

In memoriam a las víctimas del Holocausto.

Prólogo

Escribir sobre Auschwitz es un gran reto para cualquiera que intente abordar el tema, pues es imposible describir en un solo libro, por muy extenso que este sea, la tragedia de más de un millón de personas encarceladas en condiciones inhumanas y que, en su gran mayoría, perecieron. No es posible relatar la historia personal de cada una de ellas, cuya vida en el campo a veces duraba tan solo unas horas, el tiempo que transcurría desde su llegada en un vagón de ganado hasta la muerte en las cámaras de gas; otras se pasaban varios años trabajando como esclavas bajo la supervisión de brutales kapos. Sin embargo, cada libro añade algo nuevo a nuestro intento de conocer mejor aquello que probablemente nunca se podrá entender completamente, al tratarse de una barbarie basada en un odio sin explicación lógica.

El nombre de «Auschwitz» es, sin duda, un símbolo de la crueldad nazi, pero no hay que olvidar que fue uno de los muchos campos creados por voluntad de Hitler, primero en Alemania, y después en la Europa ocupada. Durante años, encarcelaron en esos infames lugares a todos aquellos que, por alguna razón, consideraban enemigos del sistema totalitario implantado en la década de los treinta del siglo XX en Alemania. Y por enemigo se definía a todo aquel que para ellos era diferente por razón de raza, origen, creencias o inclinaciones. En el Tercer Reich, que despreciaba todas las reglas democráticas, se descartaba la posibilidad de diálogo y la búsqueda de consenso. Solo se podía estar de acuerdo o someterse. Cualquier intento de oposición se reprimía con unas medidas atroces que podían llevar, y a menudo llevaban, a la muerte. La vida humana bajo el totalitarismo perdió drásticamente su valor: frente a la ideología brutal, despiadada e irreflexiva que impulsaba la maquinaria del Estado alemán, el hombre y su dignidad individual no significaban nada. Hablamos de una ideología que se alimentaba de un mito imperial, de envidias y complejos enraizados en el subconsciente, que necesitaba constantemente un enemigo —interno o externo— para justificar su existencia y para ser llevada a extremos cada vez mayores.

De ahí que todos aquellos que, por algún motivo político, racial o de cualquier otro tipo, eran considerados enemigos del sistema acababan en campos de concentración. El primero, Dachau, se estableció en las afueras de Múnich ya en 1933, y pronto le siguieron otros. Con el estallido de la Segunda Guerra Mundial, el sistema de campos comenzó a expandirse más rápidamente. Como resultado de la agresión alemana a Polonia en septiembre de 1939, seguida de la conquista de Dinamarca, Noruega, los países del Benelux y Francia en la primera mitad de 1940, el Reich de Hitler, junto con sus aliados, se hizo con el control de una gran parte de la Europa continental. Uno de los pilares del reino del terror —tanto represivo como preventivo— implantado en los territorios conquistados fue la práctica de mandar a la población a campos de concentración. Fue entonces cuando se fundó Auschwitz: el primer grupo de prisioneros llegó en junio de 1940. Se trataba de polacos a los que el Gobierno alemán de ocupación consideraba enemigos políticos. Muy pronto el número de presos comenzó a crecer, y entre los encarcelados en el campo también aparecieron mujeres y niños. El régimen nazi no se apiadaba de nadie.

El momento decisivo para el futuro del campo de Auschwitz llegó después del verano de 1941. Adolf Hitler rompió unilateralmente el tratado de no agresión con la Unión Soviética, que se había firmado justo antes del ataque a Polonia y que pasó a la historia como el «Pacto Ribbentrop-Mólotov», y poco después se tomó la decisión de construir un segundo campo en Birkenau, muy cerca del ya existente, para alojar a más de cien mil prisioneros de guerra soviéticos. Pronto se abandonó este concepto y Auschwitz II-Birkenau, como se llamó a esta parte, se convirtió principalmente en el lugar de aniquilación de un millón de judíos transportados allí desde toda Europa para llevar a cabo el plan nazi de la «Solución Final». Durante los años siguientes, hasta principios de 1945, Auschwitz funcionó al mismo tiempo como campo de concentración y de exterminio, así como sucedía con decenas de otros campos que formaban parte de la industria de la muerte de la Alemania nazi.

He conocido a varios supervivientes, y cada una de las historias que me contaron era diferente y única. El hecho de sobrevivir al horror solía depender de un capricho del destino, de la coincidencia, de la suerte o, tal vez, del buen humor de un SS o de un kapo. José Ignacio Pérez ha escogido algunas de estas historias individuales particularmente excepcionales. ¿De qué otra manera se podría definir las vidas de esas pocas personas cuya salvación en el momento más oscuro de la historia de la humanidad se basó en saber boxear?

Llegados a este punto, algunos se podrían preguntar: pero ¿qué tienen en común Auschwitz y el boxeo? Sorprendentemente, mucho. Sin embargo, no es mi tarea responder aquí a esta cuestión. Lo hace José Ignacio en su libro, mostrando algunos elementos, quizá menos conocidos, de la vida cotidiana en un campo de concentración.

Este libro destaca varias paradojas. Como se sabe, en la Antigua Grecia, considerada la cuna del deporte, este era algo sagrado, dedicado a los dioses. Por tanto, durante los Juegos Olímpicos, que se celebraban cada cuatro años, las ciudades-estado griegas detenían todos los combates. Así pues, resulta paradójico que la práctica del boxeo en Auschwitz fuese no solo consecuencia de la guerra más cruel de la historia, sino que, más allá del deporte, la pelea en el ring significó para los protagonistas de las siguientes páginas la lucha por la supervivencia. Igualmente, es paradójico que, a pesar de ser considerados como infrahumanos por los hombres de las SS, los boxeadores en Auschwitz fueran al mismo tiempo apreciados, e incluso admirados por sus verdugos arios. En cierto modo, los alemanes cuidaban de estos atletas otorgándoles algunos privilegios en la vida del campo: les daban unas tareas menos extenuantes y mejores raciones de comida, o les permitían entrenar antes de los combates. La tercera paradoja la describe perfectamente Witold Pilecki, oficial del ejército polaco clandestino que se dejó arrestar para infiltrarse, bajo nombre falso, en el campo de Auschwitz, y que es autor de un extenso informe de su estancia allí: «El único deporte en el que se enfrentaban los kapos alemanes con los prisioneros polacos eran las peleas de boxeo. […] A pesar de la diferencia en la comida y [el volumen de] trabajo, los polacos siempre ganaban a los kapos alemanes. El boxeo era la única oportunidad de romperle la cara al kapo, cosa que un prisionero polaco hacía con gran satisfacción, ante la ovación general de los espectadores».*

Uno de los grandes valores de este libro es su rigor documental. Las historias, los detalles y las anécdotas que se descubren en las siguientes páginas son el resultado de una investigación de la que tuve el placer de ser testigo. A principios de 2019, se presentó en la puerta del Instituto Polaco de Cultura de Madrid un periodista del diario *Marca* con la idea de escribir un artículo sobre el poco conocido tema del deporte en Auschwitz. Buscaba ayuda para traducir del polaco los relatos que había recibido de los Archivos del Museo Estatal de Auschwitz-Birkenau. Este fue el comienzo de una serie de reuniones en las que el autor me mostraba cada vez más documentos, que luego tradujimos y comentamos. El artículo que se acabó publicando recibió posteriormente (muy merecidamente, por cierto) un premio al mejor reportaje deportivo del año y fue el punto de partida para las ulteriores investigaciones y, en consecuencia, para este libro.

---

* Citado en: Adam Cyra, *Rotmistrz Pilecki. Ochotnik do Auschwitz* [El capitán Pilecki. Voluntario en Auschwitz], Varsovia, RM 2014, p. 333 (trad. E. K.).

En las siguientes páginas nos hablan —con voz propia o a través de los relatos de varios testigos— personas que pasaron por un infierno: Noah, Jacko, Víctor, Tadeusz, Kazimierz, Antoni o Harry. Gradualmente descubrimos sus historias personales de sufrimiento, de lucha y, en algunos casos, de salvación. Lo mínimo que podemos hacer nosotros es escuchar sus voces, rescatarlas del olvido y aprender de ellas para que nunca vuelvan a ocurrir hechos parecidos. Tal vez reflexionando sobre sus tristes experiencias lleguemos a comprender mejor la naturaleza humana, capaz igualmente de lo bueno y de lo malo. «Ha sucedido y, por consiguiente, puede volver a suceder.»* Nuestra tarea es recordar para impedirlo.

ERNEST KOWALCZYK,
coordinador de proyectos históricos,
Instituto Polaco de Cultura en Madrid

* Primo Levi, *Los hundidos y los salvados* en: P. Levi, Trilogía de Auschwitz, Barcelona, Austral, 2019, p. 648.

Un ángel

Año 1941, en la plaza de recuento, Auschwitz.

En el infierno apareció Dios.

—Tú, escoria, da un paso al frente —dijo el oficial de las SS Karl Fritzsch, y señaló a un prisionero.

Un gesto, una sentencia de muerte.

El sargento del ejército polaco Franciszek Gajowniczek, el condenado, se quebró.

—¡Mi esposa! ¡Mis hijos! —imploró.

Una súplica que alguien escuchó...

Sucedió a mediados de 1941. El prisionero Zygmunt Pilawski se había fugado a finales de julio, y los nazis, furiosos, preparaban una terrible represalia. Por uno que se había escapado elegirían a diez inocentes para morir.

Así era la justicia en un lugar sin ley.

—¡Mi esposa! ¡Mis hijos! ¡No los volveré a ver! —volvió a gritar Gajowniczek.

Y entonces un ángel bajó del Cielo en su ayuda.

Un santo al que un día defendió un boxeador...

NOAH

CARTA DE UNA HIJA

El primer viaje a Auschwitz con papá

Even Yehuda (Israel)
18 de diciembre de 2019

*P*apá nunca quería ir allí conmigo.

Pero él volvía una y otra vez. Un año y otro y otro. Y cuando regresaba a casa siempre me decía lo mismo: «Me parece que todo sucedió ayer». No importaba el tiempo que hubiera transcurrido, ya fueran lustros, décadas… Auschwitz siempre estaba ahí, en su conciencia. Y Auschwitz jamás lo abandonó.

Yo, una niña por aquel entonces, no podía entender cómo un hombre que padeció todos esos sufrimientos y convivió con el horror, que miró a la muerte cara a cara en ese campo de exterminio regresaba allí de nuevo. Estaba preocupada por mi padre y traté de protegerlo. Incluso hubo momentos en los que intenté detenerlo, decirle que no tenía por qué hacerlo. Pero papá había elegido otro camino. Quería cumplir su misión y así lo hizo hasta su último día. Tal vez por eso vivió más de noventa años completamente lúcido. Para poder contar. Tenía que recordar para que el mundo supiera lo que pasó allí. El Holocausto no se puede olvidar.

Mi papá, ese al que yo le hacía tantas y tantas preguntas.

¿Por qué vuelves a ese maldito lugar? ¿Por qué lo haces si te provoca tanto dolor? ¿Por qué?

—Porque voy como un hombre libre y me marcho cuando quiero. ¡Hija mía, esa es mi victoria! —me respondía con un punto de cinismo.

Pero papá nunca quería ir allí conmigo.

Solo cuando yo ya tenía cuarenta y seis años, en abril de 2011, y era madre de tres hijos, aceptó viajar a aquel maldito lugar con su familia. Con nosotros. Ahora había encontrado en su interior la fuerza necesaria para llevarnos a Auschwitz y caminar junto a su hija por aquel campo de exterminio nazi donde cada piedra que pisábamos, cada olor, cada rayo de sol o gota de lluvia... le removía por dentro. Duros y amargos recuerdos volvían entonces a su memoria. Eran las mismas pesadillas que le atormentaron durante toda su vida.

Mi papá, Noah Klieger.

Cuando estábamos en la entrada del bloque 10, el barracón que sirvió de laboratorio experimental del doctor Mengele, mi padre apenas nos habló de las atrocidades a las que le sometieron allí. Prefirió contarnos otra de sus historias milagrosas, una de esas que le permitieron sobrevivir. Había cosas muy difíciles de recordar.

—Solo tuve suerte, fue el destino quien quiso que no muriera —solía decir.

Aquel día, además, fue la primera vez que cogí la mano de papá mientras él contaba su testimonio. Recuerdo que estábamos muy juntos, aferrados el uno al otro, delante del bloque 27, aquel barracón del que él consiguió salir con vida. Yo había esperado este momento durante muchos años, porque sentía un profundo e intenso deseo de proteger a mi padre justo en aquel lugar donde él tanto sufrió. A la entrada del bloque 27, se quedó en silencio y señaló la puerta. Casi en un susurro, dijo:

—¡Adelante! Continuemos.

Mi papá, el prisionero 172 345.

Cuatro meses después de que él falleciera, en la Marcha por la Vida de 2019 caminé sola por aquel mismo sitio, por desgracia esta vez sin mi padre. Estallé en un terrible e inconsolable llanto cuando me detuve frente al bloque 27. Fue entonces cuando me di cuenta del verdadero motivo, de por qué nunca quiso profundizar en lo que ocurrió allí. Si lo hubiera hecho, probablemente no habría vuelto a Auschwitz después de su primera visita en julio de 1959. Cada vez que regresaba de un viaje a este maldito lugar, solía decirme:

—Siempre que vuelvo de allí, me parece que todo sucedió ayer.

Auschwitz seguía ahí, dentro de él.

Papá nunca olvidó lo que ocurrió en aquel lugar. Y eso es algo que el mundo tampoco debería olvidar jamás. ¡No lo podemos permitir!

Después de aquel viaje en 2011 con mi padre, ¡mi superviviente!, entendí por qué volvía una y otra vez, y le dije muchas veces que podía haber llegado el momento de contar todo aquello que no se atrevía a recordar. Un año antes de su muerte, el Día del Holocausto de 2017, papá aceptó finalmente mi consejo y por primera vez escribió vivencias de las que jamás había hablado. Pero tampoco reveló todo. Aún tenía mucho que decir y una parte se la guardó para sí mismo.

Eso me lo contó en el hospital meses antes de morir. Palabras escalofriantes, recuerdos terribles que, tenías razón, papá, quizá fue mejor no mencionar durante todos esos años. Allí, sosteniendo su mano hinchada, magullada por los intentos de las enfermeras por encontrar la vena, le escuché en silencio. Y me impresionó cuando me dijo:

—Mira mi número, 172 345, casi ha desaparecido.

Entonces me di cuenta de que solo la muerte lo liberaría de Auschwitz.

IRIS LIFSHITZ KLIEGER
Hija de Noah Klieger,
prisionero de Auschwitz 172 345

Los guantes por última vez

—La inspiración que tuve, lo que me llevó a levantar la mano, me permitió sobrevivir. A mí el boxeo me salvó en Auschwitz.

Noah Klieger está terminando de contar su testimonio.

—Me han preguntado muchas veces si alguna vez he vuelto a boxear después de la liberación, y la respuesta es no. Nunca he vuelto a subirme a un ring —dice.

Levanta la vista y mira fijamente a los periodistas que tiene enfrente antes de volver a hablar.

—Para mí el boxeo se había acabado allí —insiste.

Auschwitz, sin embargo, siempre vuelve.

A él, al prisionero 172345, le quedaba aquel día el último asalto por disputar. Más de setenta años después, Noah se puso otra vez los guantes. Negros, viejos y algo gastados cubrían sus manos, pero dejaban al aire el antebrazo. Al descubierto quedaba el 1-7-2-3-4-5, el código de la muerte que tenía tatuado en su piel arrugada.

Klieger posó para dejar una imagen para el recuerdo, la fotografía que recrea los malditos combates en el infierno. En guardia y con el brazo en alto, desafiante y dispuesto a volver a pelear por la vida…, si hace falta. Así celebraba su «victoria». Su K. O. al nazismo. Su supervivencia.

Noah ya no está. Murió en diciembre de 2018, a los noventa y dos años. Meses antes, un día de enero de aquel mismo año, sentados en el hotel Intercontinental de Madrid, le escuchamos con un nudo en la garganta; ahora le leeremos con lágrimas en los ojos.

El preso 172 345 descansa en paz.

Y cuentan que allí, cuando llegó a las puertas del Cielo, justo ahí donde el hombre no es bestia, sino hombre, ningún nazi preguntó:

—¿Quién sabe boxear?

Noah, el prisionero que vivió con los guantes puestos.

Un hombre excepcional

—Allí nos llevaban a morir como bestias —dijo Noah Klieger con la voz calmada y el gesto triste.

El anciano parecía tranquilo; tenía los ojos claros, algo vidriosos, y la mirada fija, perdida en un punto invisible en el infinito, como si en la nada se resguardaran los oscuros y dolorosos rescoldos del pasado que ahora recordaba.

Aquel fue un día inolvidable, porque conocí a un hombre excepcional, un ser humano que me contó una historia… y me hizo llorar.

Ese nonagenario sentado frente a mí habló de la vida, pero todas sus palabras, qué ironía, estaban cubiertas por el manto de la muerte.

—Auschwitz es el mayor cementerio del mundo y, sin embargo, no hay ni una tumba. ¿Sabes por qué? —preguntó; sin esperar una respuesta, él mismo contestó—: Porque allí quemaban a las personas después de haberlas gaseado.

Fueron más de un millón. Asesinados.

Ese nonagenario sentado frente a mí habló del destino, de un milagro y de la suerte.

—Muchas cosas me salvaron la vida en Auschwitz. Si no, no estaría aquí —aseguró, convencido de su fortuna y agradecido a la intuición, al impulso interior que le obligó a levantar la mano cuando un SS preguntó: «¿Quién sabe boxear?».

Porque así Noah sobrevivió.

Ese nonagenario sentado frente a mí habló de lo que ocurrió en el campo de concentración y de lo que él sufrió; también de cómo allí la humanidad murió.

—A Auschwitz se enviaba a los judíos para que los ejecutaran como animales.

Fueron alrededor de un millón. Asesinados.

Y ese nonagenario sentado frente a mí insistió e insistió para que nadie olvide lo que sucedió.

—Durante más de sesenta años, he contado mi historia miles de veces por todo el mundo. Pienso en Auschwitz todos los días, a mí no me hacen falta aniversarios para recordar —afirmó.

A pesar de los esfuerzos de los supervivientes, los datos en la actualidad son preocupantes. Según una encuesta realizada en Estados Unidos en los últimos meses de 2020 por la Conferencia sobre Reclamaciones Materiales de los Judíos contra Alemania, el sesenta y tres por ciento de los jóvenes de entre dieciocho y treinta y nueve años desconoce que unos seis millones de judíos murieron asesinados a manos de los nazis. Además, un cuarenta y ocho por ciento no es capaz de nombrar ni un campo de concentración o un gueto de los que existieron en Europa durante la Segunda Guerra Mundial, y el once por ciento cree que los judíos fueron los responsables del Holocausto.

Por eso hay que contar, para recordar, para educar, para prevenir.

Porque ese nonagenario sentado frente a mí me advirtió que no se trata solo del pasado, sino también del presente y de lo que aún está por venir; de evitar que llegue el día en el que quizá sea yo o, peor aún, seas tú el que sin saber por qué, solo por el capricho del azar o el deseo de un ser irracional, de un criminal, esté condenado en un campo del mal. El destino…

Y fue, precisamente, la casualidad la que me llevó hasta aquel anciano.

El 15 de enero de 2018 a las 9.18 de la mañana recibí una notificación en el teléfono móvil:

¡Hola! Noah Klieger llega a Madrid el domingo 21. ¿Le quieres entrevistar ese mismo día por la tarde en el hotel? Está en el Intercontinental. Habla inglés o francés, según a quién tengas para traducir.

Todo empezó con ese mensaje de WhatsApp de Yéssica San Román, directora del Área de Educación, Holocausto y Prevención del Antisemitismo del Centro Sefarad-Israel de Madrid.

Yo sabía quién era Noah y qué me podía contar. Algo había leído sobre él. Acepté el ofrecimiento, por supuesto, aunque le hice a Yéssica una petición. En esos momentos, entre el trabajo diario en el periódico y la premura del cierre de otro reportaje que se iba a publicar en los próximos días con motivo del septuagésimo tercer aniversario de la liberación de Auschwitz, estaba hasta arriba de tarea: necesitaba un poco más de tiempo para documentarme y preparar bien la entrevista.

Respondí a Yéssica casi una hora después, a las 10.14.

¡Buenos días! El domingo lo tengo complicado. ¿Podríamos hacerlo el lunes, por favor?

Y ella, tan amable como siempre, pospuso un día nuestro encuentro.

Noah Klieger venía a España para contar lo que pasó allí. Era uno de los supervivientes de Auschwitz y estaba en Madrid para participar en una serie de conferencias y visitas que se habían organizado con motivo de la efeméride de la liberación del campo de concentración nazi por el ejército soviético, el 27 de enero de 1945.

El mundo tiene que saber, y ahí estaba él para ofrecer su testimonio.

El día de la entrevista, el lunes 22 de enero de 2018 a las 18.00, en el hotel Intercontinental, en pleno centro de Madrid, Noah apareció en silla de ruedas. Tenía noventa y un años, la mirada clara y la piel marcada por la desgracia. Manchada por ese tatuaje infame y añejo, desgastado, que empañaba su antebrazo. 1-7-2-3-4-5, un recuerdo indeleble del infierno.

Klieger vestía todo de gris, claro, oscuro y marengo, quizá

fuera un recuerdo de lo que le tocó vivir. Tiempos color ceniza. Su cuerpo de nonagenario estaba encogido, encorvado por la edad, pero conservaba la mente clara, dispuesta para recordar.

Y entonces contó que allí, al otro lado, detrás de la alambrada, un día escuchó:

—¿Quién sabe boxear?

Guillermo Reparaz (el traductor), Rodolfo Espinosa (el cámara), Pablo García (el fotógrafo) y un servidor (el que escribe) saludamos a Klieger, el prisionero de Auschwitz número 172345. Más bien le hicimos una reverencia. Nos impresionaba su presencia. Su entereza, su serenidad para volver a hablar de lo que nunca tuvo que pasar.

Ayudamos a Noah a incorporarse; prefería cambiar la silla de ruedas por un sillón. Él ya sabía qué queríamos. Se lo había dicho Yéssica San Román, nuestra intermediaria del Centro Sefarad-Israel.

—*Comment avez-vous survécu à Auschwitz?*[1] —preguntó Guillermo Reparaz.

Klieger empezó su relato. Y allí, en el recibidor de un hotel de cinco estrellas en la capital de España, todo brillante, mármol, bronce y cristal, volvimos atrás, al terrible pasado, todo miseria, frío, dolor, muerte y terror.

Cuando Noah habló, hasta la música del piano del fondo calló. Silencio.

Apenas fue una sola respuesta, larga, precisa y detallada, con la que nos contó su historia, su milagro, su calvario.

A Noah Klieger se le empaña la mirada. Y vuelve allí. Escucha de nuevo los gritos, los ladridos de los perros rabiosos, las amenazas de los SS. Regresa al pasado, a ese lugar del que salió, pero del que nunca escapó.

—No hay un día que no lo recuerde, que no piense en el Holocausto —asegura con gesto triste.

Allí, allí, ¡siempre allí!

Auschwitz. Principios de los años cuarenta del siglo pasa-

---

1. ¿Cómo sobrevivió usted a Auschwitz?

do. El prisionero 172 345 tirita de frío. Klieger, apenas un adolescente, tiene mucho miedo, pero cuando los nazis preguntan, él hace un gesto, un leve movimiento de la mano: una respuesta instintiva que le va a salvar la vida.

Muy lejos quedaba ya el salón del hotel Intercontinental en el que se encontraba. Noah estaba sentado frente a una mesa baja de cristal, pero él ya no veía nada. Sus ojos llenos de vida se ensombrecen de muerte, su gesto se endurece. Ahora es el boxeador que no sabía boxear, el prisionero 172 345. Está de nuevo en Auschwitz.

—Aquello era una fábrica de muerte —insiste, y comienza su relato, una de esas historias que deben perdurar para siempre.

Porque el Holocausto hay que recordarlo para nunca más tener que volver a lamentar algo similar. Olvidar, jamás.

¿Quién sabe boxear?

Los boxeadores de Auschwitz son un grupo de hombres
que deberían ser honrados y recordados.

ALAN HAFT, hijo del prisionero Harry Haft

*E*n el mayor matadero de inocentes jamás conocido...

Cuentan que allí, al otro lado, detrás de la alambrada, justo
ahí donde el hombre nunca fue hombre, sino bestia, una vez
un nazi preguntó:

—¿Quién sabe boxear?

Unos dijeron que sí y otros dijeron que no; pero ya fuera
sí o no..., allí no era vivir, sino morir.

Un tren acaba de llegar a su destino: Auschwitz.

La voz ronca del SS resuena en mitad del caos. La multitud perdida y asustada no sabe dónde está ni, peor aún, hacia
dónde va: a la cámara de gas. Apelotonados en una explanada, los prisioneros simplemente esperan; nada más pueden
hacer.

Los nazis ladran órdenes en alemán, incomprensibles
para aquella marabunta humana que procede de todos los
rincones de Europa: húngaros, checos, franceses, belgas, griegos, polacos, holandeses... Pobres condenados, personas sin
culpa a las que gruñen perros furiosos que enseñan los dientes con rabia. Bestias a la caza de su presa.

Mientras, unos fantasmas con harapos, seres humanos
carcomidos, se afanan en recoger las pertenencias de los que
acaban de bajar del tren, de esos que ya lo han perdido todo:

su identidad, su pasado, su presente y su futuro. Su vida. A ellos solo les queda un trámite en este mundo por cumplir: exhalar su último aliento.

Los hombres vestidos con pijama de rayas, los fantasmas, están tan delgados que parecen sombras. Sus ojos hundidos en profundas cuencas negras relucen en su brillante palidez. Son enfermos, moribundos, esqueletos que, sin embargo, corren de un lado a otro sin descanso, ansiosos y acongojados, azuzados por los gritos y la mirada aviesa, asesina, de los nazis. Unos recogen las maletas de los deportados, todas apiladas en montones, y otros vacían de cadáveres los vagones; retiran los cuerpos sin vida de aquellos que no aguantaron, de los que perecieron por el camino.

—Pongan el nombre en todas sus pertenencias para que las podamos identificar y devolvérselas más tarde. No pierdan la calma, no les va a pasar nada —les advertían los alemanes.

Todo mentira. Palabras cínicas para endulzar la matanza. El exterminio.

—¡Colóquense en grupos! —bramó de repente otro de los SS—. ¡Los hombres, a un lado; las mujeres, a otro; los ancianos y los niños, en uno diferente! ¡¡Rápido, rápido!!

Había llegado el momento de empezar a morir.

Algunos resistían. Las madres, desesperadas, se aferraban a sus hijos; los maridos, enamorados, abrazaban con cariño a sus esposas; y los abuelos, desconsolados, apretaban la mano de sus nietos, todos en un intento vano de rebelarse contra el inexorable y trágico final.

Allí, sin embargo, cualquier apego era destruido. De raíz y sin piedad. Y las SS arrancaban a los niños de los brazos de las madres, pateaban al marido que aguantaba al lado de la esposa y golpeaban al abuelo que sujetaba a su nieto con dulzura.

—¡¡Todos separados y en fila!! ¡Vamos, malditos judíos! ¡En grupos!

La selección había comenzado. Los doctores nazis se paseaban delante de los recién llegados; los miraban con ojos de asesino, el siniestro preludio tras el que llegaba la orden maldita: a un lado los que podían trabajar, los que iban a «vivir»; al otro, los que iban a morir, los condenados a la cámara de gas.

Sin embargo, un SS apareció y de pronto preguntó:

—¿Quién sabe boxear?

Y el que alzó la mano y levantó la voz, aquel que dijo «yo», encontró un resquicio de esperanza para poder sobrevivir.

Porque cuentan, dicen, que allí donde el hombre por no tener no tenía ni nombre, donde solo era número, triángulo o estrella y un color, un SS aburrido, cansado de matar, buscaba diversión; un rato de asueto para distraer el sopor de asesinar. Y entonces volvió a preguntar:

—¿Quién sabe boxear?

Y cuentan que allí, detrás de la alambrada, donde los presos no eran presos, sino carne de cañón, donde seres humanos, más de un millón, fueron asesinados y convertidos en humo, ceniza y carbón, unos hombres buenos subieron al ring por obligación, para entretener al maldito SS que buscaba diversión. Y quizás esa fue su salvación, porque allí, entre mugre, hambruna, enfermedad y mucha mezquindad, en los combates de boxeo se ganaba un poco de sopa, mantequilla y pan.

Así comienza la lucha por la vida, la de los púgiles en el infierno: los boxeadores de Auschwitz. En una esquina, con pijama de rayas, las ropas ajadas, hambrientos y maltratados, condenados, y con un peso de cuarenta y dos kilos, los prisioneros; en la otra, con uniforme militar, fusta y una esvástica tatuada en el pecho ario, fuertes, bien nutridos y con un peso de noventa kilos, los asesinos. A un lado, los que luchan por vivir; al otro, los que solo piensan en matar.

Esta es la historia de Klieger, Czortek, Pietrzykowski, Arouch, Rablin, Kazio, Kessel, Roth, Vandervelde... y la de muchos más. Porque ellos son los que cuentan, los que dicen que allí, al otro lado, detrás de la alambrada, hubo un ring, guantes y les ordenaron pelear...

—En Auschwitz, el boxeo me salvó —repite Noah Klieger.

A él y a muchos más.

Gong. Empieza el combate.

Auschwitz, el ring de la muerte

A los judíos, cuando se tenga poder para ello, hay que matarlos a
palos como a las ratas. En Alemania, gracias a Dios, ya lo hemos
hecho como se debía. Espero que el mundo tome ejemplo.

JOSEPH GOEBBELS, en su diario el 14 de marzo de 1945

«*N*o debería transcurrir un solo día sin que el adolescente
deje de consagrarse por lo menos durante una hora por la
mañana y durante otra por la tarde al entrenamiento de su
cuerpo, mediante deportes y ejercicios gimnásticos. En particular, no puede prescindirse de un deporte que justamente
ante los ojos de muchos que se dicen "racistas" es rudo e
indigno: el pugilato. Es increíble cuán erróneas son las opiniones difundidas en este respecto en las esferas "cultas",
donde se considera natural y honorable que el joven aprenda
esgrima y juegue a la espada, en tanto que el boxeo lo con-
ceptúan como una torpeza. ¿Y por qué? No existe deporte
alguno que fomente como este el espíritu de ataque y la
facultad de rápida decisión, haciendo que el cuerpo adquiera
la flexibilidad del acero. No es más brutal que dos jóvenes
diluciden un altercado con los puños que con una lámina de
aguzado acero. Tampoco es menos noble que un hombre
agredido se defienda de su agresor con los puños, en vez de
huir para apelar a la policía.»

Adolf Hitler veneró el boxeo e inculcó su práctica como
uno de los deportes predilectos en la Alemania nazi. En *Mi
lucha*, libro mitad autobiográfico, mitad tratado político al que

corresponde el párrafo anterior, el Führer sentó las bases del nazismo, la doctrina que cumplió con absoluta firmeza las *Schutzstaffel* (SS),[2] la guardia de élite del Tercer Reich y la que, además, controlaba el sistema de los campos de concentración. Las SS regentaban aquellos centros de muerte y destrucción, y quizá por esa inclinación de Hitler —su líder y su guía— hacia el boxeo,[3] algunos de ellos sentían verdadera pasión por el noble arte pugilístico, una afición que los llevó a organizar combates para su entretenimiento en el mismo infierno: en Auschwitz.

Ubicado en la Polonia ocupada por los nazis durante la Segunda Guerra Mundial, a unos tres kilómetros de la localidad del mismo nombre —Oświęcim, en polaco—, se asentaba entre los ríos Sola y Vístula en una zona de clima gélido y húmedo, un páramo de arenas blandas, casi pantanosas. Un lugar inhóspito, que se inundaba con frecuencia, en el que en época de lluvia y nieve había fango y lodo por todas partes.

En 1940, después de la invasión de Polonia por el Tercer Reich, en septiembre de 1939,[4] los alemanes comenzaron la construcción del campo de concentración sobre la base de

2. En las escuelas SS-Junker, donde se formaba a la élite de las SS, se podían encontrar todo tipo de instalaciones deportivas. En la de Bad Tölz había «un estadio de fútbol y de competiciones atléticas; salas separadas para boxeo, gimnasia y juegos de pelota en pista cubierta; y una piscina climatizada y una sauna», se lee en la página 136 del libro *El Tercer Reich y Hitler: las SS*, editado por Time Life Folio.

3. El boxeo era un elemento esencial en el «Napola» —*Nationalpolitische Erziehungsanstalt* (Instituto Nacionalpolítico de Educación)— para los alumnos de élite de la Alemania de Hitler. El deporte fue muy importante, casi tanto como el rendimiento escolar, y los jóvenes debían aprender con ello a aguantar el sufrimiento y a superarse a sí mismos. «Uno de los medios de educación esenciales en una escuela dirigida según el espíritu nacionalsocialista son los ejercicios físicos [...] Es secundario que uno u otro *Jungmann* sea el ganador. Lo importante y lo formador es la experiencia de ser superior a los otros [...] Cuando dos chicos luchan con valentía en el ring de boxeo, les llena después la sensación placentera del esfuerzo», se leía en el escrito de homenaje con motivo del décimo aniversario de los Napolas, según recoge Guido Knopp en las páginas 223 y 224 de su libro *Los niños de Hitler*.

4. Las tropas de la Wehrmacht capturaron Oświęcim, ubicada a algo más de sesenta kilómetros al oeste de Cracovia, el 3 de septiembre de 1939. Antes de la guerra tenía unos catorce mil habitantes y más de la mitad, alrededor de ocho mil, eran judíos. Poco después de la invasión, la región se incorporó al Reich alemán.

unos cuarteles de artillería que habían pertenecido al ejército polaco. Heinrich Himmler, *Reichsführer* de las SS, así lo había decidido el 27 de abril de aquel año. Fue el principio de lo que más tarde se convertiría en el eje sobre el que giraría el exterminio de los judíos concebido por las políticas nazis. Porque ese lugar, alejado de miradas indiscretas, incómodos testigos y posibles delatores, se erigió como el principal emplazamiento elegido para la Solución Final. Allí perdieron la vida más de 1,1 millón de personas, asesinadas sin motivo. Con un índice de mortalidad que rondaba el ochenta o noventa por ciento, el campo de concentración se transformó con el paso del tiempo en una fábrica de muerte.

En mayo de 1940, Rudolf Höss fue nombrado comandante de Auschwitz, un campo que aún estaba en plena construcción y que él transformaría en el epicentro del Holocausto. A sus treinta y nueve años, y después de seis sirviendo en las SS, a las que se unió en 1934, lograba un ascenso que, a pesar de deseado, llegó como algo inesperado. «No estaba en mis cálculos acceder con tal prontitud al puesto de comandante. De hecho, había algunos *Schutzhaftlagerführer* veteranos que esperaban desde hacía tiempo un ascenso como ese», escribe Höss en su autobiografía *Yo, comandante de Auschwitz*.

Los trabajos de adecuación del terreno comenzaron con el desalojo de los habitantes de las aldeas colindantes. Unas mil doscientas viviendas fueron derribadas. «La tarea que me incumbía de ahora en adelante no era nada fácil; se trataba de transformar, en el plazo más breve posible, un campo de edificios bastante bien construidos, pero completamente deteriorados, carcomidos por la miseria, en un conjunto susceptible de albergar, pasajera o permanentemente, a diez mil presos. La higiene brillaba por su ausencia. Antes de abandonar Oranienburgo, me habían dicho que no esperara recibir mucha ayuda y que más bien tendría que arreglármelas yo solo», recuerda el comandante, que se había unido en 1922 al NSDAP —*Nationalsozialistische Deutsche Arbeiterpartei*—, el partido nazi, y poseía el número de afiliado 3240. «Sin duda, es mucho más fácil construir un campo nuevo que adaptar un conglomerado de casas y barracas que requiere grandes trabajos de edificación», continúa.

Después de la ocupación de septiembre de 1939, los alemanes comenzaron a detener a polacos en redadas callejeras. Maestros, funcionarios, artistas, sacerdotes, políticos, representantes de la élite intelectual o miembros de la Resistencia: cualquiera al que consideraran su enemigo. Fueron tantos, decenas de miles en muy poco tiempo, que pronto las prisiones estuvieron saturadas y se hicieron necesarios nuevos lugares de encarcelamiento. De ahí la prisa de los nazis por poner en funcionamiento el nuevo campo de concentración para encerrar a ese contingente de detenidos. «Todo debía concluirse lo más rápido posible. Apenas llegué a Auschwitz, las autoridades policiales de Breslavia me preguntaron cuándo me podrían enviar los primeros convoyes de prisioneros», rememora Höss. El 14 de junio de 1940 arribó el primer transporte: setecientos veintiocho deportados procedentes de la prisión de Tarnów. Entre ellos iba un boxeador.

«Empezaron a llegar internos polacos al campo de concentración que venían de los territorios del Gobierno General y de otras regiones polacas. En aquella época, Auschwitz se convirtió en un campo grande para gente que había participado en el movimiento de resistencia polaco. El primer año se ejecutó a muy poca gente, solo a aquellos que habían sido condenados a muerte por la Gestapo y por las unidades de las SS», dice Höss.

La situación geográfica estratégica, su óptima ubicación desde el punto de vista de las comunicaciones, con buenas conexiones por ferrocarril, y lo remoto del lugar, una zona aislada muy fácil de camuflar, fueron dos de los aspectos que contribuyeron al crecimiento de Auschwitz, que a partir de 1942 se amplió. En el otoño de 1941 comenzaron las obras de Auschwitz II-Birkenau, asentado a unos tres kilómetros del campo principal en el terreno de la aldea vecina de Brzezinka, y concebido en principio para albergar a más de cien mil prisioneros de guerra. Rudolf Höss menciona en su autobiografía que Heinrich Himmler le dio la orden de construirlo en su primera visita al campo el 1 de marzo de 1941. Sin embargo, no existen documentos que apoyen tal afirmación y las primeras referencias a esa ampliación, según el Museo de Auschwitz, datan del mes de septiembre de ese mismo año.

Más allá de los planes iniciales, Birkenau, inaugurado en marzo de 1942, se convirtió finalmente en el mayor centro de exterminio de judíos de la Alemania nazi. Las cámaras de gas y los crematorios funcionaron allí sin descanso. Se estima que cerca del noventa por ciento de las víctimas de Auschwitz, alrededor de un millón, murieron entre aquellas alambradas.

La tercera parte del complejo nació, en buena medida, por la intención de la IG Farbenindustrie, por entonces la empresa química más importante de Alemania, de construir una gran planta de caucho sintético y combustibles líquidos. Tras discutir cuál sería el emplazamiento ideal para aquel conglomerado industrial, finalmente eligieron los terrenos de Monowice, localidad situada a unos seis kilómetros del campo principal, donde se construyó Auschwitz III-Monowitz, también conocido como Buna; una factoría en la que los presos del campo de concentración fueron obligados a trabajar, muchas veces hasta la extenuación, hasta la muerte. Alrededor de unos once mil prisioneros llegaron a estar internados a la vez en aquel recinto.

El 18 de febrero de 1941, el *Reichsmarschall* Hermann Göring emitió un comunicado que decía lo siguiente:

Para adquirir mano de obra y acomodarla a tiempo para que la construcción de la planta de Buna-Auschwitz comience a principios de abril, deben implementarse las siguientes medidas lo más rápido posible:

1. Los judíos de Auschwitz y sus alrededores serán expulsados sin demora de sus hogares para proporcionar alojamiento a los trabajadores de la construcción de la planta de Buna.

2. Los polacos que vivan en Auschwitz o en sus alrededores y que puedan ser empleados como trabajadores de la construcción deberán permanecer en su lugar de residencia hasta que finalicen las obras.

Esta orden, posteriormente aprobada por Himmler, permitió que en abril de 1941 se iniciaran las obras de Monowitz, que con el tiempo sería el subcampo más grande de Auschwitz. Con anterioridad, la IG Farben había comprado los terrenos a un precio muy rebajado, tras haber sido confiscados a sus propietarios polacos, que, por supuesto, no obtuvieron compensación alguna.

Fueron los propios prisioneros de Auschwitz los que trabajaron en la construcción de la Buna. Al principio los cargaban en camiones para recorrer la distancia que separaba la fábrica del campo principal, pero a partir de mayo, cuando aumentaron en número y alcanzaron unos cientos, cubrieron esos seis kilómetros de ida y otros tantos de vuelta caminando, un esfuerzo extra que sumar a las duras condiciones que ya debían soportar; con el añadido de que tenían que despertarse más temprano que el resto de los presos para poder llegar a tiempo a los terrenos en los que trabajaban.

Más tarde, a finales de julio, las autoridades decidieron implementar un nuevo cambio: transportarlos en un tren de carga. Lo que podía parecer una mejora, sin embargo, tampoco generó demasiado alivio: los prisioneros seguían levantándose en mitad de la noche, alrededor de las tres de la madrugada, y permanecían horas de pie «enlatados» en aquellos vagones.

A pesar de algunos retrasos —uno de ellos provocado por una epidemia de tifus que obligó a detener temporalmente las obras de adecuación del nuevo campo, y otros generados por falta de material de construcción como alambre de espino—, Auschwitz III-Monowitz estuvo operativo desde octubre de 1942. Los nazis habían ampliado la máquina de matar.

En el complejo de Auschwitz, que cumplió la doble función de campo de concentración y de exterminio, perdieron la vida más de un millón de personas desde 1940, cuando entró en funcionamiento el *Lager* principal, hasta enero de 1945, el momento de la liberación.

Sin embargo, donde hubo infinitas formas de morir, también surgió alguna esperanza de sobrevivir...

—¿Quién sabe boxear? —aulló el nazi.

Y Hitler, muy a su pesar, con esa alabanza del pugilato que escribió en *Mi lucha*, quizá permitió escapar de la muerte a unos pocos de los que él mismo ordenó exterminar.

El SS borracho y loco del boxeo

—*E*ntraron dos SS y uno de ellos preguntó: «¿Quién sabe boxear?». Entonces yo pensé: «Quizá lo que quieren son deportistas». Y levanté la mano. Aún hoy no sé por qué lo hice. Han pasado casi setenta y cinco años y todavía no sé qué me impulsó a reaccionar así. Tenía un presentimiento, fue algo visceral. No pensé con el cerebro, lo hice con las tripas. Me dije: «Si quieren boxeadores, debe de ser para algo positivo». Y levanté la mano —recuerda Noah Klieger, quien continúa sentado en el hotel Intercontinental de Madrid junto con el equipo de periodistas que, en absoluto silencio, escucha su relato. Habla con calma, explica con paciencia sus vivencias y solo interrumpe de vez en cuando su discurso para dar pequeños sorbos a una manzanilla.

Klieger, en aquel momento recién llegado a Auschwitz, no fue el primero. Otros ya se habían ofrecido antes que él al requerimiento del nazi:

—Éramos unos novecientos hombres y setecientas mujeres, que veníamos de Francia, de Bélgica y de los Países Bajos. Allí había dos boxeadores, como Sally Weinschenk, un campeón, y Sam Potts, un gigante de casi dos metros, de unos veinte años y ciento diecisiete kilos. Ellos levantaron la mano, ellos sí eran boxeadores. El tercero no era un púgil, pero sí un excelente deportista. Jean Korn había sido portero de uno de los grandes equipos de la época, el Union Saint-Gilloise. Tenía veintiséis años y medía 1,91.

Así fue el principio, ese inicio que le permitió llegar hasta el final: a sobrevivir.

—Muchas cosas me salvaron la vida en Auschwitz. Para no morir allí se tenían que producir algunos milagros. Y uno de ellos fue el boxeo. Y te preguntarás: ¿qué tiene que ver el boxeo en un campo de concentración? ¿Qué tiene que ver en un lugar en el que todo se convierte en nada? —dice Noah.

Él mismo resuelve la cuestión que plantea.

—El comandante de Auschwitz III-Monowitz, Heinrich Schwarz, era un amante de este deporte. Para su relajación personal decidió organizar combates todos los domingos en la *Appellplatz*. Los prisioneros en ese campamento trabajaban en la fábrica y todos podían asistir a las peleas. Si no eran en la *Appellplatz*, se celebraban en un hangar donde solo había espacio para los cuatrocientos SS que estaban bajo el mando de Schwarz en el campamento —continúa el preso número 172 345.

El *SS-Hauptsturmführer* Heinrich Schwarz fue un hombre iracundo. Peligroso y obsesionado con el cumplimiento de las órdenes, impuso en el campo un régimen de terror. Incluso las SS que tenía a su cargo en Monowitz temían sus violentas e inesperadas reacciones.

Como asegura el prisionero Mieczyslaw Pilat: «Daba la impresión de estar permanentemente borracho. Tenía los ojos siempre inyectados de sangre y no hablaba, gritaba… Cuando se producía alguna fuga, organizaba listas nocturnas. Recuerdo que durante una de esas listas en 1944 ordenó a todos los prisioneros que habían estado en el campo durante tres o cuatro años que dieran un paso al frente. Una vez que lo hicieron, expresó su asombro por aquellos que habían decidido escapar cuando otros podían sobrevivir allí durante tanto tiempo. Así intentó demostrar a los presos que la vida en el campo no era tan mala».

Schwarz, que antes de llegar a Monowitz había estado destinado en el campo principal, donde desempeñó las funciones de jefe del departamento de trabajo y *Lagerführer*, pagó por lo que hizo en Auschwitz y, después de la guerra, un tribunal militar francés lo condenó a muerte.

Noah es un gran orador. Su testimonio fluye sin interrupción, sin pausa, sin descanso. Es imposible olvidar.

—Schwarz, como he dicho, era un loco del boxeo. Y en cada transporte, cada día llegaba alguno con gente de diferentes partes de Europa, buscaba boxeadores para montar un equipo. Cuando yo llegué, nos dijeron que íbamos a un campo de trabajo. Yo venía desde el oeste, nací en Estrasburgo, en Francia. Por entonces ya no había ningún contacto entre los judíos del oeste y los del este, porque Alemania ya había ocupado Polonia. Y yo no sabía, nadie lo sabía, que miles y miles de judíos ya habían sido gaseados y quemados antes de nuestra llegada. Nosotros pensábamos que era un campo de trabajo.

Pero estaban equivocados. Klieger pisaba «ceniza» en un centro de exterminio nazi.

—Cuando llegamos allí, nos bastaron diez segundos para saber que eso no era un lugar de trabajo. Nos hicieron salir con perros; las mujeres, evidentemente, separadas de los hombres. Estábamos en Auschwitz II-Birkenau. La Alta Silesia [la región en la que estaba ubicado el campo de concentración] es una de las zonas más frías de Europa y las temperaturas bajan hasta menos veintisiete o menos veintiocho grados. Cuando nosotros llegamos, hacía menos veinticinco.

La crudeza meteorológica del mes de enero arreciaba con toda su fuerza. El hielo, el viento y la nieve aumentaban aún más el sufrimiento de los prisioneros.

Noah Klieger escapó de milagro a la primera selección en Auschwitz. El prisionero 172 345, que acaba de bajar del vagón de tren, aguarda en la explanada. Tirita de frío y tiembla de miedo mientras observa cómo los nazis se afanan en separar a los deportados. Los clasifican. En una fila, los sanos, los útiles, los que van a trabajar; en la otra, los débiles, los tullidos, los que van a morir. Los recién llegados solo esperan y obedecen, ignorantes del crimen que se está perpetrando.

—Tres oficiales de las SS nos dijeron que íbamos a un campamento que se encontraba a unos kilómetros de distancia y que no había suficientes camiones para transportar a todo el mundo. Así que aquellos que no estuvieran en forma, los enfermos, los ancianos o los inválidos, irían en camión. Los otros tendrían que hacer el camino a pie —recuerda Noah.

Era el principio del fin para muchos: su destino sería la cámara de gas.

—Yo estaba con un amigo, un joven belga de dieciséis años. Y fuimos los primeros en subir a un camión abierto. Allí se encontraba un joven SS, que nos miró y nos dijo: «Bajad inmediatamente». Nosotros, por supuesto, hicimos como si no le hubiéramos oído, así que él lo repitió: «Os he dicho que bajéis inmediatamente del camión». Casi gritó. Volvimos a fingir que no le escuchábamos y él cargó su fusil y nos dijo: «O bajáis u os disparo». Y eso, por supuesto, lo entendimos. Así que trepamos por encima de la cabina, porque el camión ya se había llenado de gente, y saltamos a tierra. Volvimos con aquellos que no habían subido a ningún remolque —asegura Klieger, que sin saberlo acababa de escapar de la muerte—. Esperamos allí una hora más. Luego aparecieron guardas SS y nos llevaron a Auschwitz I. Nos pidieron que nos desvistiéramos... ¡con 25 grados bajo cero! Entramos en un hangar, pero no tenía tejado, así que era como si siguiésemos en el exterior. Pasamos allí veintidós horas. Dos tercios de los que estábamos murieron de frío, congelados.

Noah comprendió después lo que aquel nazi que le obligó a salir del camión había hecho por él y por su amigo:

—Dos días más tarde nos enteramos de que había sido un milagro, porque lo que el SS quería era salvarnos la vida. Sabía dónde iban esos camiones y se dijo: «A estos dos jóvenes les voy a dar una oportunidad, no están aquí para sobrevivir, pero ¿quién sabe?».

En manos de los nazis

El relato de Noah Klieger va y viene. El anciano enlaza sus vivencias con maestría. Maneja el ritmo del discurso con absoluta perfección, y ahora retrocede en el tiempo para sumergirnos en los recuerdos de su infancia, para contarnos la época anterior a su captura.

El cambio de país

—Mi padre era un gran intelectual, escritor y periodista. Había previsto una guerra mundial desde que Hitler salió elegido canciller. «Este enfermo no se va a contentar solo con reinar en Alemania, va a intentar conquistar también otros países», nos dijo. Él ya había vivido la Primera Guerra Mundial y, por eso, a principios de 1939, decidió que nos mudábamos —explica Noah, que echa la vista un poco más atrás para hablar de su vida previa a los campos de concentración.

¿Cómo empezó todo?

La familia Klieger se marchó a Bélgica. Llegaron desde Francia, donde Noah había nacido; concretamente en Estrasburgo, en el mes de julio de 1926. Pero no iban todos.

—A mi hermano ya le habían enviado a Inglaterra unos años antes con un visado de estudiante, a una academia de religión judía. Más tarde, se convertiría en rabino.

Noah aún era un niño y no pudo ir con él.

—Mi padre estaba convencido de que Hitler iba a dejar que Bélgica fuera neutral —explica.

Pero, por desgracia, se equivocó. En Bruselas, la calma de los Klieger apenas duró unos meses. Los nazis atacaron el país el 10 de mayo de 1940. Tras la invasión de la Wehrmacht, el ejército belga intentó oponer resistencia, pero sucumbió ante el empuje de los alemanes. Las fortificaciones en la frontera no pudieron impedir que la línea defensiva se viniera abajo y, tras algo más de dos semanas de intensos combates y numerosas bajas, unas veintidós mil personas entre muertos (casi siete mil) y heridos (alrededor de quince mil), el rey Leopoldo III capituló el 28 de mayo; una decisión que tomó el monarca en contra de la voluntad de su propio Gobierno, exiliado en Gran Bretaña, y de los países aliados. Bélgica había caído al cabo de dieciocho días. Ahora estaba en poder del Tercer Reich.

La vida de los judíos cambió con aquella invasión. Ya nada volvió a ser igual. Y Noah, que apenas tenía catorce años, se hizo un hombre de repente. Tuvo que dejar los libros, la escuela, y pasar a la acción: a la guerra «subterránea», al sabotaje a los invasores.

—Por aquel entonces, uno de los movimientos de la Resistencia Belga se llamaba la «Brigada Blanca». Yo acompañaba a mi padre a esos grupos, incluso ayudaba con mi bicicleta y transportaba mensajes o cualquier cosa allí donde me dijeran que fuera a llevarla. Disponía de documentos de identidad falsos, que eran totalmente válidos, en los que yo tenía otro nombre, y lo que hice fue añadir mi foto. Eran papeles auténticos. Como hablaba francés y también flamenco, me hacía pasar muy bien por un belga común, por lo que no tenía muchos problemas.

El susto

Sin embargo, las calles no eran seguras y Noah escapó de milagro de los nazis varias veces.

—A principios de 1942, en Bruselas, regresaba un día a casa en bicicleta. De golpe vi delante de mí, apenas a unos cien metros, a la policía militar alemana parando a la gente en un control. Los judíos no podían estar en la calle después de las ocho de la tarde. Yo, en ese momento, no llevaba mis papeles falsos, solo tenía mi carné de identidad, donde estaba escrita la «J», de judío.

Klieger estaba acorralado: o encontraba rápido una salida para despistar a aquellos soldados, o sería el fin.

—Empecé a ir más despacio y de repente vi que en uno de los jardines de la derecha había un montón de gente mirando algo. No lo pensé y corrí a mezclarme con ellos, creía que ahí, como había muchas personas, no irían a investigar. Había algunos centenares. Así que eso fue lo que hice. Até mi bicicleta a un árbol y me metí entre la gente. Me encontré en una especie de anfiteatro en el que estaban jugando a algo que yo nunca había visto. No utilizaban los pies, sino que usaban las manos; y además no había porterías y lo que veía eran canastas. Fue la primera vez que contemplé un partido de baloncesto. Me coloqué en primera fila. Seguía asustado, pensando que alguien podía pedirme los papeles. Pero, tal y como yo había previsto, los alemanes no vinieron a controlar a tantas personas. Se fueron y yo vi el partido hasta el final, porque me interesaba.

Había escapado de los nazis por esta vez...

La captura

Noah, que se había salvado por los pelos, continuó trabajando para un movimiento sionista juvenil clandestino, con el que ayudó a pasar niños judíos de Bélgica a Suiza. Así les salvó la vida, porque en el país helvético, neutral durante la Segunda Guerra Mundial, estaban lejos del alcance de la «incineradora» nazi.

La red de transporte belga tenía contactos con grupos franceses. Noah hacía de enlace entre ambos y trasladaba a los pequeños. Un par de veces a la semana, dependiendo del riesgo que entrañara el desplazamiento, viajaba en tren con ellos, unos pocos cada vez, tres, cuatro, cinco, no más para no llamar demasiado la atención, desde Bruselas hasta Mouscron, una ciudad belga situada en la frontera con Francia; allí esperaba en una cafetería hasta que los miembros de la Resistencia gala acudían a recogerlos para continuar la huida a Suiza. Fueron meses en los que evacuó a muchos niños: más de doscientos cincuenta.

Los nazis, mientras, aumentaban la presión sobre los judíos, y la situación de Noah y sus compañeros se tornó muy complicada.

—Decidimos dirigirnos a Suiza nosotros también —afirma.

Lo hicieron por el mismo camino por el que llevaban a los pequeños. Y esa fue su perdición, porque cuando estaban esperando en Mouscron para cruzar al otro lado de la frontera, en lugar de sus amigos de la Resistencia francesa aparecieron tres hombres de la Gestapo. Los papeles, falsos, estaban en regla, pero los nazis no se iban a dar tan pronto por vencidos.

—Ven al cuarto de baño conmigo —le dijo uno de los alemanes a Noah.

—¿Para qué? —respondió.

—Quiero comprobar con mis propios ojos si eres judío —replicó autoritario el hombre de la Gestapo.

Klieger supo que era el fin. Estaba en manos de los nazis.

La deportación

Auschwitz sería su próximo destino. Allí llegó en un transporte procedente de Bélgica tras varios días de miedo e incertidumbre encerrado en un vagón de tren.

—Si hubiera sabido lo que me esperaba, dónde me llevaban, hubiera intentado huir —afirma convencido.

Pero ni él ni nadie podían ni siquiera imaginar tal atrocidad.

Como no sepas boxear,
vas a la cámara de gas

Quizá fue una premonición de todo lo que estaba por venir.

Noah Klieger había escapado dos veces de la muerte en su primer día en Auschwitz. Primero, al bajar de aquel camión que iba directo a la cámara de gas; después, al sobrevivir al raso, desnudo, durante toda una noche a más de veinte grados bajo cero.

La desesperada lucha por la vida había comenzado.

A la mañana siguiente aparecieron los SS, esos que preguntaban por los boxeadores. Y, ya saben, Noah levantó la mano.

—Como todavía no teníamos números tatuados, apuntaron nuestros nombres y se fueron. Nos enviaron a un bloque y empezamos a trabajar. Y un poco después, cuando estaba en Auschwitz I, un joven SS nos llamó por nuestro nombre y nos condujo a otro campamento, a Auschwitz III-Monowitz, que estaba situado a unos pocos kilómetros. Allí nos llevó a una sala de boxeo, donde veintisiete o veintiocho hombres se entrenaban. Había un ring, *punching-balls*, sacos de arena...

Klieger no descansa en su narración. Sus palabras hipnotizan. Y sorprenden. ¿Cómo es posible que alguien hubiera construido un gimnasio en un lugar concebido para matar, justo allí donde murieron asesinadas más de un millón de personas? ¿Cómo es posible que los miembros de las SS pudieran sentarse a disfrutar de un combate después de «incinerar» a cientos, a miles de personas cada día? ¿Cómo es posible que un ser humano cuerdo pudiera siquiera pensar en el boxeo en aquel maldito lugar? Pero, sobre todo, lo que Noah cuenta sirve para pensar y reflexionar: ¿hasta dónde alcanza la maldad del hombre, hasta dónde llega su capacidad para hacer daño y humillar a los demás?

Lo que allí ocurría parecía ficción. Un mal sueño o la invención de unos locos. Así lo expresa otro preso, Paul Steinberg, al recordar un combate de boxeo en Monowitz. En su libro *Crónicas del mundo oscuro*, escribe: «Cuando vuelvo a ver esa escena que viví desde las primeras filas, me doy cuenta de que no puedo evocarla para ningún ser humano en su sano juicio».

La «interrupción» no distrae al prisionero 172345. Lo habíamos dejado en el «gimnasio»:

—Allí nos recibió un preso grande y ancho, «muy elegante», al que le quedaba muy bien su pijama de rayas. El suyo estaba hecho a medida. Además, llevaba botas y tenía pelo, no como nosotros, a los que nos habían rapado completamente. A causa de la desnutrición, el vello no vuelve a salir, de modo que durante años no tuve ni un pelo en el cuerpo. Él era diferente a nosotros. Nos dijo: «Me llamo Kurt Magatanz y soy el responsable de los boxeadores. Demostradme lo que sabéis hacer, os habéis declarado vosotros mismos como púgiles; si habéis mentido, os enviaré inmediatamente a la cámara de gas».

»Entonces Sally Weinschenk y Sam Potts, que entendieron rápidamente lo que pasaba, dieron un paso al frente. El primero fue Sally, que hizo algunos movimientos. Era un gran púgil. Y Sam, un especialista. Era muy fácil reconocer quién era boxeador y quién no.

»Kurt Magatanz, el que nos había recibido, era un asesino, había matado a tres personas y por eso estaba allí, condenado a cadena perpetua. Como sabía de boxeo, el comandante le había llamado para que fuera el patrón de los boxeadores. Pero Magatanz, además de asesino, también era un completo idiota, porque, después de la muestra de Sally y Sam, se giró hacia los cuatro y dijo: «Habéis demostrado que sois boxeadores, así que vestíos y empezad a entrenar». No nos probó ni a Jean, el portero, ni a mí. Si lo hubiera hecho, yo no estaría hoy aquí.

»Y ahora te voy a decir un par de cosas de Kurt Magatanz para que entiendas quién era. Los alemanes hicieron venir a Auschwitz a criminales, asesinos, violadores... que habían sido condenados a veinte o treinta años, o a cadena perpetua, y los convirtieron en los kapos de los judíos. Los trataban de forma diferente, podían tener pelo, llevaban uniformes a medida, botas, les daban mejor comida... Hasta tenían un sitio separado para descansar por la noche. Nosotros dormíamos tres o cuatro en la misma litera de madera, aunque tampoco estábamos demasiado gordos —ironiza—, pues pesábamos entre cuarenta y cinco y cuarenta y ocho kilos, poca cosa. Los kapos lo tenían todo y a ellos los trataban bien. Trabajaban con los SS.

Una vez superada la prueba de Magatanz, Noah Klieger entró a formar parte del equipo de boxeo:

—Entonces empecé a entrenarme, pero, como no tenía ni idea de la técnica, me daba miedo golpear un saco de arena, porque no sabía cómo pegar. Te puedes romper la mano si le das mal. Y tampoco tenía conocimiento sobre cómo manejar un *punching ball*. Si le das en el centro, vuelve hacia ti, y si fallas, te golpea la cara y caes, porque viene con mucha fuerza. Así que empecé a saltar a la comba. Ahí nada me podía pasar.

Noah, temeroso por lo que pudiera suceder a partir de entonces, observaba con detenimiento a los presos delgados y desgastados que se encontraban en ese barracón. Aquellos hombres que entrenaban con intensidad para satisfacer al kapo serían su inspiración; con ellos iba a aprender a boxear. Uno pronto llamó su atención.

—En ese momento vi en la esquina de la sala a un púgil muy pequeño que golpeaba el *punching ball* a la velocidad de una metralleta. No había visto nada igual en la vida. Me quedé mirándolo. Magatanz se dio cuenta y, como sabía que yo hablaba alemán, me dijo: «Es un campeón del mundo». A lo que yo respondí: «¿Un campeón del mundo?».

Klieger estaba asombrado:

—Yo no sabía boxear, pero conocía a los boxeadores de la época. Había ocho categorías de pesos, que oscilaban entre el peso mosca y el peso pesado. En aquellos años, el boxeo era un deporte muy famoso y los púgiles estaban entre los deportistas mejor pagados del planeta. Por lo tanto, no era difícil saber el nombre de esos campeones del mundo. Jack Dempsey, por ejemplo, o Joe Louis, el mejor boxeador de la historia. Entonces le pregunté a Magatanz: «¿Quién es?». Él me contestó: «Young Pérez».

VÍCTOR

La dulce mirada del campeón del mundo

«*Y*oung Pérez estaba sonado. Los ingleses lo llaman estar *punch-drunk*. Le habían dado muchos golpes e incluso los pesos mosca acusan los golpes recibidos. Aunque de verbo pastoso y entendimiento lento y laborioso, era un tipo de primera, generoso, condescendiente, que sonreía al vacío como si sus ojos hubieran quedado prendidos en viejas glorias.» En su libro *Crónicas del mundo oscuro*, Paul Steinberg, el prisionero 157 239, otro de los testigos, describe así al boxeador que golpeaba el *punching ball* a la velocidad de una metralleta, a ese mismo que observaba Noah Klieger en el «gimnasio» de Monowitz.

«Vuelvo a ver la dulce mirada muda del campeón; todos le llamábamos "Campeón". Parece increíble que aquel tipo hubiera pasado ocho años pegando a otros. O mucho había cambiado, o cada golpe que pegó tuvo que herirle más que a su adversario», escribe Paul.

Young Pérez fue un hombre inolvidable para todos los que lo conocieron. En su libro *Desperate Journey*, el superviviente Freddie Knoller afirma: «A menudo hablaba con él, aunque se expresaba con dificultad y su ingenio era lento por todos los golpes que había recibido en el ring. Como boxeador tenía una posición privilegiada en las cocinas, por lo que su "cerebro confuso" no fue una desventaja para él en Auschwitz. Él era de Túnez, me contó. "Me arrestaron en París, en Belleville", me dijo. Resultó que habíamos estado en el mismo transporte desde Drancy. Parecía tener buenas relaciones con todos los que le rodeaban. Creo que incluso los SS lo admiraban por su pasado deportivo».

Era idiota, como dice Noah, pero el kapo Kurt Magatanz tenía razón. Pérez era campeón del mundo. Lo fue del peso mosca en 1931 tras derrotar al estadounidense Frankie Genaro en el segundo asalto. Rondaba los veinte años y ya había tocado la gloria. Víctor *Young* Pérez, tunecino de ascendencia judía y con ciudadanía francesa, llegó a Auschwitz, procedente del campo de internamiento de Drancy, el 10 de octubre de 1943. Tenía el número 157 178 y nada más entrar en Monowitz, tiempo antes de encontrarse con Noah Klieger, los nazis le obligaron a subir al ring. Son muchos los que testificaron haberle conocido y recuerdan sus combates en el campo de concentración.

«A mí me interesaba este deporte, el boxeo. Allí luchaba, entre otros, el judío francés Pérez, el campeón del peso mosca de antes de la guerra [...] También participaba un boxeador profesional francés, Bari; uno alemán llamado Maketanz; un judío griego, que antes de la guerra fue campeón de los Balcanes, cuyo nombre no recuerdo, y muchos otros», asegura Pawel Stolecki, preso 6964, en su testimonio recogido tras la liberación en el archivo del museo de Auschwitz.

Víctor Pérez, que había nacido en 1911 en Túnez, por entonces un protectorado de Francia, estuvo muy unido a Paul Steinberg. Ambos se conocían de su estancia en Drancy, un campo de tránsito con capacidad para unos cinco mil presos ubicado en unos bloques de pisos con forma de «U» en un suburbio al noreste de París. Fue el paso previo a su entrada en Auschwitz, donde llegaron juntos y donde el Campeón disfrutó desde el principio de algunos privilegios gracias a la ayuda de su amigo, que hablaba fluidamente el alemán.

En Drancy pasaban el tiempo como podían: «Formábamos una pequeña banda que vagabundeaba por el campo buscando diversión y simulando de vez en cuando un combate de boxeo. [...] Nos enzarzábamos en discusiones interminables sobre los méritos de boxeadores de todas las épocas y categorías —asegura Steinberg. Allí las condiciones de vida tampoco eran fáciles—. Como estábamos siempre hambrientos, también hablábamos mucho de comida».

«Drancy no parecía más que un vasto bloque de apartamentos de construcción barata», asegura Freddie Knoller. Sin embargo, las torres de vigilancia, el alambre de espino que circundaba el recinto y los hombres armados que lo custodiaban convertían aquel lugar en algo siniestro, muy distinto a un centro residencial. «Era la esclusa que separaba el pasado de lo que para casi todos iba a ser la muerte», dice Paul.

En ese presidio sucio y atestado de detenidos había escasez de alimentos, sobornos, promiscuidad sexual... Asesinatos y hasta suicidios. «Fui testigo de las secuelas de dos. Vi a la multitud reunirse aturdida alrededor de las formas inmóviles en el suelo. Drancy era un lugar ideal para estos actos. Nadie impedía que una persona subiera al piso más alto y saltara», asevera Freddie.

Nada más llegar, a Knoller le advirtieron del peligro que acechaba. «Cuidado con Brunner y el boxeador», le dijo uno de los que andaba por allí. Sabía de lo que hablaba. Brunner se llamaba Alois. Era un sádico oficial de las SS, ayudante de Adolf Eichmann y desde el verano de 1943, cuando las autoridades alemanas tomaron el control directo de Drancy, comandante de aquel campo de tránsito de las afueras de París. Conocido por su brutalidad, no dejaba pasar una oportunidad para agrandar su «leyenda».

«De vez en cuando, veía a Brunner, con su cara inexpresiva bajo su gorra de las SS. Apenas me atrevía a mirarlo por si se fijaba en mí. Un día, sin embargo, pude observarlo con la seguridad que me daba estar entre la multitud. Clavó un cuchillo en el suelo, apuntó con su bastón a un hombre y le gritó. El preso se acercó y Brunner le ladró de nuevo. El pobre hombre, que quizás había olvidado detenerse cuando el comandante se acercó, empezó a correr alrededor del cuchillo y cada vez que pasaba por delante de Brunner, este le golpeaba con su bastón. Fue ahora cuando por fin vi una expresión en los ojos de Brunner, la de una persona que solo quiere infligir más y más dolor hasta que sacia su necesidad. La víctima del sadismo de

Brunner pronto cayó exhausta al suelo», explica Freddie Knoller en *Desperate Journey*.

¿Y el púgil? ¿Quién era ese «boxeador» de Drancy del que le hablaron a Knoller al poco de estar allí? «¿Es un campeón alemán de antes o algo así?», preguntó Freddie. No, no lo era. Se refería a Brückler, un *Hauptsturmführer* de las SS, el adjunto de Brunner, que se encargó de establecer un reino de terror en el campo. Otro sádico. Por eso se había ganado el apodo que le acompañaba. Freddie cuenta que le llamaban «el Boxeador no solo por su predilección por pegar a la gente, sino también porque habitualmente se ponía un guante de boxeo en su mano derecha para hacerlo. Una vez lo vi ejercer su habilidad con el guante cuando tiró al suelo a una mujer de un puñetazo y siguió caminando tranquilamente. El Boxeador no necesitaba ninguna razón para golpear, simplemente le gustaba hacerlo».

Por Drancy —desde donde se deportó a más de sesenta y cinco mil personas a los centros de exterminio de Europa del Este, unas sesenta mil de ellas a Auschwitz— también pasó Sim Kessel, que será otro de los protagonistas de esta historia; un hombre fuerte, rudo, otro púgil al que el boxeo le dio la oportunidad de vivir. A Kessel lo encarcelaron en esos edificios del extrarradio de París casi un año antes que a Knoller, Steinberg y Young Pérez. Por entonces, el campo aún lo gobernaban los gendarmes galos bajo el control general de la Policía de Seguridad alemana. «Drancy fue la antesala de la muerte», dice en su libro *Hanged at Auschwitz*. Nueve meses encerrado allí le sirvieron para comprender bien su funcionamiento. «Los prisioneros se peleaban por todo […] El campo era un mercado, una guarida de ladrones y un burdel […] Vivían según la eterna Ley de la Selva», escribe.

Lo que atormentaba a Kessel, aún muchos años después de la liberación, eran los lamentos que allí escuchó. «Algunas noches todavía sueño con los niños de Drancy agarrados a las faldas de sus madres y llorando sin cesar», recordaba.

Quizás ellos, a pesar de su inocencia, ya intuyeran su dramático porvenir: la deportación.

El convoy 60

«*D*e repente, anunciaron que habría un transporte y que nosotros iríamos en él. No guardo ningún recuerdo de la última noche en Drancy. Probablemente dormimos: Philippe y yo por inocencia, los boxeadores por inconsciencia», escribe Paul Steinberg.

El 6 de octubre de 1943, el nombre del púgil Young Pérez y el de su amigo aparecieron escritos en la lista de las personas que saldrían del campo en el próximo tren. «No teníamos la menor idea acerca del destino. Circulaban varias hipótesis: un gueto, una fábrica, un campo de trabajo cerca de una mina en Baviera o en los alrededores de Berlín, o en Polonia», recuerda Paul.

Había llegado el momento de partir hacia la nada en un transporte en el que también iría Freddie Knoller, quien describe en su libro cómo fue aquel viaje. Drancy, en las afueras de París, estaba ubicado cerca de tres estaciones para facilitar el traslado de prisioneros a Europa del este. Dos de ellas, Le Bourget y Bobigny, tenían conexiones ferroviarias con Alemania y Polonia, por entonces un país ocupado por los nazis. Y allí era donde se dirigían.

Emprendieron el viaje al día siguiente, el 7 de octubre. A los seleccionados los reunieron al amanecer en el patio y les entregaron un trozo de pan y margarina, unas míseras provisiones para el largo trayecto que les esperaba: varios días encerrados en un vagón.

«Un autobús nos llevó a una estación de ferrocarril no

muy lejos del campo», recuerda Freddie. Más precisa es la memoria de Steinberg: «La RATP, la compañía de transportes municipales, había proporcionado una caravana de autobuses de plataforma abierta del modelo Renault 1930. Todos se llenaron a rebosar, quedando reservada la plataforma a un SS armado».

Así llegaron a Bobigny, donde soldados nazis con látigos y perros custodiaban a los presos en el andén; hombres y mujeres, todos asustados y desorientados, inocentes, ciegos ante su terrible porvenir, a los que metían a golpes y empellones en los vagones. Ay, y pobre del que opusiera la menor resistencia. En el interior se vivía un caos. Protestas, lamentos, empujones. Los bebés, aquellos niños que gimoteaban en las noches de Drancy, ahora volvían a llorar desesperados y se aferraban casi con violencia a los brazos de sus madres.

«Cuando hubieron cerrado la puerta del vagón y colocado un gran travesaño de hierro, tuvimos la sensación de estar aislados del mundo», escribe Steinberg. Los gritos se transformaron entonces en alaridos de terror. «Yo me uní a los demás para golpear con mis puños las paredes de madera que me aprisionaban. Pensé que iba a enloquecer en este confinamiento», asegura Knoller.

Apretujados, literalmente aplastados unos contra otros, les faltaba hasta el aire para respirar; presos del miedo y de la angustia, enjaulados, los cautivos escuchaban desde el vagón las instrucciones que les daban los alemanes a través de un altavoz. «¡Os enviamos a un lugar donde trabajaréis para la gloria del Reich! Las familias permanecerán unidas y todos los que sean capaces de trabajar tendrán un trabajo. El viaje en tren durará aproximadamente dos días. ¡Cualquiera que intente escapar recibirá un disparo! Deben evitar esas fugas, porque si alguien lo intenta, todo el vagón será severamente castigado», decía un SS, según los recuerdos de Freddie.

Pasaron unas horas, eterna espera para los deportados, hasta que el convoy 60, con destino Auschwitz, estuvo preparado para partir. «El tren dio una sacudida hacia delante y unos escasos rayos de luz comenzaron a filtrarse a través de las estrechas aberturas del vagón cuando salimos de la estación», explica Knoller.

Eran las 10.30 horas de la mañana del 7 de octubre de 1943 y 564 hombres y 436 mujeres, mil judíos en total, entre ellos 108 menores de edad, iban camino del epicentro de la Solución Final. Se desconoce si Steinberg, Knoller y Young Pérez viajaron en el mismo vagón; sirvan, sin embargo, los recuerdos de los dos primeros para ilustrar aquellos angustiosos días en la vida del Campeón.

En una esquina de cada compartimento habían colocado un cubo para que los prisioneros, muchos enfermos y con diarrea, depositaran heces y fluidos. «No pasó mucho tiempo antes de que el olor rancio a humanidad se convirtiera en hedor», afirma Knoller.

Pronto empezaron a morir. Los ancianos, los bebés, los débiles, todos los que no podían aguantar aquel encierro sin agua, sin aire, sin nada… fallecían exhaustos; y sus cadáveres quedaban esparcidos por el suelo dejando una imagen dantesca, un ambiente insoportable para los demás. «Lo que hubiera fuera no podía ser peor que el horror que había dentro», dice Freddie, quien recuerda que algunos de sus compañeros de viaje discutían sobre cómo escapar. Lo que fuera para salir de ahí. Finalmente, desestimaron la idea por la oposición de la mayoría de los deportados, ancianos mermados en sus condiciones físicas y temerosos del castigo de los alemanes, que ya habían avisado de las terribles represalias si alguien se fugaba.

Otros, sin embargo, sí intentaron recuperar su libertad. «El tren paró en tres o cuatro ocasiones. En una de ellas hubo jaleo y tiros. Al parecer, un grupo de aventureros había conseguido serrar el suelo del vagón y habían huido algunos hombres. Nos aseguraron que los habían matado», rememora Paul Steinberg. Los SS habían cumplido su amenaza.

El segundo día de viaje, la locomotora se detuvo para vaciar los cubos de excrementos y retirar los cadáveres dispersos por el suelo. «Apareció fuera un carro tirado por otros prisioneros, cargaron los cuerpos en él y se los llevaron», escribe Knoller con tristeza en su libro.

La escasez de agua suponía otro tormento para los presos. Ansiosos por saciar su sed, intentaban coger a través de las pequeñas aberturas del vagón cualquier trozo de hielo adherido a la superficie exterior. A medida que avanzaban hacia el este, el termómetro se desplomaba. Nevaba. Otro «dolor» para los deportados que, muertos de frío, se tapaban con cualquier trapo que tuvieran a su alcance.

El tren se detuvo al tercer día, a las 5.30 del 10 de octubre de 1943, en un destino desconocido para el millar de personas que viajaban en él. Estaban en Auschwitz. A 340 hombres, a los que asignaron los números comprendidos entre el 156 940 y el 157 279, los enviaron a Monowitz. Paul Steinberg recibió el 157 239; Víctor *Young* Pérez, el 157 178; y Freddie Knoller, el 157 103. Hubo 169 mujeres del transporte que quedaron registradas entre el 64 711 y el 64 879; los otros 491 deportados no superaron la primera selección de los doctores nazis y murieron aquel mismo día en la cámara de gas. Apenas treinta personas de las mil habían sobrevivido en 1945, menos de dos años después.

Según cuenta Steinberg: «Estábamos en lo que parecía ser una estación en pleno campo. Desde fuera llegaban ruidos y signos de gran agitación. Alguien gritaba breves órdenes en alemán. De pie, mirando por el tragaluz, vi unos extraños hombres vestidos como cebras blanquiazules que corrían en todas direcciones. También había militares alemanes, probablemente de las SS, algunos de los cuales llevaban atados unos inquietantes molosos».

Los nazis desatrancaron las puertas del vagón y obligaron a los prisioneros a bajar.

Auschwitz recibía al Campeón.

Combates a la luz de los reflectores antiaéreos

*P*aul Steinberg ayudó a Young Pérez nada más entrar en Auschwitz. Intercedió por él durante el registro y le aseguró una mejor posición en el campo. Nadie tenía garantizada la supervivencia, pero cualquier pequeño detalle podía aliviar el sufrimiento. Con su colaboración, consiguió que a aquel menudo prisionero que acababa de llegar lo inscribieran como boxeador; al menos que los nazis conocieran su glorioso pasado. Aunque no lo pareciera, Víctor era todo un campeón.

Los SS, además, lo tenían desde el principio todo planeado. Comida y trabajo en el gimnasio para que Young Pérez estuviera preparado para pelear. «El quinto día, el Campeón fue asignado a las cocinas [...] Al siguiente supe lo que estaban tramando: tenía que volver a ponerse en forma. Tres horas de entrenamiento diarias, salto a la comba, *footing, shadow boxing*», asegura el preso 157 239.

Young Pérez iba a volver al ring. Su última pelea como boxeador profesional había sido a finales de los años treinta, y ahora, mucho tiempo después, en 1943, los nazis organizaban una «velada» para él en un campo de la muerte. El púgil debía estar prevenido para fajarse con cualquier rival; nadie sabía a quién se iba a enfrentar. Él solo quería tener cerca a su amigo Paul. «A petición suya, me nombraron entrenador y mánager», insiste Steinberg, que no se separó del púgil durante aquellos días.

El 31 de octubre de 1943, el último domingo del mes, se celebró el esperado combate. «Era un día de otoño dulce y gris, cuarteado por algunos fugitivos rayos de sol», se lee en *Crónicas del mundo oscuro*.

Los nazis no dejaron nada a la improvisación. Muchos verían por primera vez a un campeón del mundo en acción. Todo estaba acondicionado mucho antes de que se iniciara la pelea: debía comenzar sobre las seis de la tarde. Oscurecía en Monowitz. «La explanada, grande como dos campos de fútbol; en medio, el ring iluminado por los reflectores de la defensa antiaérea. En tres de los lados, alambradas electrificadas de cuatro metros de altura con miradores cada cincuenta metros, todos provistos de una ametralladora que los oficiales de las SS de guardia apuntaban hacia el campo, hacia nosotros», continúa Steinberg.

A pesar del siniestro decorado, era un espectáculo y un aliento de esperanza. Los combates, auténticos acontecimientos en el discurrir de la maldita vida del campo de concentración, servían para entretener a los SS, a la vez que concedían un instante de alivio, un pequeño respiro a los presos que por unas horas olvidaban el trágico cautiverio que les había tocado vivir. Por eso, todos los que podían, a los que las fuerzas se lo permitían, asistían a las peleas.

Aquel día acudió la plana mayor nazi. Young Pérez había llamado su atención: no era un púgil cualquiera. «Frente al ring, doscientos oficiales de todas las graduaciones, desde *Standartenführer* hasta *Scharführer*, sentados en ocho filas de sillas cuidadosamente alineadas. Habían venido de todos los campos: Birkenau, Auschwitz y las quince o veinte dependencias más o menos mortales que había en un radio de cincuenta kilómetros», relata Steinberg.

No es el único que recuerda la nutrida asistencia a los combates en Monowitz. Sucedió en distintas ocasiones. El superviviente Zbigniew Kazmierczak también lo menciona en otra de las peleas. «En la carpa, en las butacas para el público, estaban sentados los SS, presididos por Schöttl, y también los prisioneros», afirma en su testimonio recogido en el museo de Auschwitz.

Al decir Schöttl, se refiere al *SS-Obersturmführer* Vinzenz Schöttl, quien fue *Lagerführer* de Monowitz. Tras la derrota nazi en la Segunda Guerra Mundial, un tribunal militar estadounidense le condenó a muerte, lo mismo que él había hecho antes con tantos inocentes. Pero, por entonces, en 1943, estaba allí, ejerciendo su poder en el campo de concentración y disfrutando en primera fila de las «veladas» de boxeo, sin descuidar su tarea fundamental, la misión encargada por Adolf Hitler: el exterminio de la raza inferior, la consecución del Holocausto.

Aquel domingo, la expectación para ver el combate de Young Pérez era máxima, pero, según el relato de Steinberg, el espectáculo al inicio no fue el esperado. El Campeón subió al ring. Y el *show* comenzó con una especie de calentamiento, con una demostración del arte del boxeo. Unos golpes por aquí, unas fintas por allá, juego de pies... Los nazis querían otra cosa: violencia.

«En la esquina contraria se armó un revuelo y nuestro adversario saltó las cuerdas. Me quedé boquiabierto ante un robusto peso medio, de unos setenta y cinco kilos y 1,80 de altura. Más tarde supe que se trataba de un soldado de la *Wehrmacht* que había librado algunos combates como aficionado», explica Paul.

Young Pérez tenía rival; comenzó la esperada pelea. Uno de los mejores boxeadores del planeta «bailaba» sobre el ring de Monowitz. «El Campeón empezó su danza guerrera, dos pasos adelante seguidos de un gancho que hubiera tumbado a un caballo, un paso al lado para forzar un derechazo, una finta rotativa», continúa.

El prisionero 157 239 recuerda aquel combate, el primero de Young Pérez en el campo de concentración, con todo lujo de detalles. Paul Steinberg escribió *Crónicas del mundo oscuro* medio siglo después de la liberación, pero su retentiva es asombrosa. Sorprende cómo describe el duelo, la nitidez de las palabras con las que recrea con absoluta precisión cada movimiento sobre el cuadrilátero: «En un momento en que estaba desequilibrado, el Campeón intentó incluso colarle un *cross* a la mandíbula. [...] Experimenté una profunda satisfacción cuando, hacia el final del asalto, Pérez, sin duda para complacerme, pasó bajo su guardia y le colocó un gancho poco contundente en el hígado».

Más adelante, Steinberg cuenta: «Durante el segundo asalto, [...] el adversario besó la lona después de un *bolopunch* al vacío que le hizo perder el equilibrio. [...] Empezó el tercero. El pobre soldado resoplaba como una foca y sudaba, a pesar del fresco de la noche».

La superioridad técnica de Víctor Pérez, más pequeño y menos pesado, estaba haciendo mella en el otro boxeador. Ni la detención ni la estancia en Drancy ni el largo y extenuante viaje a Auschwitz ni el agotamiento ni la falta de alimento ni el miedo al porvenir, nada ni nadie había mermado la destreza del menudo púgil, que exhibía su habilidad ante la mirada de los SS.

La pelea se acabó. «El gong sonó por última vez y el árbitro emitió el veredicto: combate nulo. [...] El Campeón se enfundó la bata mientras yo le desataba los guantes y bajó del ring», escribe Paul.

Young Pérez consiguió privilegios en Monowitz por esa pelea y los empleó en ayudar a los otros prisioneros con los que compartía la comida extra que obtenía siempre que podía. Pero Víctor no era inmune. «Puede que le viera un par de veces más en total. Se consumía: solo le quedaban su sonrisa y su mirada dulce, cada vez más ausente, ya en otra parte», termina Steinberg.

Young Pérez, sin embargo, seguía boxeando...

NOAH / VÍCTOR

Más de veinte derrotas por una vida

$\mathcal{F}$ue el principio del fin del Campeón, que, meses después de aquella primera pelea, estaba frente a Noah Klieger, quien recupera su relato y toma de nuevo las riendas de la narración. Está en Monowitz, recién llegado, y allí, en un campo de la muerte, contempla en un «gimnasio» el entrenamiento de un campeón del mundo de boxeo. Es surrealista.

—Me acerqué a él [Young Pérez] y empecé a hablarle. Él estaba encantado de poder conversar con alguien en francés. Charlamos. Cuánto tiempo llevas aquí, cómo estás… Y después de unos minutos se unió a nosotros un boxeador un poco más grande y más ancho que dijo: «Me llamo Jacko Razon». Se presentó como campeón de Grecia y de los Balcanes. Era un peso medio. Venía de Salónica y era un gran púgil.

Jacques Razon había nacido en 1921 en Tesalónica. Lo arrestaron en 1943 en Grecia, desde donde le deportaron en un transporte que llegó al campo de concentración el día 13 de abril. Su número de prisionero fue el 115264, estuvo en Monowitz y se convirtió en el salvador de Noah Klieger. Apodado el «Pequeño Joe Louis» por la potencia de su pegada y la cantidad de victorias por K.O. que tenía en su haber, antes de caer preso de los nazis era uno de los boxeadores más exitosos del Club Maccabi.

Él se dio cuenta enseguida de lo evidente. Klieger no había subido nunca a un ring.

—Entonces me miró y me dijo: «Tú no eres boxeador». Y le contesté: «No, no lo soy. ¿Cómo podría ser boxeador a mi edad?». «Pues eso es muy peligroso, porque los combates van a empezar dentro de poco y el comandante es un experto en boxeo. Se va a dar cuenta muy pronto de que tú no eres un púgil. Y te van a sacar del ring para llevarte a la cámara de gas», me respondió. Entonces Jacko me dijo: «Vamos a hacer algo. En tu primer combate voy a luchar contigo y lo vamos a trucar. Te voy a dejar superar mi defensa para que puedas pegarme, y yo también te voy a golpear a ti, pero controlando la fuerza, porque si te pego de verdad no vas a poder mantenerte en pie. Yo soy un profesional y tú no eres ni siquiera boxeador».

A Noah le enseñaron los golpes básicos y a moverse por el ring; la postura de defensa y a esquivar los ataques del rival, lo justo para aparentar que sabía boxear. Más que un púgil, él tenía que ser un buen actor. Representar un papel, el de boxeador, y engañar al maldito SS que buscaba diversión.

Razon mantuvo su promesa y permitió que Klieger aguantara en pie hasta el final de la pelea.

—Empezamos a boxear, y yo le pegué lo más fuerte que pude. Recibí algunos golpes duros, a pesar de que se estaba controlando. El combate terminó con la victoria de Jacko. No fue impresionante, pero sin duda lo suficientemente convincente —continúa—. Amañamos ese combate y me aceptaron en el equipo de los boxeadores. Se dieron cuenta de que no era un gran púgil, pero que sabía boxear. Y eso fue un milagro.

Otra vez el prisionero 172345 había salvado la vida. En Auschwitz, la distancia que separa el mundo de los vivos del de los muertos es una delgada, delgadísima línea roja. Klieger la rozó, pero nunca la traspasó.

Los nazis impusieron unas condiciones infernales.

—Trabajábamos once horas al día, y teníamos a los SS y a los kapos siempre detrás de nosotros diciendo: «Más rápido, más rápido…». Y si no ibas más rápido y no corrías durante el trabajo, te machacaban hasta que ya no te levantabas y morías. Muchos perdieron así la vida. La comida, si es que se le puede llamar comida, era muy escasa. Por la mañana te daban un litro de agua oscura que llamaban café, un trozo de pan negro y húmedo, y un poco de margarina sintética. Por la noche, recibíamos una sopa, siempre la misma. Era una sopa que se daba a los cerdos. Y los domingos, el día de descanso, nos daban un trozo de salchichón. Incluso los rabinos habrían podido comerlo, porque no tenía nada de carne. Imagínate alimentarte con eso todos los días después de que te hubieran machacado once horas a trabajar. Así te pones enfermo. Casi todos sufríamos disentería, tifus…

Klieger perteneció durante un tiempo a uno de los *Kommandos* de descarga de sacos de cemento en Monowitz. El trabajo extremo y la ínfima ingesta de comida hicieron mella en su estado de salud. Empeoraba a un ritmo mortal. Perdió cinco kilos, diez, quince… Hasta que la carne desapareció. Noah, solo hueso y piel, estuvo a punto de morir.

Aquel día, Josef Mengele, el jefe médico de Auschwitz, apenas le miró. Ni siquiera musitó unas palabras, solo hizo un leve movimiento para enviarlo… A la izquierda, a la fila de los condenados a la cámara de gas.

Noah convalecía en la enfermería afectado por una grave infección. Extremadamente delgado, pesaba poco más de cuarenta kilos, su aspecto recordaba al de un muerto viviente, uno de esos «musulmanes» con destino al crematorio.

—¡Selección! ¡Selección! —los gritos retumbaban en las paredes del barracón.

Los SS obligaron a los prisioneros a ponerse en pie. En fila. En orden. Todos firmes. Presentes, que aquí está Mengele y ha llegado el momento de vivir o morir. Así era Auschwitz. El doctor, acompañado de sus acólitos, entró en la enfermería. Y comenzó su atroz análisis de aquellos esqueletos humanos. ¿Quién conservaba aún un resquicio de energía para trabajar y contribuir al futuro del Reich?

Mengele observaba en silencio unos segundos, muy pocos, y decidía. Ahora enfocaba serio y con ojos gélidos la consumida figura de Noah, que esperaba la sentencia.

—¡A la izquierda! —gritó uno de los SS que le escoltaban después de que el doctor hubiera inclinado ligeramente la cabeza hacia ese lado. No se intuía ni un resquicio de emoción en su voz.

Los experimentos médicos de Mengele, bien conocidos por todos en el campo de concentración, infundían terror. Caer en manos del Ángel de la Muerte, apodo que bien se había ganado, solo podía traer dolor, sufrimiento y óbito. El médico nazi transmitía pavor.

Klieger asintió y obedeció. ¿Qué más podía hacer? Empezó a caminar hacia la fila de la izquierda. Pero mientras avanzaba algo en su interior se rebeló: alguien que ya está condenado a morir, poco, más bien nada, tiene que perder.

—Todavía soy joven y fuerte. Puedo seguir trabajando en el campo —le dijo de pronto a Mengele. No pensaba lo que hacía.

Se había girado para desandar los pasos que había dado y estaba plantado delante del doctor, desnudo, embriagado de valor. Sus huesos sobresalían formando ángulos por todo su cuerpo de extrema delgadez. Los otros presos, atónitos, observaban lo que acababa de suceder. Nadie hablaba.

Mengele tampoco dijo nada. ¿Cómo podría reaccionar? La vida de Noah dependía de cómo encajara el doctor nazi aquellas osadas palabras, casi un desafío a la decisión que acababa de tomar. Quizás el desenlace fuera inmediato… Y tal vez Klieger muriera ahora de un disparo de cualquiera de los SS que acompañaban al médico, en lugar de asfixiado en la cámara de gas.

—Soy de Estrasburgo y mi padre es un conocido autor. —A Noah no se le ocurrió nada mejor que decir. La frase no tenía ningún sentido en aquel contexto, pero inesperadamente provocó una reacción en Mengele.

—¿Le quieres? —preguntó de pronto al prisionero médico que estaba a cargo de la enfermería.

—Si usted, *Herr Kommandant*, desea dármelo, a mí me encantaría tenerlo —respondió casi en un susurro.

—Quédatelo —contestó el nazi con firmeza.[5]

Otro milagro. Noah había vuelto a burlar a la muerte.

Ahora tenía que recuperarse, lo que logró gracias a la suerte y a la ayuda de los otros presos, entre ellos Young Pérez. El púgil compartía con él las raciones extra de comida que recibía por boxear. Además, mientras trabajó en la cocina, Víctor escapaba cada tarde de la vigilancia de kapos y SS, y salía con un barril lleno de sopa que repartía rápidamente entre los prisioneros más debilitados. Un acto de solidaridad, uno más, de un hombre que murió por compartir. Young salvó a muchos en Monowitz con ese alimento.

—El ser humano ha nacido para ayudar a los demás —solía decir Víctor Pérez a todo aquel que le preguntara por qué se jugaba el tipo cada día. De haberle descubierto, la horca hubiera sido su destino.

El campo de concentración se tragaba a los presos.

—Así, en esas condiciones, no puedes sobrevivir demasiado. Estaba previsto que viviéramos solo entre uno o dos meses, porque había que dejar espacio para los nuevos prisioneros que irían llegando. Ellos sí estaban en buena forma para trabajar mejor que nosotros —explica Noah, que describe cuál era el destino de los deportados—: A Auschwitz se mandaba a los judíos para que murieran, pero no como los humanos, sino para ser ejecutados como las bestias, como los animales. Allí moríamos como bestias.

Débiles, desnutridos, maltratados, vejados, enfermos...

—En esa situación, imagínate tener que subir a un ring para pegarte con otro. ¿Por qué era bueno ser boxeador? La razón era que el comandante cada noche distribuía un litro suplementario de sopa a cada púgil, pero no la misma que daban a los presos, era una sopa de verdad, con un trozo de carne, con patatas; la misma que comían los SS. Ese alimento me salvó la vida durante cinco o seis meses, mientras boxeaba

---

5. El encuentro con Mengele lo cuenta Noah Klieger en el documental *Box for life*, dirigido por Uri Borreda.

—dice Klieger—. Peleé en veintidós o veintitrés combates y, por supuesto, no gané ni uno. Eran todos mejores que yo. Daba igual quién ganaba o quién perdía. Al comandante eso apenas le interesaba, él solo quería el espectáculo, el *show*, el entretenimiento. Se celebraban ocho o nueve combates cuando hacía buen tiempo, y todo el campamento miraba.

El que también «besó la lona» fue Young Pérez. Los estragos del campo, la dureza del día a día, debilitaron al Campeón. Los boxeadores tenían ciertos privilegios, como el suplemento de sopa del que habla Klieger o algunos trabajos más livianos y a cubierto, alejados de las inclemencias meteorológicas, pero para ellos la vida en Auschwitz III-Monowitz también era un infierno.

La Buna iba consumiendo al Campeón, que ya no estaba en las cocinas.

«Como aficionado a los deportes desde pequeño, yo lo conocí como el Young Pérez que había ido a pelear a Gran Bretaña a principios de los años treinta. Hablé con él una vez muy brevemente dentro de la IG Farben. Cuando le comenté su gran combate contra Johnny King en Mánchester, tuvo que pararse a pensar para poder recordarlo. Era una sombra del apuesto boxeador joven cuyas fotos yo había visto», recuerda el soldado británico Denis Avey en el libro *El hombre que quiso entrar en Auschwitz*.

Demacrado, Víctor ya no se encontraba en condiciones de pelear. Llegó la derrota del Campeón. El que lo recuerda es Jan Czekaj, el prisionero 122 980, quien trabajó en la herrería de Monowitz. No nombra a Young Pérez, porque asegura haber olvidado su nombre, pero la descripción coincide con la del púgil. Hay que tener en cuenta que algunas de las declaraciones de los supervivientes se tomaron años después de la liberación, de modo que en ocasiones les resultaba complicado situar con exactitud lugares o fechas, incluso identificar a las personas de las que hablan.

El testimonio de Czekaj, que se guarda en el archivo del museo de Auschwitz, está fechado el 3 de febrero de 1976.

Habían pasado más de tres décadas desde que se produjeron los hechos de los que habla: «Delante de la carpa había combates de boxeo. Recuerdo a un boxeador, un prisionero francés, el campeón de Europa de antes de la guerra, cuyo nombre desgraciadamente he olvidado. Este preso estaba bastante extenuado y no pudo boxear con mucha eficacia, aunque ganaba gracias a su buena técnica. Un día luchó contra él un forzudo alemán que no tenía ni idea de boxeo. Sin embargo, por desgracia, el francés recibió un golpe de *knock-out* y se lo tuvieron que llevar del ring».

Noah Klieger perdió todos sus combates, pero vivió; sin embargo, Young Pérez, aquel que golpeaba el *punching ball* como una metralleta y ganaba casi todas sus peleas, murió. El Campeón fue asesinado el 22 de enero de 1945 en Gliwice durante una de las «marchas de la muerte» tras la evacuación de Auschwitz, cuando, según cuentan, intentó compartir un saco de pan que encontró con otros presos exhaustos. Un SS disparó. La bala silbó; el campeón del mundo expiró.

JACKO [6]

6. Las citas de Jacko Razon que se incluyen en este apartado corresponden al testimonio que se conserva en Yad Vashem: YVA O.3/6396.

Jackito es mi protegido, ¿está claro?

Es imposible olvidar; si alguien se olvida de lo que pasó allí,
es que no es un ser humano.

JACKO RAZON

Él no sentía el miedo allí donde todos temían la muerte.

Jacko Razon, aquel que amañó el primer combate de Noah Klieger, también arriesgó su vida para ayudar en Monowitz a otros presos a sobrevivir.

—Jackito es mi protegido, ¿está claro? —dijo un día mientras miraba desafiante a aquellos que le escuchaban.

Todos asintieron con un leve movimiento de cabeza.

—A ver quién es el valiente que trata de acercarse a él —advirtió.

Y ya nadie más se atrevió a hacer daño al joven Yaacov Handeli, Jackito, el prisionero 115003, un adolescente bien parecido que corría el riesgo de convertirse en un *pipel*, un muchacho del que los kapos u otros presos prominentes con algún poder en el *Lager* podían abusar sexualmente. La depravación en los campos de concentración no tenía límite.

En su libro, *A greek jew from Salonica remembers*, Yaacov Handeli dice: «Quien realmente me salvó fue mi buen amigo Jacques Razon, el excampeón de boxeo de Salónica. Dejó claro a todos en la cocina que yo estaba bajo su protección. [...] También se lo dijo a los polacos; todos le tenían miedo. Era una montaña de hombre; comía mucho y los trabajadores de la cocina le temían. Les tenía muy asustados [...] Él tenía presencia y carisma, y yo estaba bajo su protección. Me sentía protegido y seguro».

A Razon, el prisionero 115264, todos le respetaban. El griego era un púgil rudo. De Salónica. Y desde el principio mostró su fortaleza. Su coraje. No se dejó amedrentar por nada ni por nadie.

Un kapo le golpeó al llegar a Auschwitz y él le devolvió el puñetazo.

—¿Boxeador? —preguntó el capataz, sorprendido por la reacción de aquel deportado.

Ningún preso había respondido jamás a sus ataques; sabían que se jugaban la vida si lo hacían. Pero ese hombre que tenía enfrente era distinto.

—¡Sí, soy boxeador! —le contestó Jacko, que esperaba en la fila para que le tatuaran en el antebrazo su número de prisionero.

Y al día siguiente, en abril de 1943, ya se había organizado un combate para él.

«Trajeron a un púgil, unos guantes y empezamos a pelear —recuerda Jacko Razon en el testimonio que concedió a Yad Vashem en mayo de 1990, donde apunta que su rival fue un polaco—. Poco a poco lo analicé y al tercer asalto lo dejé K.O. [...] Después del combate comenzaron a tirar pedazos de pan, de margarina, mermelada en cajitas... Lo cogí todo y, como no sabía dónde meterlo, empecé a repartirlo entre mis compañeros. Y pensé: "Aquí está mi vida y la de mis amigos".»

Acababa de encontrar el modo de sobrevivir en el campo de concentración.

Jacko, el pequeño de tres hermanos, sabía lo que hacía cuando se ofreció en Auschwitz para pelear. A mediados de los años treinta, empezó a boxear en el Club Maccabi. Era poco más que un adolescente. «Desde la infancia tuve mucha fuerza y nunca sentía miedo», comenta. Allí se encontró con Dino Uziel, un púgil de buenas maneras que también ejercía como entrenador y cazatalentos. Buscaba boxeadores judíos, y con Razon descubrió un diamante en bruto. Jacko comenzó a ganar todos los combates por K.O. y pronto fue muy conocido. «Progresé tanto que me convertí en el temor de los boxeadores griegos», explica. Y así era. Porque a finales de la década de los treinta, a Razon ya se le conocía como uno de los púgiles de referencia del Club Maccabi. Un peso medio con una técnica depurada. «Destaca por la dureza de su estilo, entiende fácilmente la estrategia de su contrincante, es muy rápido, frío y sereno», lo describía en aquella época el diario griego *Atletismo*.

Su leyenda crecía y crecía. Y en un combate en el barrio de Tumba, en Salónica, Jacko dejó K.O. a su rival, el boxeador Athanasiadis, en apenas treinta segundos. Lo noqueó con un golpe directo al estómago.

Razon viajaba con Dino Uziel a todas las competiciones pugilísticas por la región. Hasta que la invasión de Grecia por las fuerzas del Eje y la división del país en tres zonas de ocupación lo cambió todo. Salónica quedó en 1941 bajo dominio de los alemanes. Y comenzaron tiempos difíciles. «Mi padre estaba en una buena posición y vivíamos bien», indica. Pero todo eso se acabó: «No intuimos lo que iba a pasar después». Y lo que ocurrió fue que llegó la crisis económica, la falta de alimentos, el maltrato y el asesinato... Más tarde, las leyes raciales y el fin: la deportación a Auschwitz.

Jacko apenas tenía veinte años en aquella época. Entrenaba en el gimnasio, a la vez que combatía como podía contra el invasor. «Empecé a hacer sabotajes», recuerda. Hurtos, incendios, ataques... para tratar de dañar o debilitar a los nazis. La situación, sin embargo, empeoraba. «La gente comenzaba a morir de hambre en las calles», dice Razon, que robaba toda la comida que podía para ayudar a su familia. Hasta que alguien lo delató y cayó en manos de la Gestapo. Encarcelado, sufrió los brutales métodos de la policía secreta del Tercer Reich. La paliza que recibió durante los interrogatorios le hizo sentir el miedo a la muerte por primera vez.

Aún le quedaba lo peor: el campo de concentración. «El viaje lo hicimos como bestias. Sin agua, sin nada. El tren nunca paraba y dentro escuchábamos los gritos de la gente. Había muchos enfermos», afirma Razon, que explica que, al igual que el resto de los deportados, no conocía el destino: «De haberlo sabido, hubiera intentado escapar».

Yaacov Handeli, que tenía quince años y también iba en aquel transporte, recuerda que al poco de ponerse en marcha la locomotora ya nadie albergaba esperanzas. Los cautivos sabían que allí donde fuera que les enviasen no les esperaba nada bueno. «Al segundo día, debido a las terribles condiciones, todos habían renunciado a cualquier ilusión sobre el porvenir. La gente se había dado cuenta de que estaba encarcelada», rememora.

Casi pasó una semana desde el 7 de abril, cuando salieron de Salónica, hasta que el tren se detuvo en Auschwitz. Unos días terribles. Algunos no llegaron; perecieron por el camino. Handeli incluso recuerda que los alemanes violaban a las mujeres durante el viaje. «Las chicas de Salónica eran conocidas por su belleza. Los soldados solían arrastrar a alguna de dieciséis o diecisiete años a su vagón; más tarde volvía goteando sangre», escribe en su libro.

Cerca de la medianoche del 13 de abril de 1943, la locomotora frenó.

Y entonces Jacko tuvo que pelear para vivir.

Después del primer combate con aquel polaco en Auschwitz, le enviaron a Monowitz. Y allí volvió al ring. Otra vez dijo que era boxeador, otra vez le «separaron» de los prisioneros comunes y otra vez se tuvo que poner los guantes. Ahora para dos peleas. Sus rivales, un alemán y un italiano. Y a ambos los derrotó: «Así me hice un nombre».

«Al poco de llegar a la Buna, tuve que trabajar en unas excavaciones, pero cuando vieron que era un buen boxeador me cambiaron», rememora.

Jacko se convirtió en uno de esos griegos duros y luchadores, bien conocidos por todos los presos en Monowitz. Eran famosos por su vigor. Como escribió Primo Levi en *Si esto es un hombre*: «Esos admirables y terribles judíos salónicos, tenaces, ladrones, sabios, feroces y solidarios, tan decididos a vivir y tan despiadados adversarios en la lucha por la vida; esos griegos que han sobrevivido, en las cocinas y en las canteras; y que hasta los alemanes respetan y los polacos temen».

Allí, sin embargo, pocos aguantaban. La Buna fue otro cementerio. «A pesar de su fortaleza física, los judíos griegos cayeron como moscas. Recuerdo que se desvivían por mostrar a los alemanes lo fuertes que eran; cualquier cosa para vivir. Nunca olvidaré a un preso que llevaba cuatro sacos de cemento de cincuenta kilos cargados en su espalda, un total de doscientos kilos, solo para demostrar que valía la pena mantenerlo vivo», recuerda Yaacov Handeli, que añade que el cincuenta por ciento de los judíos griegos que entraron con él ya no estaba vivo a los tres meses de estancia en Auschwitz.

Una matanza.

De los aproximadamente dos mil ochocientos que llegaron en el transporte de Razon y Handeli aquel 13 de abril de 1943, solo quinientos hombres y trescientas sesenta y cuatro mujeres superaron la selección en la rampa. El resto, casi dos mil, fueron directos a la cámara de gas. A morir.

Los que se salvaron intentaron sobrevivir como pudieron en el campo de concentración. Algunos lo consiguieron con la ayuda de un boxeador, Jacko Razon, el Pequeño Joe Louis, aquel que nunca conoció el miedo; el hombre que tuvo el valor de «organizar» una red clandestina para rescatar a los demás.

Al que veas muy débil,
me lo mandas

A fin de despejar el campo de concentración,
cumple eliminar cuanto antes mediante liquidación
a los mentecatos, los idiotas, los tullidos y los enfermos.

HEINRICH KINNA, *Untersturmführer* de las SS

*L*a selección.

El terrible momento de seguir viviendo o emprender el camino de la muerte.

Los SS observan una procesión de «zombis».

«Teníamos que pasar por un bloque completamente desnudos. Era así porque en el proceso de convertirse en "musulmán", una persona se transformaba en un esqueleto y sus nalgas se desgastaban completamente. El oficial alemán que realizaba la selección, aparentemente un médico, no miraba a la cara de los presos, solo a las nalgas: cuando las tenía completamente planas, esa persona había llegado al fin de su vida», relata Yaacov Handeli en su libro.

Y a esos que ya estaban consumidos los enviaban a Birkenau, a la cámara de gas.

Un «juicio mortal» del que algunos lograron escapar con la complicidad de un boxeador.

—Jacko, tienes que estar muy atento. Debes tener cuatro ojos. Observa bien a todos los que te rodean. Si ves a alguien muy débil, me lo mandas a mí. Que diga que le duele algo

—le dijo a Razon el doctor Kuenca,[7] un respetado otorrino-laringólogo de Salónica, que también había trabajado para la Cruz Roja Internacional y ahora estaba preso en el campo de concentración nazi.

Al púgil, ya muy conocido en Monowitz, los combates le permitieron acercarse a los kapos, ganarse su favor y entablar amistad con aquel galeno con el que fomentó una red clandestina para ayudar a los presos más deteriorados, a los «musulmanes», y evitar que fueran elegidos en las malditas selecciones, cada vez más habituales en la Buna. Un médico de las SS visitaba la enfermería regularmente, a veces con una frecuencia semanal, y la «vaciaba» de aquellos incapaces que el propio campo había destrozado, de esos que, después de un tiempo internados, no daban muestras de recuperación. Para los nazis solo se trataba de sustituir a los que no podían trabajar por otros que estuvieran en mejores condiciones; para los presos era una condena de muerte.

«El doctor Kuenca fue un hombre inusual, maravilloso. No escatimaba esfuerzos ni le disuadía ningún peligro si podía ayudar a un prisionero enfermo», indica Handeli. «Era una buena persona», afirma Razon.

«Todas las mañanas, en el bloque en el que dormíamos, preguntábamos quién estaba enfermo. Muchos levantaban la mano», asevera el púgil. A esos que ya no podían más los enviaba directamente a visitar al doctor. «Ve con él y dile qué te duele», les recomendaba. Tras una revisión con el galeno, se les declaraba enfermos y evitaban salir al trabajo durante unos días para poder recuperar fuerzas.

«Esa fue una manera de salvarles la vida —explica Jacko, que, además, utilizaba su influencia para intentar aliviar los padecimientos de esos deportados—. Hablaba con los kapos, que eran los que decidían dónde trabajaba cada uno, para que

---

7. Leo o Leon Kuenca nació el 1 de enero de 1899 en Tesalónica, ciudad en la que los nazis lo detuvieron, en marzo de 1943. Llegó a Auschwitz en un transporte de judíos griegos. En el campo de concentración quedó registrado el 25 de marzo de ese mismo año, 1943, y recibió el número de prisionero 110 941.

les dieran los trabajos menos duros. Así ayudé a muchos judíos y a muchos presos.»

«Aún hoy en día conservo amigos que vivieron gracias a mi ayuda y a la de Dios, que me dio fuerza para poder hacer una cosa así», apunta.

Handeli corrobora los recuerdos de Razon y su colaboración humanitaria con el médico: «Jacques también ayudó a los que se habían convertido en "musulmanes". Lo hacía junto con el doctor Kuenca, con el que estaba en contacto. Si alguien estaba enfermo, lo enviaba al médico. Ellos se ayudaban mutuamente. Fue Jacques quien comenzó la práctica de que todos dieran una porción de su sopa todos los días para ayudar a los "musulmanes". Ordenó guardar una porción para ellos».

Así lo hacía cada jornada para socorrer a los compañeros que se disponían a cruzar el umbral de la muerte. Como Jacko trabajaba en la cocina podía «organizar» comida. «Cada mañana robaba una manzana, una patata, un poco de sopa… y se lo daba a los jóvenes judíos para que pudieran mejorar su situación», explica Razon, que por entonces ya ejercía en el *Lager* como mentor de los boxeadores.

«En todos los transportes que llegaban, el *Lagerältester* buscaba púgiles y me los mandaba a mí. Yo era el entrenador», rememora. El griego los adiestraba para los combates en aquella especie de gimnasio que recreaba Noah Klieger. Las peleas, a las que asistía buena parte de la jerarquía del campo, se celebraban los domingos en la *Appellplatz*. «Venían los kapos, los SS… Les gustaba ver los golpes y la sangre», dice. Pero a los púgiles les daba igual quiénes fueran los espectadores. «Ellos querían comer, no les importaban los puñetazos. Después de las peleas, recibían una ración de comida. Y si había ido bien, seguían así», cuenta Razon. Gracias al boxeo hasta cambiaban de *Kommando*: de trabajar a la intemperie, hundidos en la nieve, pasaban al resguardo del interior de una fábrica.

Aunque tenía privilegios, sobre todo con la comida, Jacko no era inmune. Él padecía los mismos sufrimientos que los demás.

Y lo echaron de la cocina el día que lo descubrieron robando. Recibió una paliza como castigo y, magullado por los golpes, perdió un combate por K.O., una derrota que, afortunadamente para él, no impidió que continuara peleando. Los nazis querían ver al Pequeño Joe Louis sobre el ring. «Ganaba incluso a gente de más peso que yo: doce, quince o veinte kilos», dice.

El porvenir de Razon se oscureció, pero encontró cobijo en aquellos a los que él antes había socorrido. «Todos me conocían», asegura. Algunos griegos de Salónica le proporcionaban ahora raciones extra de comida. Y así pudo aguantar fuerte y mantener su estatus en el campo. «No tenía miedo, porque me sentía querido», recuerda Jacko, que continuó ayudando a los demás, como a aquel amigo de la infancia con el que un día en Monowitz se encontró: Salamo Arouch, otro púgil.

SALAMO / JACKO

El círculo en la arena

«Cuando Arouch llegó al campo [a Monowitz] desde Birkenau, Jacques ya llevaba bastante tiempo allí», relata Yaacov Handeli en su libro. Se refiere a Salamo Arouch, otro boxeador del Club Maccabi de Tesalónica que ahora también caminaba en medio del horror luchando por sobrevivir. Apodado por algunos como el Bailarín —en diversos artículos de prensa de la época— por su talentoso juego de pies, por su rápida y ágil forma de moverse sobre el ring, fue junto con Razon, su amigo de la niñez, uno de los púgiles griegos con mayor proyección a finales de los años treinta. Un porvenir truncado por los nazis.

Salamo había llegado a Auschwitz a mediados de 1943. Un día en el que un comandante de las SS trazó un círculo en la arena. Era el ring en el que aquel judío se iba a jugar la vida. Varios días de viaje en tren, hacinado en un vagón para ganado —la historia mil veces repetida—, condujeron a un prometedor peso medio al maldito campo de concentración. Allí era uno más, un prisionero como otro cualquiera. El número 136 954.

El púgil estaba desorientado en un lugar desconocido. Salamo, que había hecho el servicio militar en el ejército griego, donde logró tres victorias como miembro del equipo de boxeo de las fuerzas armadas, había preguntado a un amigo que vio en Auschwitz nada más llegar:

—¿Dónde están los demás?

Muchos de los que iban con él en el tren ya habían desaparecido sin dejar rastro.

—Todos muertos. Gaseados y quemados —le respondió el otro.

Arouch, sin embargo, se negó a aceptar tan pronto la realidad del campo de concentración. ¿Cómo el ser humano podía cometer semejante crimen? No le creyó. «Pensamos que estaba loco», aseguró en la revista *People*[8] años después al recordar aquel momento.

«Mi familia y yo llegamos a Auschwitz a las seis de la tarde. Estuve de pie y desnudo toda la noche. Los nazis nos limpiaron con agua, nos desinfectaron, afeitaron nuestras cabezas y nos tatuaron los números en los antebrazos. Al día siguiente, nos dieron pijamas», rememoraba Salamo en el *New York Times*.

—¿Quién sabe boxear? —bramó de pronto un nazi que acababa de aparecer.

«El comandante, recuerdo su nombre como Hans, llegó en un coche grande y preguntó si había luchadores o boxeadores entre nosotros. Yo le dije que era púgil, pero no me creyó por mi estatura», afirmaba en el diario neoyorquino.

En *People*, Arouch indicaba: «Me preguntó: "¿Estás dispuesto a luchar en este momento?". Y yo, aunque estaba muy asustado y agotado por no dormir y no comer, respondí que sí».

La pelea o la vida.

«Trajeron los guantes y a otro prisionero judío llamado Chaim para que peleara conmigo. Era uno de los luchadores del comandante. Me enteré más tarde de que organizaban combates usando a los prisioneros y que los nazis hacían apuestas con ellos. Como las peleas de gallos. Pero aquella mañana yo no sabía nada. En cualquier caso, el comandante dibujó con un palo un círculo en el suelo. Era el ring. En el primer asalto, estudié a mi oponente y me di cuenta de que lo

8. Las citas de Salamo Arouch que se incluyen en este capítulo corresponden a lo que se publicó en la revista *People* el 19 de febrero de 1990 (https://people.com/archive/boxer-salamo-arouchs-death-camp-bouts-end-in-a-triumph-of-the-spirit-vol-33-no-7/) y en el diario *The New York Times* el 18 de diciembre de 1989 (sección C, p. 2).

podía ganar fácilmente, pero no estaba seguro de si debía vencer a Chaim. El comandante era el árbitro, y yo le miraba de reojo en el segundo asalto, cuando empecé a golpear a mi contrincante. Hans sonreía. Y ver eso me envalentonó. En el tercero, lancé un golpe de izquierda, otro de derecha y tumbé a Chaim», rememoró Arouch en el *New York Times*.

El nazi disfrutaba con la exhibición de Salamo sobre la arena gris ceniza.

—¡Oh, Dios mío! ¿De dónde ha venido este? —exclamó sorprendido por la técnica pugilística de Arouch.

—Si tienes un buen boxeador, tráemelo y te puedo mostrar más cosas —contestó desafiante y con un tono arrogante el púgil.

El intérprete le tradujo al comandante las osadas palabras del griego. Y poco después apareció otro preso. Un hombre alto y grande de Checoslovaquia. Salamo se tendría que esforzar ahora aún más. Su nuevo contrincante era un buen púgil, y él debía demostrar de nuevo sus habilidades en el ring; si perdía, nadie sabía qué podía ocurrir. El SS, muy serio, concentrado, observaba la pelea. Analizaba los movimientos de los dos luchadores. El checo se protegía mejor que el primer boxeador, pero Arouch encontró el modo de abrir su defensa. «Lo golpeé en el estómago y se dobló como un camello», dice en el *New York Times* Salamo, que había vuelto a ganar.

Al comandante se le veía disfrutar con aquel heleno que boxeaba tan bien. Había encontrado a un púgil que le amenizara los días en el campo de concentración. Y eso era lo único que a él le preocupaba.

—Eres bueno —le dijo el SS a Arouch después de los combates.

Así empezó todo, el mismo comienzo que el de los otros boxeadores. Salamo entró en el «selecto» grupo de aquellos que subían al ring por un pedazo de pan, pero que malvivían como todos los demás. «Luchábamos hasta que uno de nosotros caía al suelo o hasta que ellos se hartaban de vernos. No se marchaban hasta ver sangre. Los perdedores se quedaban muy debilitados. Y los nazis disparaban a los débiles», explica en *People*.

Porque allí se iba a morir.

«Cada día era un infierno. Los prisioneros trabajaban desde las cuatro de la mañana hasta el anochecer. Los golpeaban constantemente y los obligaban a trabajar en la nieve con una ropa muy liviana. Muchos eran polacos que habían vivido cerca. Cuando intentaban escapar, los SS los cazaban con perros y los colgaban donde todo el mundo pudiera verlos. Una vez tuvimos que ver morir a diez hombres en la horca. De uno en uno», expresó Arouch en *People*.

A él lo enviaron de Birkenau a Monowitz en 1944, y allí se encontró con Jacko Razon. Dos compañeros de juegos que correteaban por su Tesalónica natal, dos amigos que boxeaban juntos en el Club Maccabi, ahora dos presos que luchaban por sobrevivir. «Él vino a la Buna y yo lo ayudé. Lo recibí como a un hermano. Conseguí que trabajara en la cocina, boxeamos...», dice Razon, que utilizó sus privilegios para «colocar» a Salamo en el «equipo» de los púgiles.

Ya no se separaron hasta el último día. Así lo recuerda Yaacov Handeli: «En la cocina, conocí a los dos boxeadores de Salónica, Jacques Razon y Salamo Arouch. Desde la llegada de Salamo en 1944 hasta la liberación en Bergen Belsen estuvimos los tres juntos». Unidos también durante la terrible evacuación de Auschwitz, en la «marcha de la muerte» que los llevó en enero de 1945 primero a Gliwice a pie y después a Mittelbau-Dora en tren.

«Fuimos a un campo de tránsito. Varios días caminando. Antes, el doctor del que hablé [se refiere a Kuenca] me había dicho: "Jacko, ahora nos van a coger a todos y no sabemos qué va a pasar. Vamos a tratar de estar todos los griegos juntos"», explica Razon.

«Nos trasladaron a Gliwice. Muchos murieron y a otros los asesinaron en el camino», continúa Jacko, que explica cómo después «enjaularon» a los presos para transportarlos al siguiente destino. «En unos vagones en los que cabían treinta personas, metieron a unas ciento veinte. Estos trenes no tenían techo y nevaba mucho. Estaban tan llenos [...] A los que morían los íbamos tirando. Los alemanes que nos estaban vigilando creían que lanzábamos a la gente viva y disparaban», recuerda Jacko sobre el viaje a Dora. Los nazis ametrallaban porque pensaban que aquellos hombres destrozados, moribundos, que apenas tenían fuerza para respirar, intentaban escapar.

Handeli , en *A greek jew from Salonica remembers*, relata con más detalle incluso cómo fueron aquellos días. «Nos cargaron en vagones de carbón y nos llevaron al campo de Dora dentro de Alemania —empieza—. Era el punto álgido del invierno. Estábamos apiñados como sardinas en vagones abiertos; no solo no había sitio para sentarse, sino tampoco para estar de pie. Yo estaba con los dos boxeadores [Razon y Arouch]. Cuando alguno moría, no esperábamos a que alguien fuera lo suficientemente bueno como para retirar el cadáver en la siguiente parada. Dos brazos fuertes recogían el cuerpo y lo lanzaban fuera del tren en movimiento.»

No tenían ni agua ni comida. Y muchos, sedientos, bebieron hasta su propia orina. «Yo mismo lo hice, y creo que eso fue lo que me salvó la vida. Es un líquido muy amargo, pero que también calienta el corazón», asegura Handeli, que es incapaz de reflejar con palabras lo que sucedió allí: «Es imposible describir el sufrimiento que se produjo en ese vagón de tren».

Con él estaban los dos púgiles, todos intentando aguantar hasta el final. Formaban un grupo solidario, siempre pendiente de socorrer al compañero. «Los griegos se ayudaron mucho entre ellos», dice Handeli, que recuerda un episodio terrible de aquel viaje a Dora en el que algunos decidieron suicidarse: «Un griego, no de Salónica, ya no pudo soportar una existencia tan terrible. Quizá se volvió loco, no lo sé. Pero él quería morir con dignidad. ¿Qué fue lo que hizo? Se subió a una esquina del vagón y saltó a la muerte gritando: "Viva la libertad". Su grito fue interrumpido por una ametralladora que literalmente lo cortó en pedazos.» Los nazis pensaron que trataba de huir...

«Después de siete u ocho días llegamos a Dora», dice Jacko

Razon. Mittelbau-Dora fue otro infierno, un lugar de muerte y desesperación en el que presos al límite de la resistencia humana, cegados por el hambre, perdían la razón. En aquel campo amontonaban los cadáveres y los incineraban con gasolina a la vista de todos. «Un ucraniano, sabía que era ucraniano por el parche verde de su camisa, y aún recuerdo bien su cara, que aparentemente trabajaba en la recogida de los cuerpos, corrió hacia la pira donde los cadáveres se estaban quemando, sacó un cuchillo, [...] cortó un trozo de carne de uno de los cuerpos y se lo puso en la boca. Así de desesperada estaba la gente», relata Handeli.

En Mittelbau-Dora, Razon tuvo que volver a pelear. «En ese campo fue muy difícil. La primera noche, cuando se dieron cuenta de quién era yo, un púgil, me cogieron y boxeé con uno que pesaba noventa y cinco kilos. Recibí algunos golpes, qué golpes. Después del combate, empecé a buscar comida y me dieron una cazuela con una especie de sopa y patatas, pero yo se la entregué a un amigo y le dije: "Cógela, que voy a buscar más alimentos". Sin embargo, no pude encontrar nada y ya no me dieron más porque no me conocían», recuerda Razon en su testimonio en Yad Vashem. Cuando regresó, su compañero ya se lo había comido todo y él se quedó sin nada que llevarse a la boca.

Desde Dora los enviaron finalmente a Bergen Belsen, donde el ejército británico los devolvió a la vida el 15 de abril de 1945. Razon, Arouch y Handeli, tres hombres libres, tres hombres solos. Los campos de concentración nazis se habían «tragado» a sus familias. Todos muertos. Asesinados.

Salamo Arouch regresó a Auschwitz años después y se derrumbó. «En mi mente vi a mis padres y empecé a llorar. Lloré, lloré y no pude dormir», declaró en *People*. En aquella tierra que pisaba yacían las cenizas de sus seres queridos. El aire limpio que en ese momento respiraba le recordaba a aquel tufo pestilente y nauseabundo que antaño emanaba de las chimeneas de Birkenau. La muerte convertida en humo negro, denso... y maldito.

JUDAH [9]

9. Las citas de Judah Vandervelde que se incluyen en este apartado corresponden al testimonio que se conserva en Fortunoff Archive: Judah V. Holocaust Testimony (HVT-2137). Fortunoff Video Archive for Holocaust Testimonies, Yale University Library.

La promesa a papá

Haber concebido y organizado las Escuadras (el *Sonderkommando*) ha sido el delito más demoniaco del nacionalsocialismo. [...] Mediante esta institución se trataba de descargar en otros, y precisamente en las víctimas, el peso de la culpa, de manera que para su consuelo no les quedase ni siquiera la conciencia de saberse inocentes.

Primo Levi, *Los hundidos y los salvados*

«Si el viento soplaba en dirección al campo, [...] nos llegaba el desagradable olor a carne quemada de la gente que metían en los hornos de exterminio», afirma Judah Vandervelde.

Y calla un instante, porque lo que quema por dentro abrasa el alma al recordarlo.

Unos seis kilómetros separaban Auschwitz II-Birkenau de Monowitz, donde él se encontraba. «Si mirabas hacia arriba, podías ver las oleadas de humo que subían hacia el cielo», continúa en su testimonio conservado en Fortunoff Archive.

Eran las cenizas de los muertos, seres humanos asesinados que el infierno en la Tierra habían dejado.

Judah «dibuja» un pasado cruel del que, años después, quería proteger a sus hijos.

—Papá, ¿qué son esos números? —solían preguntarle los pequeños con esa característica curiosidad infantil pintada en la cara.

Vandervelde llevaba puesta una camiseta de manga corta y los niños miraban con curiosidad el tatuaje de su antebrazo. Ellos querían saber, pero él prefería no contar.

—Papá, ¿qué es eso que tienes ahí pintado? —insistían sin darle tiempo a escapar.

Pero Judah no tenía ganas de recordar lo que pasó allí.

—Es el número de teléfono de vuestra madre, lo llevo escrito para que no se me olvide. Si alguna vez necesito llamarla y no tengo la agenda, podré consultarlo ahí —contestaba.

«Yo nunca quería hablar de eso […] Hasta que ellos tuvieron ocho o nueve años, o consideré que eran lo suficientemente mayores, no les hablé del campo de concentración», recuerda.

Judah supo que había llegado el momento el día que los chiquillos ya no se creían aquella «broma».

—¿Cómo es que el teléfono de mamá tiene seis números en lugar de siete? —le decían.

Entonces ya no le quedó otra opción que contar la verdad. «Les explicaba pequeñas cosas, fragmentos cada vez, nunca una larga historia de principio a fin», afirma Vandervelde.

Y esto fue lo que sus hijos tuvieron que escuchar.

Judah llegó a Monowitz por cumplir una promesa. Cierto día su padre le había dicho: «Hagas lo que hagas, nunca dejes sola a tu hermana. Tienes que cuidar de ella».

Él se lo prometió. Jamás olvidó aquella conversación y cumplió hasta las últimas consecuencias el encargo de su padre.

Su calvario comenzó a los quince años, cuando los nazis invadieron, el 10 de mayo de 1940, los Países Bajos, un territorio que se había mantenido neutral desde el inicio de la Segunda Guerra Mundial. Los valerosos soldados holandeses, en inferioridad y con menos armamento, aguantaron como pudieron el empuje de la Wehrmacht hasta que el terrible bombardeo sobre Róterdam —donde murieron alrededor de un millar de personas y otras ochenta mil se quedaron sin hogar— precipitó la rendición. Tras cinco días de resistencia desde el inicio de la ofensiva alemana, el general Winkelman firmó el acuerdo de capitulación el 15 de mayo. El Tercer Reich se hizo entonces con el control del país y colocó una nueva junta de gobierno en el territorio ocupado, con Arthur Seyss-Inquart a la cabeza.

El porvenir de los judíos se ensombreció. Muchos de los que vivían en los Países Bajos, quienes ya habían huido de Alemania en la década de los treinta tras la ascensión de los nazis al poder en 1933, ahora volvían a estar bajo el yugo de Hitler. Con la ocupación, empezaron para ellos las prohibiciones, los robos, el envío de los hombres a campos de trabajo, la obligatoriedad de llevar la estrella amarilla... Un sinfín de leyes que los dejaron sin derechos ni libertades, arrinconados. Aislados y temerosos de caer en manos de los alemanes en cualquier momento.

Con este panorama de agonía vivía —ya todos los judíos malvivían— en Ámsterdam la familia de Judah Vandervelde.[10] Hasta que una noche de 1943 todo se derrumbó. «Llegó la policía. Mi padre dijo: "Escóndete con tu hermana en el tejado. Los dos sois mayores de dieciséis años. Los alemanes consideraban a los niños de más de dieciséis como autosuficientes"», recuerda en su declaración. Ambos hicieron caso y se ocultaron; y desde la azotea, acurrucados uno contra otro, asustados, vieron cómo se llevaban presos a sus padres, también a sus hermanos. Se habían quedado solos.

Judah decidió dejar a su hermana en casa de una tía, donde pensaba que estaría protegida: él buscaría a sus padres al día siguiente. Necesitaba encontrarlos y saber qué iba a ser de ellos. Acudió a un lugar de Ámsterdam donde reunían a los judíos antes de enviarlos a los campos de concentración. Preguntó por ellos y, aunque le dijeron que sus nombres aparecían en la lista de registro, no pudo localizarlos. Pero no se rindió. Aprovechó un momento de despiste para colarse en aquel recinto... Y los encontró.

«Mi padre estaba muy enojado porque había ido a buscarlos. "Ahora nunca podrás salir de aquí"», recuerda Vandervelde que le dijo.

---

10. Había nacido el 21 de marzo de 1925.

Fue en ese momento cuando le hizo prometer que jamás, pasara lo que pasara, abandonaría a su hermana. Parecía que él ya sabía lo que iba a ocurrir... Porque ella también fue capturada por los nazis en otra redada en casa de sus tíos. «Cuando volví, al día siguiente, descubrí que la habían cogido. Como prometí a mis padres que cuidaría de ella, fui de nuevo a ese lugar de reunión y me entregué voluntariamente. Si iban a enviar a mi hermana a un campo de concentración, yo también iría para poder cuidarla y estar con ella», explica Judah.

Y así empezó su viaje hacia el abismo. Tras su estancia en los campos neerlandeses de Vught y Westerbork [este último un lugar de tránsito desde donde se enviaban transportes masivos de judíos a los centros de exterminio del este de Europa], Judah fue deportado a Auschwitz. «En un vagón lleno de jóvenes de catorce, quince, dieciséis, diecisiete... o tal vez dieciocho años», explica. Adolescentes camino de la muerte. El tren se paró de pronto una noche y todo acabó. «Cuando llegamos a Auschwitz, el infierno se desató», sentencia.

A Vandervelde lo mandaron al *Sonderkommando*, uno de los peores destinos en el campo de concentración. Se trataba de un grupo de trabajo compuesto por judíos en el que algunos clasificaban la ropa y las pertenencias que los nazis confiscaban a los deportados nada más llegar. Tenían que ordenar cada objeto para enviarlo a *Kanada*, nombre con el que se conocía a los almacenes del campo donde se guardaban todos los bienes saqueados: joyas, dinero, maletas, cepillos de dientes, paraguas, zapatos, prótesis ortopédicas y cualquier utensilio de valor.

El *Sonderkommando*, sin embargo, tenía otra lúgubre función, una tarea inhumana: los prisioneros debían acompañar a los recién llegados a la cámara de gas y después sacar sus cadáveres, cuerpos inertes a los que extraían los dientes de oro y les cortaban el cabello antes de incinerarlos en los crematorios.

Judah fue testigo directo del exterminio. «Afortunadamente, solo tuve que hacerlo un par de veces. Si puedo evitarlo, no quiero hablar sobre ello. No fue algo agradable», asegura con pesar en su testimonio en Fortunoff Archive.

Y se hace el silencio.

Recordar duele, pero es necesario. Filip Müller, uno de los miembros del *Sonderkommando* de Auschwitz, explica en su libro *Tres años en las cámaras de gas* cómo era un día en la vida de aquellos condenados a manipular los cadáveres: «Nuestra jornada de trabajo empezaba temprano por la mañana, cuando formábamos en el patio rodeado de vallas de los dormitorios, listos para marchar hacia las fábricas de la muerte. Allí, durante las siguientes doce horas, quedábamos por completo absortos por el pesado trabajo. Había que poner a punto los generadores; había que arrastrar a los muertos hasta los hornos para la incineración, tras haberles arrancado los dientes de oro y cortarles el pelo a las mujeres; había que traer carbón y limpiar las cenizas, y, por último, el crematorio tenía que ser limpiado y desinfectado. [...] Al final de la tarde formábamos en el patio de la fábrica de la muerte listos para regresar al campo cuando la vida retornaba a nuestra mente. [...] Aunque a la mañana siguiente cuerpos humanos por millares volverían a ser convertidos en polvo y cenizas».

«Siempre me he preguntado cómo hacían esos judíos del *Sonderkommando* para hallar en su interior la fuerza necesaria para cumplir día y noche su horrible labor. ¿Esperaban que un milagro los salvara, estando ya a las puertas de la muerte? ¿O se habían vuelto demasiado cobardes, demasiado inhumanos, después de haber visto tantos horrores, para poner fin a sus días y escapar a tan atroz existencia? Por mucho que lo piense, nunca logro encontrar una explicación a su conducta», escribe con cinismo Rudolf Höss, el comandante de Auschwitz, en su autobiografía.

Quizás explique ese comportamiento esta desgarradora frase de Filip Müller: «Dado nuestro constante andar con los muertos, parecíamos olvidar que eran cadáveres. Les hablábamos como si todavía estuvieran vivos; incluso aunque no obtuviéramos respuesta de ellos, eso no parecía preocuparnos a ninguno, porque nos dábamos nuestras propias respuestas».

Judah Vandervelde fue uno de los desgraciados que estuvo ahí, rodeado de cuerpos sin vida en el *Sonderkommando*. Pero él pudo escapar de las llamas del infierno. ¿Por qué? Porque sabía boxear.

Fingir para dejar de boxear

—*B*ueno, quizá podamos utilizarte —le dijo un SS.

Judah Vandervelde estaba condenado en el *Sonderkommando*. Del cuello de los prisioneros de aquel terrorífico grupo de trabajo colgaba el cartel de los que iban a morir. Muy pocos sobrevivieron. Los nazis no podían dejar testigos del exterminio y periódicamente los asesinaban para reemplazarlos por otros nuevos. La siniestra rueda de la Solución Final nunca podía dejar de girar.

«Ellos [los miembros del Sonderkommando] sabían perfectamente que, al término de aquella operación, sufrirían la misma suerte que los millares de hombres de su raza que habían ayudado a exterminar», escribe Rudolf Höss en *Yo, comandante de Auschwitz*.

Un día, y casi sin quererlo, solo por caprichos del azar, Judah encontró una escapatoria. Un inesperado salvoconducto para huir del *Sonderkommando*. «Por suerte, salí de ahí. Una noche entraron en el barracón y preguntaron por los que eran músicos o deportistas. Entonces di un paso al frente y dije: "Yo solía boxear"», recuerda en su testimonio en Fortunoff Archive.

Y fue entonces cuando el SS pronunció esas palabras que cambiaron su destino: «Quizá podamos utilizarte», afirmó, y apuntó el número de todos aquellos que se habían ofrecido.

A Judah lo transfirieron de Auschwitz I a Monowitz y allí empezó a pelear. «Organizaban combates para los alemanes, como un entretenimiento. Yo peleaba en el campo y me daban comida extra por eso. Hasta en un momento dado, yo mismo pensé: "Oh, me han encomendado un trabajo más ligero". Porque, como boxeaba, tenía que mantenerme en forma. Me permitieron tener un par de horas libres para entrenar. Solía boxear una vez a la semana», asegura Vandervelde, que menciona, al igual que Noah Klieger, una gran sala donde estaban los utensilios necesarios para poder practicar: «Había un saco grande».

«Teníamos que pelear por las tardes, y los alemanes se sentaban alrededor del ring para disfrutar. Hasta nos ponían guantes de boxeo», continúa Judah, que da más detalles de aquellos combates: «Había árbitros, eran a tres asaltos, con gente organizándolo todo, y los alemanes cruzaban apuestas».

Las ventajas de las que disfrutaban los púgiles nacían del propio interés de los nazis, no por compasión o caridad hacia los prisioneros. Los SS querían que estuvieran en forma para poder disfrutar del boxeo, para que se fajaran con fuerza y energía. Su diversión no se podía estropear. A veces, incluso les dejaban descansar antes de la pelea. «Se nos permitía quedarnos en los barracones», rememora Vandervelde.

Aquellos no eran combates al uso. Y una vez concluidos, los boxeadores, magullados y doloridos, regresaban a la dura realidad del campo, a la soledad del barracón: «No había nadie que te cuidara [...] Aunque tuvieras sangre en la cara por los golpes de la pelea, ¿alguien te limpiaba? No, tenías que hacerlo tú mismo».

Pero aguantaban. «No querías perder, porque si caías en dos o tres combates, no se te permitía pelear más», dice Judah. Y eso implicaba perder los privilegios. «Cuando boxeaba, tenía un trabajo en la cocina, pelando patatas, limpiando verduras. Y esto era porque servía de entretenimiento para ellos», indica.

El boxeo también garantizaba en ocasiones el favor de los kapos, una protección, casi una garantía para alargar la vida. Ellos gestionaban el día a día de los prisioneros. «Si ganabas la pelea, el kapo del barracón estaba orgulloso de ti. Decías: "Joe Vandervelde, del bloque cinco, ha vencido en el combate". Y entonces él te cuidaba y decía que ibas a recibir comida extra», explica.

A pesar de los privilegios, llegó un día en el que Judah decidió renunciar. Se le habían quitado las ganas de boxear. «Uno que era más fuerte que yo me dio una paliza. Y quise dejarlo. ¿Por qué iba a permitir que me hicieran pedazos? No estábamos peleando con los alemanes, sino con otros prisioneros judíos», continúa. De modo que tuvo que pensar cómo hacerlo. «Ya no me apetecía boxear más y fingí que me lastimé la mano», dice.

Lo dejó y perdió el trato de favor.

Judah ya no era boxeador… Y entonces volvió el trabajo duro.

De estar en la cocina pasó a formar parte de un *Kommando* que faenaba en el exterior del campo, al raso; fabricaba ladrillos que los nazis empleaban para construir en la Buna búnkeres protectores ante posibles bombardeos; descargaba sacos de cemento de cincuenta kilos; transportaba carros llenos de piedras…

Judah ya no era boxeador… Y entonces volvió el frío.

«A veces hacía diez grados bajo cero y estabas literalmente congelado», asegura Vandervelde, que ahora trabajaba a la intemperie. Los sacos de cemento se convirtieron en un remedio para mitigar las gélidas temperaturas. «Cogí uno vacío, le hice un agujero en el fondo y me lo metí por la cabeza. Cerré la chaqueta y el papel marrón me mantuvo caliente», dice. Pero un alemán lo descubrió. «Me llamaron y me hicieron abrir el pijama», recuerda.

Judah ya no era boxeador… Y entonces volvieron los castigos.

Vandervelde recibió una paliza de muerte por culpa del saco. El nazi le pegó sin piedad con la culata de la pistola y lo derribó. «Me tiré al suelo; pensaba que si me quedaba ahí tumbado ya no me haría daño», comenta. Pero el SS no se detuvo y se ensañó con él: le dio latigazos con el cinturón, patadas en el estómago, puñetazos… Judah, malherido, apenas se podía mover. «Pero ¿qué hice? Me levanté a la mañana siguiente. Casi no podía caminar y mantenerme en pie, pero fui a trabajar. ¿Por qué?

Porque sabía que, si iba al hospital, yo también habría acabado en la cámara de gas. Esa era la vida que teníamos en el campo. No era un lugar de vacaciones», apostilla con ironía.

Judah ya no era boxeador... Y entonces volvió el hambre.

«No teníamos suficiente comida para vivir, pero sí la suficiente para no morir [...] Cada día te volvías más y más débil», dice Vandervelde. Famélico y desesperado, ansioso por un trozo de pan, rebuscaba por el suelo en busca de alimentos: «Alguien me había dicho que había una especie de raíz pequeña que crecía en la tierra. Blanca, parecía una zanahoria [...] No sé qué era, pero vi a un hombre que la desenterró, la recogió y se la comió, y como no murió, yo también la comía».

Vandervelde «comerciaba» en el *Lager* para poder vivir. «Había prisioneros de guerra ingleses que trabajaban en el campo con los electricistas. Conocía a algunos de ellos [...] y sabía que se sentaban en un rincón a almorzar. Solían tener algún cigarro y, cuando se marchaban de nuevo al trabajo, yo iba y recogía las colillas, las guardaba en el bolsillo. Después las abría, las dejaba secar y las vendía en el campo; las cambiaba por pan con aquellos que preferían un cigarrillo antes que una rebanada», explica.

Judah también vio morir a muchos. «He presenciado suicidios, gente que no podía aguantar más y caminaba hacia la valla electrificada», dice. Algunos intentaban huir para que los fusilaran; otros, obstinados en vivir, querían luchar, hasta que los SS abatían su determinación de un disparo. El macabro juego se desarrollaba así: los guardas les quitaban la gorra y la lanzaban lejos para que fueran a buscarla. Los prisioneros no querían porque ya sabían qué iba a suceder. Sin embargo, no tenían forma de escapar. Los nazis los amenazaban, los obligaban a cumplir la orden. Y cuando iban a por ella, los fusilaban. ¿El motivo? Podía ser cualquiera. Pero los SS alegaban que habían abortado un intento de fuga. «Esa era su pequeña diversión», recuerda con tristeza Judah.

La salud de Vandervelde empeoró; estaba cada vez más débil, al límite de su resistencia. «Afortunadamente para mí, era un joven en forma. Había hecho algo de boxeo, así que era un chico que estaba en buena forma —reitera—, y tuve suficiente energía al principio. Pero cuando me liberaron en Dachau, si hubiera sido una semana después, yo tampoco habría estado ya allí», asegura.

Los norteamericanos llegaron a tiempo. Y él aguantó vivo hasta el final.

A Judah le han preguntado muchas veces por qué cree que se salvó de los campos de concentración. «Quizá porque cumplí la promesa que le hice a mis padres de cuidar de mi hermana. Y me entregué de forma voluntaria en vez de esconderme y salvar mi pellejo», responde siempre.

Judah tuvo que volver a prometer después de la liberación.

—O dejas de boxear, o no nos casamos —le dijo un día su novia. Era un ultimátum.

«Yo disputé tres combates profesionales en Inglaterra […] Por ese entonces, ya estaba comprometido. Y después de mi tercera pelea, por la que gané veinticinco libras, volví a casa con un ojo cortado, la nariz magullada y un labio partido. Mi prometida se dio la vuelta y me dijo: "Si sigues boxeando, no te casarás"», recuerda.

Vandervelde no lo dudó.

—Lo dejaré. Lo prometo.

Y abandonó el boxeo por segunda vez. «Fue por una buena causa», afirma.

Judah contrajo matrimonio con Sybil en 1952, tuvo tres hijos y otra vez, como con su hermana, cumplió su palabra: nunca más volvió a subirse a un ring.

TADEUSZ [11]

11. Las citas de Tadeusz Pietrzykowski que se incluyen en este apartado corresponden al testimonio que se conserva en el Archivo del Museo Estatal de Auschwitz-Birkenau en Oświęcim. Colección Testimonios, vol. 88, pp. 1-38, Osw./Pietrzykowski/2013. Número de inventario: 164136.

Deja que sea Dios el que haga justicia

La guerra ennoblece y hace mejores a algunas personas, mientras que a otras las convierte en crueles y malvadas.

EMANUEL RINGELBLUM, *Crónica del gueto de Varsovia*

*E*l boxeador contemplaba una paliza desde la distancia. Un hombre frágil y de salud débil, enfermo, estaba recibiendo un brutal apaleamiento. Era delgado, enclenque y tenía un pulmón muy dañado por culpa de la tuberculosis; pero eso poco o más bien nada le importaba al cruel *vorarbeiter* que se ensañaba con él aquel día de la primavera de 1941. El sádico capataz golpeaba con violencia y sin cesar, sin piedad, al pobre desgraciado que, dolorido y malherido, se arrastraba encogido por la arena.

Un grupo de prisioneros observaba lo que sucedía durante una pausa en el trabajo. Mientras limpiaban las herramientas y daban de comer y beber a los caballos, miraban a aquel hombre que, pateado, rodaba por el suelo. «La escena me repulsó tanto que decidí dar una lección a ese *vorarbeiter*», recuerda el preso Tadeusz Pietrzykowski, que, por entonces, casi un año después de su entrada en el campo, ya gozaba de cierta reputación entre los alemanes. Un respeto que se había ganado en el cuadrilátero. Pidió permiso al *Kommandoführer* que estaba al mando —«le dije que, como yo era boxeador, me permitiera entrenar con el *vorarbeiter*», rememora en su testimonio que se conserva en el museo de Auschwitz—, y este se lo concedió.

Para los nazis, que incluso hicieron apuestas, aquella pelea iba a ser un motivo de diversión. En Auschwitz cualquier cosa podía suceder.

Tadeusz se acercó entonces al *vorarbeiter*.

—¿Por qué estás pegando al prisionero? ¿Qué es lo que ha hecho? —le preguntó.

—¡Cierra el hocico, polaco estúpido! —contestó de un modo grosero, violento. Apenas levantó la vista para mirarlo y continuó golpeando al endeble preso.

—Deja a ese pobre, que no ha hecho nada. No tienes ningún motivo para pegarle —replicó muy serio Tadeusz. En sus palabras se deslizaba una amenaza, lo que provocó la airada respuesta del *vorarbeiter*.

—Qué pasa, ¿quieres que te pegue a ti también? —desafió.

—Claro que sí, ven aquí a por mí —respondió Tadeusz, que enseguida se puso en guardia.

Y entonces comenzó una pelea que apenas duró unos instantes. Pietrzykowski, que había sido boxeador antes de caer preso, acabó con su rival con unos pocos puñetazos. «El *vorarbeiter* dejó de golpear al prisionero y se acercó a mí de un salto. Yo le di una vez y con el segundo golpe cayó al suelo. Los SS empezaron a aplaudir y los prisioneros, asombrados, se quedaron sin palabras mirando una escena cuyo significado no entendían. Poco después, el *vorarbeiter* empezó a atacarme otra vez. Y de nuevo, después de un golpe, cayó», afirma en el testimonio.

—¿Quieres que te lleven al crematorio? —le gritó entonces Tadeusz, fuera de sí.

Pietrzykowski estaba dispuesto a acabar con aquel malvado capataz que maltrataba a un preso sin motivo y sin piedad. «No sé cómo hubiera terminado el *vorarbeiter*, porque yo había decidido pegarle fuerte de verdad», asegura.

Alguien, sin embargo, le agarró la mano.

—¡Hermano, hijo, no le pegues, no le pegues! —casi suplicó.

El que hablaba era ese al que el *vorarbeiter* había pateado, aquel al que Tadeusz estaba defendiendo.

«El que me lo estaba pidiendo llevaba unas gafas con moldura de alambre en la que una de las patas estaba sustituida por un trozo de cuerda. Como por naturaleza soy impulsivo, el primer pensamiento que me pasó por la cabeza fue decirle: "Yo no soy tu hijo"», recuerda.

—¡Déjame en paz si no quieres que te golpee a ti también! —le respondió Pietrzykowski, y volvió a dar un puñetazo al *vorarbeiter*, que se estaba levantando: un directo a la mandíbula que lo envió de nuevo al suelo.

—¡No le pegues, hijo, no le pegues! —insistía el prisionero de las gafas, que le rogaba que dejara de golpear a aquel que poco antes se había ensañado con él sin ningún motivo, solo por el placer de hacer daño. Arrodillado, imploraba a Tadeusz que se detuviera.

—¿Qué? ¿Es mejor que te pegue él a ti? —le espetó Pietrzykowski con una cínica sonrisa.

«No sabía qué más decirle, porque me dejó sin palabras, así que me alejé y tuve que volver al trabajo. La pausa ya había terminado», recuerda.

Esa fue la primera vez que Tadeusz se cruzó con aquel extraño prisionero de cara plácida y gesto sorprendentemente tranquilo, bondadoso, cuyo nombre era Maximiliano Kolbe, un clérigo que había llegado al campo de concentración a finales de mayo de 1941, procedente de la prisión de Pawiak en Varsovia. Su número de preso, el 16670.

Pietrzykowski no sabía quién era ese hombre al que había defendido hasta que esa misma tarde se acercó a él el cura Marszalek. Ambos se conocían porque habían llegado al *Lager* en el mismo transporte.

—¿Qué ha pasado hoy durante el trabajo? Me han dicho que has pegado a un alemán —interpeló el sacerdote.

Y le contó que aquel hombre al que estaba agrediendo el *vorarbeiter* era el padre Kolbe, fundador del convento franciscano de Niepokalanów, la «Ciudad de la Inmaculada», en 1927. Situado a algo más de cuarenta kilómetros de Varsovia, llegó a ser el más grande de la época y sirvió de refugio a heridos y enfermos tras el estallido de la Segunda Guerra Mundial. Allí mismo fue arrestado por los nazis el 17 de febrero de 1941.

«A mí el apellido Kolbe no me decía nada, yo no le conocía y no había oído de sus actividades», asegura Tadeusz.

Marszalek decidió que los dos hombres se conocieran. Organizó un encuentro entre ambos en el campo de concentración. Tenían que hablar sobre el incidente que había ocurrido durante la jornada de trabajo.

—Tienes que dejar que sea Dios el que haga justicia —le dijo Kolbe a Tadeusz.

A Pietrzykowski, boxeador e impulsivo, no le convencieron mucho estas palabras del sacerdote y le rebatió:

—Después de la lección que le di al *vorarbeiter*, no creo que vaya a intentar pegar a más personas.

Desde luego, cada uno tenía su propio modo de resolver los problemas.

Esa conversación, en la que el cura también le habló de sus misiones en Japón (cosa que interesó mucho a Tadeusz), acercó a los dos hombres. Y unos días más tarde, Pietrzykowski, que había conseguido una ración extra de pan, compartió con el clérigo una parte que nunca llegó a comer…, ¡porque uno de los presos se la robó!

El boxeador fue otra vez a tomarse la justicia por su mano.

«Me indicaron quién era el prisionero que lo había hecho y se me subió la sangre a la cabeza pensando en tal vileza. Así que sin meditar mucho salté hacia el culpable y llegamos a las manos. De nuevo, Kolbe, que estaba allí, me impidió pegar al ladrón», explica.

Entonces Tadeusz sacó del bolsillo otro trozo de pan y se lo dio al cura. Pero él lo partió por la mitad.

—Este hombre también tiene hambre —afirmó y, ante la mirada incrédula de Pietrzykowski, le entregó un pedazo a aquel que antes le había robado.

Un acto de compasión, otro más de un sacerdote dispuesto a ofrecer su vida por la de los demás: Maximiliano Kolbe.

La patada en los genitales

*T*adeusz inauguró el infierno.

El suyo fue el primer transporte que llegó a Auschwitz, el 14 de junio de 1940.[12] Aquel día, el SS Karl Fritzsch explicó a los prisioneros dónde se encontraban y cuál era su destino. Dos hombres que ejercían de intérpretes traducían al polaco las palabras del oficial. A Pietrzykowski no le hacía falta. Él entendía el alemán. Y poco tardó en comprender su oscuro porvenir.

—No han venido a un sanatorio, sino a un campo de concentración. Aquí la única salida es a través de la chimenea del crematorio. Si hay alguien a quien no le gusta, puede ir a la alambrada de inmediato. Si hay judíos en el transporte, no tienen derecho a vivir más de dos semanas; los sacerdotes, un mes; y el resto, tres —dijo el nazi.

Tadeusz había superado los presagios de Fritzsch. Y sobrevivía en Auschwitz mucho tiempo después de aquel día de su llegada.

La vida de Pietrzykowski cambió en febrero de 1940. Con la Segunda Guerra Mundial ya iniciada, los alemanes lo arrestaron en Pécs (Hungría), desde donde trataba de ir a Francia para unirse al ejército de su país. Tras la invasión nazi de Polonia, el 1 de septiembre de 1939, y para salvaguardar la continuidad del Gobierno polaco, el general

---

12. Setecientos veintiocho deportados, prisioneros políticos polacos, que llegaron al campo de concentración procedentes de la prisión de Tarnów. Recibieron los números de preso comprendidos entre el 31 y el 758.

Wladyslaw Sikorski formó el 6 de octubre un nuevo gabinete en el exilio: en Francia.

Meses antes, el 31 de agosto, los alemanes prepararon el terreno para la ofensiva del día siguiente. Para justificar la agresión, simularon un ataque de un grupo de guerrilleros polacos —en realidad, tropas de las SS camufladas— a la estación de radio de la ciudad limítrofe de Gliwice, desde donde emitieron un comunicado, una proclama antigermana incitando a la rebelión, a levantarse en armas contra Hitler. Para dar mayor veracidad, colocaron incluso el cadáver de un presunto atacante —era el cuerpo de un preso de un campo de concentración— abatido durante la escaramuza, un hombre vestido con el uniforme del ejército polaco. El *Führer* ya tenía su coartada, la excusa para atacar. «Esta noche, las tropas polacas han abierto fuego por primera vez sobre nuestro territorio», aseguró Hitler en el *Reichstag* al día siguiente.

La invasión de Polonia ya había comenzado cuando el *Führer* pronunció estas palabras. En la madrugada del 1 de septiembre, el acorazado *Schleswig-Holstein* atacó a las 4.45 la fortaleza de Westerplatte. La Segunda Guerra Mundial había estallado. Gran Bretaña y Francia respondieron el día 3 con una declaración de guerra contra Alemania, pero no intervinieron en ayuda de los polacos, que intentaron contener el avance nazi sin éxito. No pudieron detener el poderoso empuje militar de la Wehrmacht, que, con la *Blitzkrieg*, la «guerra relámpago», acabó rápidamente con las defensas que se encontraba a su paso. La URSS, mientras, atacó también Polonia por el este el 17 de septiembre, lo que terminó por destruir la resistencia de los valerosos polacos. A principios de octubre, el día 6, claudicaron las últimas unidades.

Tadeusz, que luchó en la defensa de Varsovia, se encontraba en una encrucijada. «En la Navidad de 1939 se formaron los grupos de ataque de la Unión para la Lucha Armada [una organización de resistencia, que luego sería el Ejército Nacional]. Y pensando en mi futuro más próximo tenía dos opciones: quedarme y luchar en el país o intentar pasar a occidente. Como piloto de aeroplano, quería luchar en las Fuerzas Aéreas, así que fui uno de los primeros candidatos que intentaron llegar a Francia a través de Hungría», recuerda.

Allí era donde trataba de escapar Pietrzykowski para combatir al lado de las fuerzas armadas polacas que ayudaron a las francesas en la batalla contra la Wehrmacht. Sin embargo, nunca llegó. «Con un poco de dinero húngaro y un mapa decente logramos alcanzar la ciudad de Pécs, donde nos abandonó la suerte. Por la tarde nos estábamos acercando a la frontera y nos paró la guardia. Nos obligaron a pasar la noche en un campo de gitanos. A la mañana siguiente me despertó una patada. Delante de mí estaba un gendarme húngaro que me apuntaba con la bayoneta en el pecho», afirma Tadeusz, que no iba solo. Con él estaba un compañero de fuga que también fue apresado: «Nos esposaron a los dos, uno con otro, y nos metieron en un camión».

Empezó entonces una sucesión de encarcelamientos, traslados y palizas, un peregrinar por las prisiones de Muszyna, Nowy Sacz y Tarnów, el itinerario previo a su entrada en el infierno: el campo de concentración de Auschwitz. Interrogatorios interminables y terribles que soportó sin variar su versión inicial. Mantener ese discurso le salvó la vida. Una contradicción y hubiera sido hombre muerto. «El más brutal fue en Muszyna. Nos torturaron, nos pegaron, nos colgaron en la puerta…», recuerda.

Tadeusz estaba aislado. Solo, encerrado en una celda y sin poder enviar noticias a su familia, esperaba en la prisión de Tarnów, donde había llegado a mediados de mayo de 1940, a que los nazis decidieran su destino. Lo hicieron el 14 de junio.

«Ese día se grabó en mi memoria porque fue la primera vez desde hacía tiempo que pude saciar mi hambre. Comí un plato de mijo, luego me lavé en un baño judío con varios cientos de prisioneros y después nos llevaron a una estación de tren y nos metieron en vagones», asegura.

Nadie sabía dónde iban. Para Tadeusz y sus compañeros, que elucubraban sobre cuál sería el lugar al que los mandaban, era un viaje a la nada. Hasta que el tren se paró en la localidad de Oświęcim. «Cuando abrieron las puertas de los vagones, oímos en alemán palabras ofensivas: "Malditos polacos, bandidos. *Alles raus! Abtreten!"* (¡Todos fuera! ¡Dispersaos!). Al lado de la rampa vimos a unos hombres vestidos de forma rara con algo que parecía un uniforme de la marina. En las mangas tenían unos brazaletes en los que ponía KAPO. Y llevaban bastones, por lo que enseguida nos dimos cuenta de que su actitud no era muy amigable», explica.

Aquellos a los que menciona Pietrzykowski, esos de gesto tosco y actitud amenazante, eran treinta criminales que habían llegado a Auschwitz días antes procedentes de Sachsenhausen. Iban a ser los primeros kapos del campo de concentración, los encargados de vigilar a los prisioneros. Los alemanes les habían otorgado ese cargo de privilegio que, entre otras muchas cosas, les concedía una mejor y más abundante alimentación, beneficios que ellos estaban dispuestos a conservar a toda costa. Les iba la vida en ello.

Sirva como ejemplo para explicar el comportamiento de los kapos una frase que recuerda el preso Judah Vandervelde: «Si no te lo hacemos a ti, ellos, los nazis, nos lo harán a nosotros», le dijo un día uno de los kapos. De ahí que su *modus operandi*, su forma de perpetuar su posición y ejercer el poder casi ilimitado que los SS les habían conferido, se asentara en una conducta brutal. Casi todos fueron unos auténticos sádicos, unos tiranos despiadados que descargaban su ira sobre los pobres condenados.

«Su tarea consiste en asegurarse de que se trabaja… Por lo tanto, debe espolear a sus subordinados. En el momento en que dejemos de estar satisfechos de él, dejará de ser kapo y volverá a unirse al resto de los prisioneros. Sabe perfectamente que estos lo matarán a golpes la primera noche tras su regreso», aseguraba Heinrich Himmler, tal y como refleja Laurence Rees en su libro *Auschwitz: los nazis y la solución final*.

Los kapos, que podían castigar e incluso matar a los prisioneros a su antojo, según su criterio, marcaron su territorio desde el principio. Golpes y palizas, asesinatos, lo que hiciera falta para hacerse respetar. Tadeusz, que tenía algo más de veinte años, comprobó su brutalidad nada más llegar a Auschwitz.

«En la plaza frente al *Stabsgebäude* [edificio del personal] nos pusieron en diversas colas frente a unas mesas donde estaban sentados varios hombres vestidos de civil. Nos quitaron el pan que la Cruz Roja polaca nos había dado justo antes de salir de Tarnów. Yo intentaba comer todo lo que podía, porque ya me daba cuenta de que el pan era lo que nos iba a faltar en el futuro. Cuando me tocó mi turno en la mesa, un señor mayor apuntó mis datos personales y me dijo: "Hijo, tienes el número de mi regimiento, el 77, los Osos de Vilna". Y así me convertí en *Häftling* [prisionero] del campo de concentración hitleriano de Auschwitz con el número 77», recuerda.

«Enseguida me mandaron quitarme la ropa, uno de los kapos alemanes notó que había un gorjal en mi pecho y me lo arrancó, a lo que además añadió una patada en los genitales para mostrar su "compasión" frente a un prisionero. Puede parecer extraño, pero me dio tanta impresión que en ese momento ni siquiera sentí el dolor, eso pasó después», añade Pietrzykowski.

Un golpe bajo, una caricia comparada con todo lo que estaba por venir.

Por suerte, Tadeusz sabía boxear…

Cabezas hinchadas como una calabaza

En Auschwitz, los kapos recibían recompensas y privilegios
por reducir el número de hombres de sus grupos de trabajo;
cómo lo consiguieran era cosa suya.

FILIP MÜLLER, preso 29 236, en *Tres años en las cámaras de gas*

«Como resultado de las actividades "deportivas" de la mañana, ahora había treinta y cinco cuerpos aporreados en el patio
del bloque 11», cuenta el prisionero Filip Müller.

Todos muertos.

Un domingo cualquiera en el campo de concentración...

—¡Al suelo, arriba, un salto! ¡A correr! ¡Otra vez abajo,
cerdos! —bramaban kapos y SS mientras los prisioneros
sudorosos ejecutaban las órdenes envueltos en nubes de polvo.
Obedecían apresurados; un flaqueo, una paliza; un atisbo de
duda, un segundo de retraso, un asesinato.

La palabra «deporte» tenía un macabro significado en
Auschwitz, un sinónimo de muerte. No se trataba de una mera
actividad física, menos aún de un juego o pasatiempo; fueron
despiadados ejercicios de disciplina y castigo, una tortura para
los presos, muchos de los cuales perdieron la vida durante
estas crueles sesiones de «entrenamiento».

—¡Abajo, todos al suelo! ¡Vamooos! ¡Malditos polacos,
vagos, basura...! ¡Paso ligero, judíos! —gritaban los nazis sin
descanso.

Durante el proceso, los deportados sufrían además brutales agresiones. Hombres enfermos, débiles o personas mayo-

res, lo mismo daba, todos tenían que pasar por el trago. Y obedecer. Nadie sabía tampoco cuánto podía durar aquello. Cuándo terminaran esos ejercicios, solo dependía del capricho de kapos y SS, es decir, del humor que tuvieran aquel día o de que su sed de sangre quedara satisfecha. Podían ser sesiones de una hora, dos, tres… O hasta que murieran dos, cinco o cincuenta presos.

Tadeusz Pietrzykowski padeció el «deporte» de Auschwitz en sus primeros días: «Nos separaron en grupos y nos asignaron a diferentes kapos. Sin embargo, en vez del trabajo que esperábamos, nos tocaron ejercicios de castigo. Hacía un calor enorme y nos mandaron correr en círculo con las manos levantadas mientras entonábamos canciones alemanas cuya letra entendían solo unos pocos. Si alguien no cantaba, lo consideraban una rebelión y a esos presos les pegaban y les daban patadas».

A los deportados, extenuados, no les concedían un segundo de respiro. Sudaban, sufrían, agonizaban. «Las cabezas que nos habían rapado se nos hinchaban hasta el tamaño de una gran calabaza. Entre nosotros había hombres mayores […]. Recuerdo a un judío con una hernia que estaba literalmente muriendo de cansancio o al conde Baworowski, al que le mandaron hacer cosas indescriptibles […] El periodo de cuarentena, que duraba unas dos semanas, se grabó en mi memoria como una pesadilla», asegura Tadeusz en su testimonio.

En esos primeros días de estancia en el campo, los SS intentaban aterrorizar a los recién llegados para derrumbar su defensa física y, por supuesto, su fortaleza mental. Los querían frágiles y «rotos» emocionalmente, sumisos y sometidos a la disciplina de Auschwitz. Sin voluntad, para manejarlos a su antojo y evitar cualquier atisbo de fuga o sedición. Los destruían psíquicamente. El sistema de los campos de concentración aplastaba sin piedad a los que no podían resistir.

Las sentadillas eran uno de los ejercicios más frecuentes, lo mismo que permanecer en cuclillas durante mucho tiempo. Este último tenía diversas variantes que consistían además en extender los brazos, sostenerlos por encima de la cabeza o entrecruzarlos por detrás de la nuca. Los nazis ponían en práctica cualquier esfuerzo extra que endureciera la «gimnasia» y aumentara el sufrimiento de los condenados. Ellos, mientras, observaban complacidos. «Siempre había un público compuesto por los SS de guardia que se reían y bromeaban», explica Henry Zguda, prisionero 39 551, en el libro *Henry*.

Otro de los «divertimentos deportivos» de los SS consistía en que los deportados dieran vueltas a un listón de madera. «Los alemanes llamaban a treinta o cuarenta prisioneros y les ordenaban que corrieran en la misma dirección alrededor del palo durante una hora. Luego, con otra orden, tenían que girar y correr en sentido contrario durante otra hora. No se podía caminar, ni pararse. El fin último de este deporte [...] era la completa eliminación de todos los presos», continúa Henry.

«La gimnasia [...] a menudo provocaba la muerte. Los hombres que superaban una cierta edad fallecían por una insuficiencia cardiaca», asegura por su parte Sim Kessel, otro de los supervivientes, que también lo sufrió en primera persona. «Si alguno de mis movimientos era incompleto o demasiado lento, él [se refiere a un SS] me golpeaba con el látigo [...] Parecía que mi corazón palpitante iba a estallar, pero sabía muy bien que me mataría si vacilaba. Me las arreglé. En Auschwitz, la resistencia humana excedió todos los límites imaginables», describe en su libro *Hanged at Auschwitz*.

A veces obligaban a los deportados a avanzar dando saltos de rana o a rodar, a arrastrarse por el suelo, sin importar que estuviera cubierto de fango o nieve. Uno de los nazis que con más saña se empleó en este castigo «deportivo» fue el *SS-Oberscharführer* Ludwig Plagge.[13] El superviviente Michal Piekoś, prisionero 1366, recordaba en su declaración ante el

---

13. Ludwig Plagge, que nació en 1910 en Landesbergen, sirvió en Auschwitz desde el mes de junio de 1940. Fue *Blockführer* en el bloque 11 y, más tarde, segundo *Rapportführer*. Después, le nombraron *Lagerführer* del campo para prisioneros sinti y romaníes. En octubre de 1943, fue trasladado de Auschwitz a Lublin. Tras la guerra, fue condenado a la pena capital por el Tribunal Supremo Polaco y ejecutado.

Tribunal Supremo Polaco en el año 1947 —en los juicios contra los SS de Auschwitz— aquellas mortales sesiones de gimnasia: «Le conocí durante el primer día en el campo [...] Plagge hizo "deporte" con mi grupo durante un periodo de casi dos semanas, y en ese tiempo lo pasamos realmente mal, porque se le ocurrían distintos ejercicios agotadores para los prisioneros, a la vez que nos golpeaba todos los días sin razón aparente, normalmente con un palo. Lo hacía con placer y con una sonrisa en la cara. Era una especie de sádico».

«Como resultado de los agotadores ejercicios, del hambre, además del calor que hacía en aquella época y de las palizas, algunos prisioneros se desmayaban en el suelo. Pero los empapaban con agua, los golpeaban y los obligaban a seguir haciéndolos. No se nos permitía ayudar a ningún preso que se hubiera caído. Aún no nos habían dado las gorras ni los zapatos, por lo que, por el calor, los prisioneros tenían la cabeza hinchada y los pies destrozados por correr sobre un suelo cubierto de grava», continúa Piekoś antes de sentenciar: «No sé cuántas víctimas mortales —se refiere a Plagge— tiene en su conciencia por ese periodo de "deporte"».

Filip Müller tampoco olvida aquellos ejercicios mortales. Él llegó a Auschwitz unos años más tarde que Tadeusz Pietrzykowski, en abril de 1942 en uno de los primeros transportes de Eslovaquia. Condenado a trabajar en el *Sonderkommando*, el destacamento especial formado por los presos que retiraban los cadáveres de las cámaras de gas y los quemaban en los hornos crematorios, también menciona uno de esos dramáticos episodios «deportivos» en su libro *Tres años en las cámaras de gas*: «A nuestra espalda comenzó lo que en Auschwitz se conocía como "deporte". "¡Paso ligero! ¡Levantaos! ¡Cuerpo a tierra! ¡Arrastraos! ¡Levantaos! ¡Saltad! ¡Paso ligero! ¡Girad!" Como animales de una batida de caza, los desgraciados prisioneros eran acosados y perseguidos por el patio [se refiere al del bloque 11]».

Ocurrió un domingo de mayo de 1942 cuando Filip apenas llevaba un mes en el campo de concentración. El que ladraba las órdenes era el *blockschreiber* Vacek, uno de los primeros que había llegado a Auschwitz y se había unido al grupo de aquellos criminales de Sachsenhausen que ejercían como kapos. Ahora, acompañado por sus subordinados, urgía a los presos. Su potente voz ronca ladraba orden tras orden… Y pobre de aquel de esos prisioneros que no obedeciera.

«Se lanzaban contra el suelo; se arrastraban sobre sus estómagos; se ponían de pie de un brinco; saltaban con los brazos extendidos delante de ellos; corrían jadeando y empujándose unos a otros en un vano intento por evitar los golpes que caían sobre sus cuerpos sin parar», continúa Filip.

El esfuerzo se transformaba en agonía. En una lucha por la vida. «Estaban exhaustos mientras el sudor mezclado con sangre corría por sus caras y cuellos. Quien no pudiera levantarse estaba perdido. Un golpe de porra, seguido por otros muchos si eran necesarios, acababa con él. Muchos ya se habían rendido: más de la mitad de los prisioneros yacían inmóviles sobre el suelo, a pesar de que solo habían transcurridos veinte minutos», describe.

Vacek, aún insatisfecho, no daba tregua. Estaba subido a lo más alto de un tramo de escaleras para tener una buena vista panorámica. Ansiaba más muertes. «A punto de caer redondos de agotamiento, los prisioneros restantes seguían intentando cumplir las órdenes que les gritaban. Pero no mucho después también ellos mismos yacían tendidos inmóviles en el suelo con sus uniformes rayados y, por lo tanto, también aporreados hasta la muerte», explica Filip, que presenció aquellos asesinatos. Con el deber cumplido, el *blockschreiber*, ufano, observó satisfecho aquella masacre de inocentes. «La mirada sangrienta de Vacek recorrió su cosecha de muerte. […] Mientras tanto, habían recogido y colocado boca arriba, unos junto a otros, los cadáveres», continúa.

Ese era el «deporte» en Auschwitz…

Porque allí se iba a morir.

Aún no se había terminado el sufrimiento. De pronto, se sucedieron más órdenes. El sádico Vacek ansiaba infligir más dolor. Vuelta a empezar. Al cabo de unos minutos, otros cuatro presos habían muerto en una nueva sesión de «ejercicios» letal, lo que colmó la paciencia de uno de los deportados que, sorprendido por la crueldad de lo que estaba sucediendo, se rebeló ante el maltrato y la injusticia. Según los recuerdos de Filip, salió de la fila y caminó hacia el SS al mando para presentar una queja.

«*Herr Kommandant*, como ser humano y como abogado, quiero informar de que el escribiente del bloque ha matado arbitrariamente a varias personas inocentes», le dijo al nazi.

Esas fueron sus últimas palabras.

Vacek lo asesinó a golpes. A porrazos. Sin piedad.

Y así concluyó la sesión «deportiva» de la mañana. Con una montaña de cadáveres.

Treinta y cinco personas muertas. Todas asesinadas.

Solo esperaba que me disparara en la cabeza

Descubrí que Palitzsch era el terror del campo. No lo podía creer. En casa era un hombre maravilloso. [...] Amaba locamente a sus hijos

HELENA KŁYSOWA, su asistenta del hogar

*É*l lo sabía: sabía que así iba a morir.

—Estoy agotado. No puedo más, tengo que hacer algo para salir de aquí.

Parecía que conversaba con alguno de sus compañeros, pero no, él hablaba solo, solo consigo mismo. El pensamiento, silencioso e intenso, brotó de lo más hondo de su ser. Quizá decirlo en voz alta le ayudara a convencerse aún más, a tomar verdadera conciencia de su delicada situación.

—¡Me estoy extenuando!

La salud de Pietrzykowski se había deteriorado mucho tras unos meses en Auschwitz. El campo no daba tregua ni respiro; no concedía un momento de descanso. Te aplastaba. Enfermos y agotados, los prisioneros soportaban como podían las duras condiciones de vida en el *Lager*. Tadeusz intuía a finales de 1940, apenas medio año después de su llegada, que su final estaba cerca. Y para evitarlo necesitaba un cambio radical.

Mucho antes de tomar aquella drástica y peligrosa decisión, el prisionero número 77 ya había empezado a «organizar», la palabra que se empleaba en el argot del campo para referirse al «hurto», otro de los caminos que conducía a la supervivencia. Significaba algo así como adueñarse de cualquier cosa —que no perteneciera a otro deportado—; apropiarse de todo aquello que aportara algún beneficio al preso, comida principalmente, mediante el robo o por cualquier otro medio poco convencional. La «organización» era un sinónimo de poseer, de conseguir algo, daba igual qué, a través de cualquier medio. «Organizar», por tanto, podía convertirse en una esperanza de vivir. Pero tenía sus riesgos…

«En el otoño de 1940, me echaron del *Kommando* de los carpinteros. El motivo fue que me pillaron mientras "organizaba" patatas de la pocilga. Me las pasaba un compañero que trabajaba allí, que tenía el apodo del Negro, pero tuve mala suerte y un día me vio uno de las SS. Me arrestaron. Las patatas hervidas que tenía fueron prueba más que suficiente de mi delito. No quería incriminar a mi compañero, el Negro, así que dije que las había cogido de unos contenedores», asegura Pietrzykowski, que recibió su merecido por el robo, aunque la «condena» fue menos de lo que podía haber sido: «Tuve bastante suerte, porque en vez de mandarme al barracón de castigo me dieron veinticinco latigazos en el trasero, aunque Balke, el kapo del taller, me infligió otros cinco más».

A Teddy, sobrenombre con el que conocían a Tadeusz, lo trasladaron a otro grupo de trabajo. Eso era siempre un riesgo, una ruleta rusa, porque el destino de los prisioneros de Auschwitz dependía en gran medida del *Kommando* al que estaban asignados. Los cambios podían venir acompañados de una «sentencia de muerte». Formar parte de uno de los buenos, de los que trabajaban a cubierto, en la cocina, oficinas o almacenes, podía garantizar un tiempo más de vida, mientras que los presos que laboraban a la intemperie estaban condenados a un óbito prematuro.

A Tadeusz, que ya había trabajado en el *Kommando* de los segadores y en la adecuación de los terrenos para convertir los antiguos cuarteles del ejército en el campo de concentración, ahora lo enviaron a construir una casa de descanso, una especie de centro turístico para los SS, lo que, sin duda, empeoró su día a día. «Desde noviembre de 1940, empezó una nueva etapa en mi vida», cuenta.

El complejo para los soldados nazis estaba ubicado en Solahütte, junto al lago Międzybrodzkie, a algo más de treinta kilómetros al sur de Auschwitz. Era un lugar al que acudían los alemanes para relajarse y escapar por un tiempo del campo de concentración, a veces como recompensa a su dócil y brutal desempeño en Auschwitz. Por ejemplo, si abortaban una fuga de prisioneros.

Ahí estaba Pietrzykowski a finales de 1940. «Durante los primeros días, nos transportaban en camión. El *Kommando* estaba compuesto por unos treinta prisioneros. Y el recorrido pasaba por la localidad de Kęty. Recuerdo este detalle, porque los vecinos nos tiraban comida, pan. Al principio, los SS intentaban detenerlos disparando al aire, pero luego no hacían nada porque ellos mismos se aprovechaban de esta ayuda», asegura Tadeusz.

Pero pronto dejaron de trasladarlos hasta allí a diario y el *Kommando* se estableció de forma permanente en el trastero de una casa cercana. Su trabajo consistía en descargar vigas y material de construcción y preparar el terreno donde se iban a poner los cimientos de la casa vacacional. «Teníamos que llevarlo todo sobre nuestra espalda durante varios cientos de metros cuesta arriba. Yo trabajaba en un grupo de prisioneros que transportaba los sacos de cemento que pesaban cincuenta kilos», afirma.

La malnutrición, la violencia de los SS y el intenso frío hicieron mella en la moral y en la salud de los presos. También en el número 77. «Yo estaba extenuado —explica, un desfallecimiento que le obligó a buscar una salida para sobrevivir, a tomar aquella drástica determinación—: Decidí volver al campo a toda costa, de modo que fingí un accidente y dejé caer una viga sobre una de mis piernas, que se me hinchó mucho por el golpe.» La treta, cuyas consecuencias pudieron ser terribles si Teddy hubiera quedado impedido, surtió el efecto deseado y lo enviaron de vuelta a Auschwitz. «Me pusieron en la pierna una venda de papel […] Mi herida no les impresionó, así que me mandaron directamente a trabajar en el campo», recuerda Pietrzykowski, que tampoco pudo descansar.

Debilitado, buscaba comida en cualquier sitio: «Una vez conseguí nueve patatas crudas, pero como no tenía donde hervirlas tuve que pedir ayuda a uno de los presos en el bloque 3; a cambio, le di la mitad. Feliz por la transacción, estaba bajando las escaleras con las patatas pinchadas en un alambre y justo delante del bloque me topé con el peor bruto, el *Rapportführer* Palitzsch».

La vida del prisionero 77 estaba en serio peligro. Palitzsch, uno de los primeros en llegar al campo de concentración en mayo de 1940, era uno de los mayores criminales del *Lager*. Él había seleccionado a los treinta presos de Sachsenhausen que se convirtieron en los kapos de Auschwitz; él era el encargado de las ejecuciones en el «Muro de la Muerte», ubicado en el patio del bloque 11; él era quien conversaba con calma con los judíos recién llegados mientras los acompañaba a la cámara de gas; y él era quien ahora estaba cara a cara con Tadeusz.

«Yo ya estaba preparado para la vida en el campo y tenía el suficiente ingenio o, tal vez, la caradura, de modo que me presenté al hombre en alemán: *"Häftling 77, bei der Arbeit"* [Prisionero 77, en el trabajo]. Si no fuera por las circunstancias, la situación podría parecer incluso cómica. Tenía en la mano la prueba de mi delito y le estaba mintiendo descaradamente [...]. Conociendo a Palitzsch, podía esperar en el mejor de los casos una paliza, por no decir algo peor», explica Teddy.

«Palitzsch era el ejecutor de las sentencias de muerte, cuyo apellido se pronunciaba en voz baja y con miedo», escribe Tadeusz Sobolewicz, otro prisionero, en *He sobrevivido para contarlo*.

Sádico asesino, este SS, nacido en las cercanías de Dresde en 1913, jamás tenía compasión con los deportados, a los que enviaba camino de la muerte sin pestañear. Nada ni nadie le perturbaba. Incluso bromeaba con los presentes entre una y otra ejecución. Tal era su carácter que Rudolf Höss, comandante de Auschwitz, dijo de él que pisoteaba los cadáveres para saciar su ansia de poder.

«Le encantaba matar en el bloque 11. Era uno de los peores asesinos allí», recuerda Henry Zguda, otro de los presos.

Palitzsch tenía ahora enfrente a Pietrzykowski, un *Häftling* y encima un ladrón.

«Me miró, señaló las patatas que llevaba en la mano y me preguntó: *"Was ist denn los?"* [¿Qué está pasando?]. Yo le contesté sin pensar: *"Ich habe geklaut"* [Lo he robado]. Estaba esperando el momento en el que Palitzsch cogiera su pistola y me disparara en la cabeza. En cambio, no dijo nada más. Se dio la vuelta y se fue en dirección hacia el bloque número dos. Yo me quedé allí sin palabras, sin poder creer la suerte que había tenido. Enseguida volví en mí y corrí con las patatas hacia el otro barracón», rememora Tadeusz.

Increíblemente, le había dejado escapar.

Ahora Tadeusz tenía que boxear.

¿Quieres un poco de pan? Ven, vas a boxear

*T*e va a matar —le advertían.

Bolek Kupiec, su amigo, no quería dejarle ir. Y los otros presos le llamaban loco; nadie lo entendía. Iba camino de la muerte sobre el ring. Pero Tadeusz Pietrzykowski no hizo caso y desafió al destino. Sin miedo. Él solo pensaba en la comida, no en qué iba a suceder o en el daño que podía sufrir. Salivaba por el pedazo de pan que iba a conseguir tras aquella pelea. Nueve meses después de su llegada a Auschwitz estaba hambriento, débil y agotado.

Tadeusz al menos pisaba terreno conocido. Desde joven había practicado el boxeo; además tuvo uno de los mejores mentores. «Antes de la guerra, como alumno, boxeaba en los clubes deportivos de Varsovia, que se llamaban Legia y Syrena; después bajo la dirección de un entrenador muy famoso, Feliks Stamm.[14] Obtenía buenos resultados, pues gané varias veces el título de campeón de Varsovia y también fui campeón de la Polonia oriental», dice en su testimonio.

Stamm, considerado como el creador de la Escuela de boxeo polaca, fue el mentor de medallistas olímpicos y campeones de Europa después de la guerra. Para Teddy, mucho más que un maestro, se convirtió casi en un salvador; porque

---

14. Nacido el 14 de diciembre de 1901 en la localidad de Koscian, fue soldado profesional del Ejército Polaco con el grado de sargento. Desde 1936, ejerció como entrenador del equipo nacional polaco de boxeo y participó siete veces en los Juegos Olímpicos desde esa edición de 1936 hasta la de 1968. Además, dirigió en catorce ocasiones al equipo polaco en los Campeonatos de Europa.

las enseñanzas de «Papa Stamm», como cariñosamente le llamaban sus púgiles, le ayudaron a mantenerse con vida en el campo de concentración.

Pietrzykowski se transformaría con el paso del tiempo en uno de los «héroes» de Auschwitz para los prisioneros. «El público recuerda todavía al número 77, que boxeaba contra los alemanes y vengaba en el cuadrilátero los golpes que sus compañeros recibían en el campo», explica Tadeusz Borowski, prisionero 119198, en su libro *This way for the gas, ladies and gentlemen*, donde también evoca un combate: «La sala estaba llena de humo de cigarrillos y los boxeadores se empleaban a fondo, aunque con poca profesionalidad. "Mirad a Walter —decía Staszek—, cuando está en su pelotón tumba de un solo golpe a los musulmanes. Y aquí lleva tres asaltos y, en lugar de derribar al contrario, le están dando una buena paliza. Quizá le agobia la presencia de público, ¿verdad?" Dicho sea de paso, los espectadores estaban encantados y nosotros, que además estábamos en primera fila, también».

La «leyenda» de Pietrzykowski comenzó el primer domingo de marzo de 1941, cuando decidió pelear en el campo por primera vez. «Un día libre, nos ordenaron la búsqueda de piojos en la ropa interior y en los uniformes. Totalmente desnudo, yo lo estaba haciendo sentado en unos ladrillos. A mi lado se encontraban Bolek Kupiec, Izydor Luszczak y otros prisioneros. De pronto, desde la cocina del campo, oímos ruidos y gritos: "¡Dale, mátale!". Y poco después se nos acercó uno de los compañeros diciendo: "Oíd, los kapos alemanes se están peleando, boxeando, y he escuchado que alguno de vosotros sabe boxear". Uno de los presos me señaló a mí; entonces el que vino me preguntó: "¿Qué, pequeño, quieres conseguir un poco de pan? Ven conmigo, vas a boxear"», recuerda.

Sus amigos le gritaban, casi le rogaban.

—¡No vayas, Teddy! Es muy peligroso. Quédate aquí con nosotros.

Tadeusz no dudó ni un segundo: «Contesté que sí, aunque Bolek Kupiec no quería dejarme ir y me dijo: "Walter ya les ha roto la mandíbula a dos prisioneros". Walter Dunning,[15] un preso alemán marcado con un triángulo negro, era uno de los kapos y había boxeado antes de la guerra, cuando consiguió en Alemania el título de campeón del peso *welter*».

«Al lado de la esquina de la cocina, los prisioneros formaban un cuadrado dentro del cual se encontraba el ring donde se luchaba. Allí estaba Walter Dunning con los guantes en la mano. Era rubio, muy bien formado, con una masa muscular imponente, ojos pequeños y las cejas rotas. En aquel tiempo no había en el campo guantes profesionales de boxeo, sino otro tipo de guantes. Me dieron unos de esos y me los puse. A mi alrededor, escuché las advertencias y vi a la gente llevarse las manos a la cabeza. Me decían: "Te va a matar, te va a comer"», se lee en su testimonio en el Archivo de Auschwitz.

Tadeusz continúa su relato: «Pero no había tiempo de pensar. Yo solo tenía una idea en la cabeza: por esa pelea me iban a dar pan. Tenía hambre. Mis compañeros también estaban hambrientos. Y el combate me proporcionaba, además, la opción de conseguir en la comunidad, en la sociedad del campo de concentración, una posición más alta, así que debía demostrar mis capacidades. Esa pelea era para mí una oportunidad. Yo no tenía ninguna profesión, de modo que no disponía de otras opciones de convertirme en útil en el campo. Solo los que tenían un buen oficio contaban con más posibilidades de sobrevivir».

Servir para algo salvaba vidas en Auschwitz. Químico, sastre, orfebre o… boxeador, incluso futbolista. Porque allí también rodó el balón, pero esa es otra historia. Dominar una profesión o ser el entretenimiento de los oficiales de las SS, lo que fuera, mientras aportara a la producción o a la «diversión» en el campo de concentración. Y ahí podía estar la distancia entre vivir o morir.

---

15. De acuerdo con la información que se puede extraer de una de las listas que se conserva en el archivo del museo de Auschwitz, Walter Dunning nació el 1 de enero de 1912, y el 22 de agosto de 1940 fue trasladado a Auschwitz desde el campo de concentración de Sachsenhausen.

Pietrzykowski ya está en el cuadrilátero, preparado para el combate, para ganarse su «pasaporte de utilidad». «Brodniewicz, el *Lagerältester*, el que hacía de árbitro, nos llamó y dijo: *"Ring frei. Kampf"* [Ring libre. Luchad]. Tras oír estas palabras me acerqué al adversario y extendí las manos hacia él. Fue un gesto de saludo. Dunning alargó una mano y luego nos pusimos en posición de boxeo», rememora.

Bruno Brodniewicz, el preso número 1 del campo de concentración, nació el 22 de julio de 1895 y desde 1940 hasta marzo de 1943 ocupó el cargo de *Lagerältester* —el rango más alto en la jerarquía de los prisioneros— en Auschwitz I. Recordado por su crueldad, fue el responsable del nombramiento de otros deportados para dirigir los bloques. Posteriormente, lo trasladaron a Auschwitz II-Birkenau, donde también ejerció como *Lagerältester* en el campo de los gitanos. Allí estuvo desde el 25 de marzo hasta el 7 de junio de 1943.

Ahora Brodniewicz ocupaba el centro del improvisado ring y había anunciado el comienzo del combate entre Dunning y Tadeusz. «Empezó la pelea. Antes de eso, como un relámpago, se me pasó por la cabeza mi anterior carrera de boxeador. La silueta, la figura del entrenador Stamm y mi primera y mi última pelea. Solo sabía una cosa y era que tenía que ganar ese combate. Quiero aclarar que Dunning era más o menos de la misma altura que yo, alrededor del metro setenta, pero yo entonces pesaba unos cuarenta y nueve kilos, y Walter, setenta. Había sido un buen boxeador profesional. No sé quién de los dos boxeaba mejor, pero solo sé una cosa: hay momentos en los que lo imposible se convierte en realidad», explica el preso 77.

«Cuando Walter empezó a avanzar hacia mí con las manos medio bajadas, le di un directo de izquierda y volví a golpear así una y otra vez. Dunning se defendía de mí como si yo fuera una mosca. Después le envié un derechazo a la mandíbula. El golpe dio en el blanco y a Walter le rebotó la cabeza. Él se paró y yo salté hacia atrás. De nuevo, Walter empezó a venir hacia mí, y entonces le esquivé por el lado izquierdo y le dejé pasar, poniéndome en posición de defensa. Cuando él me atacó, me dio un fuerte derechazo, pero me eché hacia atrás y lo evité. La mano pasó al lado de mi cabeza. Al segundo golpe respondí y lo esquivé de la misma forma. Y su tercer derechazo lo bloqueé. No le dejé tocarme. Así pasó el primer asalto», recuerda Pietrzykowski.

La euforia se apoderó de los presos que estaban presenciando el combate, pero la alegría les pudo costar un gran disgusto: «Durante la pausa noté el asombro entre los prisioneros alemanes, que empezaron a mirarme de forma más cálida. En cambio, los compañeros polacos me animaban. Me gritaban: "Golpea al alemán, dale al alemán". Era una idiotez enorme, porque algunos alemanes, por ejemplo, Brodniewicz, que venía de la región de Poznan, hablaban el polaco y podían reaccionar de forma brutal. Alcé entonces una mano y advertí a mis compañeros para que se callasen. Los alemanes acogieron bien ese gesto, pero no tanto los polacos».

Cuenta Tadeusz: «Se oyó el gong [según explica en su testimonio, se tocó la campana en la plaza de recuento]. Walter avanzó otra vez, ahora con más energía. Tuve que utilizar todas mis habilidades técnicas para esquivar los golpes. Sabía que cada uno de ellos tenía una gran fuerza. Después de haber evitado algunos, a través de fintas y rotaciones, pasé al ataque. Le di, como otras veces, con la mano izquierda, después le dirigí un derechazo y luego un gancho de izquierda. Para mi sorpresa, el golpe le llegó. Walter no pudo esquivarlo. No sé si fue la nariz o el labio, pero algo se rompió, y debajo de su fosa nasal, justo por encima del labio superior, apareció sangre. Me paré después de haber visto la sangre y no volví a golpearlo. Walter me miró, se quedó en la misma posición, pero yo ya no le atacaba. Esperaba qué iba a hacer él. En algún momento, cuando los polacos empezaron a gritar de nuevo "Dale, dale al alemán", Walter, Brodniewicz y otros kapos se lanzaron contra la multitud dando golpes y patadas. Yo, mientras, esperaba asustado qué iban a hacer conmigo. Después de un momento, Walter se me acercó, se quitó los guantes y me dio la mano diciendo: *"Gut, Junge! Sehr gut! Komm mit!"* [¡Bien, chico! ¡Muy bien! ¡Ven conmigo!]».

Dunning había caído derrotado. Walter, brutal en el trato diario con los presos, claudicaba en ocasiones en el «cuadrilátero».

El duelo había terminado y Tadeusz Pietrzykowski había demostrado su valía sobre el ring: «Walter me llevó entonces al bloque 24, a la primera planta, y me preguntó: "¿Cuándo comiste?". Y yo le contesté: "Ayer". "¿Quieres comer?", me dijo. Y entonces hice un gesto afirmativo con la cabeza. Me entregó medio pan y un trozo de carne [...] Estaba muy contento, rodeado por todos los kapos. Los conocía como bandidos, como criminales que golpeaban y mataban a mis compañeros, pero ahora estaban tranquilos, benignos, incluso me tocaban la espalda».

Ese combate cambió el porvenir de Tadeusz en el campo de concentración. Ya servía para algo. Era boxeador y su vida corría algo menos de peligro. «Cuando salí del bloque 24, los prisioneros me miraban con admiración, algunos con alegría. Fui corriendo al bloque número 2, donde entonces dormía, y entré en la sala gritando: "Chicos, hay pan para todos". Bolek Kupiec cogió una navaja y empezó a dividirlo en tantas partes como cuantos éramos. Así terminó el día que decidió el destino de mi vida, el de mi victoria», rememora Pietrzykowski.

Asimismo, la pelea, la primera de las muchas en las que participó en Auschwitz, le permitió cambiar de trabajo, otro de los beneficios, además de la comida, con los que los SS recompensaban a los boxeadores. Teddy mejoró su posición y entró a formar parte del *Kommando* que faenaba en los establos. El deportado número 77 ya contaba con cierta influencia... y la iba a utilizar tanto en su propio beneficio (y supervivencia) como en el de los demás, para salvar a sus compañeros de cautiverio.

Aquel día empezó la nueva vida de Tadeusz Pietrzykowski en Auschwitz.

El boxeador que salvó al *boy scout*

«*T*eddy era *boy scout*. No lo conocía mucho, pero pensaba que no me fallaría. Creí en él.» Esa confianza fue lo que salvó la vida de Tadeusz Sobolewicz que un día, preocupado por un posible traslado a Mauthausen, recurrió a la ayuda del boxeador. «Él era del primer transporte, su número merecía respeto», explica en su libro *He sobrevivido para contarlo*.

Arrestado el 1 de septiembre de 1941, Sobolewicz, el preso número 23053, llegó a Auschwitz el 20 de noviembre de ese mismo año. Allí perdió a su padre y allí descargó ladrillos y chapoteó en las aguas congeladas del río Sola extrayendo grava; incluso cargó al hombro cadáveres de prisioneros en la enfermería. Allí también estuvo a punto de morir de tifus petequial. «Pesaba treinta y cuatro kilos», asegura. Pero se recuperó y, además, hubo un púgil que le ayudó. Fue Tadeusz Pietrzykowski, del que también recuerda sus combates.

Tal y como escribe en sus memorias: «Era Teddy, un boxeador de Varsovia que, el domingo anterior, en el ring especialmente instalado delante de la cocina, había dejado fuera de combate a uno de los kapos alemanes. Logré introducirme entre los prisioneros que rodeaban el ring para ver la pelea. Para mí era un acontecimiento. En el campo una diversión parecía imposible. A pesar de todo, los SS permitieron el combate porque ellos mismos querían verlo. Pensaban que un alemán fuerte vencería sin problemas a un polaco demacrado. Teddy no era un modelo de fuerza física. Más bien delicado y delgado, pero, en cambio, ágil y astuto.

Durante la lucha evitaba como podía los golpes del fuerte alemán, pero también se le echaba encima pegándole en el estómago hasta que el alemán cayó en el ring y fue declarado *knock-out*. Los prisioneros polacos se alegraron muchísimo. Despidieron con un aplauso a Teddy, muy cansado, sudando, cuando dejaba el ring. Se notaba que él también era feliz. Mirando a mi alrededor vi en los ojos de los presos, además de la alegría, la esperanza de que "Polonia seguía viva". Incluso en ese matadero, el valor y la valentía surtieron tal efecto. Algunos temían que el comandante o el *Lagerführer* pudiera castigar a Teddy por haber vencido a un alemán, pero los SS cumplieron su palabra. El polaco obtuvo un pan y un poco de margarina, el premio prometido para el ganador del combate. Además, fue dirigido a trabajar bajo techo, en *Führerheim*, en la cantina de las SS».

Otra vez el boxeo permitió a Pietrzykowski cambiar de trabajo, un «ascenso» decisivo para el porvenir de Sobolewicz, porque corrían rumores por el campo de un transporte a Mauthausen en el verano de 1942, y el preso 23 053 temía ser uno de los trasladados. Necesitaba ayuda para evitarlo.

«Me di cuenta de que a mí también podían destinarme. Decidí ir a hablar con Teddy por la noche. Lo encontré en el pasillo del bloque 24. Salimos y me dijo: "Está bien que hayas venido. Mañana por la mañana, después de formar los grupos de trabajo, tienes que estar delante de la cocina. Yo estaré allí e iremos a hablar con Leo"», escribe en *He sobrevivido para contarlo*.

La respuesta de Pietrzykowski, al que días antes le había regalado un reloj, tranquilizó a Sobolewicz. «Todo se arreglará. Sí, yo te he dado mi palabra. Anímate y hasta mañana», le dijo. «Me dio una palmada en el hombro y se fue. ¿Entonces mañana empiezo a trabajar en la cocina? Mis sueños del campo iban a realizarse. Estaba tan excitado que poco faltó para que chocara con el *Lagerältester* Bruno, que acababa de pasar. [...] Volví a mi bloque muy nervioso», recuerda.

Al día siguiente, allí estaba Sobolewicz, tenso y agitado, pero puntual. Tenía una cita con Pietrzykowski en la entrada de la cocina: «Al poco rato vino Teddy, vestido con un traje blanco y azul muy limpio, el gorro doblado con mucha fantasía [...] y me condujo por la puerta principal hasta la cocina. Nos cubrió el vapor. Un prisionero muy alto, el número 1879, se acercó a Teddy. Hablaron un momento. Luego apareció Leo, el kapo del almacén, y señalándome, le preguntó a Teddy: "¿Es él?"».

El kapo no estaba nada satisfecho con lo que veía. «¿Estás loco? ¿Me traes a un descarnado a trabajar? No, él no podrá», comentó. El terror se apoderó de Sobolewicz, que aún arrastraba las secuelas del tifus y mostraba un aspecto poco saludable. Su destino se volvía a teñir de oscuro. Teddy, sin embargo, convenció al kapo para que lo aceptara. «Pues que trabaje como ayudante. Leo, es un *boy scout* de Poznan, acéptalo», insistió el boxeador.

Pietrzykowski no podía dejar a un compañero en la estacada. El preso 77 conocía bien los principios de solidaridad y lealtad en los que se asienta la cultura *boy scout*, pues él mismo lo había sido mientras cursaba el bachillerato. «Pertenecía al grupo de *boy scout* que se llamaba Zawisza Czarny, 16 WDH, cuyos integrantes pasaron a la historia durante la Ocupación por sus actos bellos y hazañas dignas de buenos polacos y patriotas», explica Teddy en su declaración recogida en el archivo del museo de Auschwitz.

El argumento de Pietrzykowski surtió efecto. Sobolewicz escuchó entonces al kapo Leo pronunciar las palabras mágicas: «Está bien. Lo pondremos a prueba». Con un gesto de camaradería, Teddy le puso la mano en el hombro, de forma amistosa, casi protectora: «Ahora todo depende de ti». Él ya había cumplido con su palabra.

La alegría fue inmensa. «La situación de un prisionero cambiaba muy rápido. ¡Cuántas veces la casualidad dirigió el destino del hombre! Lo improbable se hizo posible y verdadero», aseguraba Sobolewicz, que desde entonces tuvo una mejor alimentación, clave para la supervivencia: «Los cocineros comían la misma sopa que los demás prisioneros. Sin embargo, tenían un privilegio: podían comer más, lo que tenía mucha importancia».

Lo que no pudo evitar Sobolewicz fue su traslado. Tiempo después, en marzo de 1943, lo enviaron a Buchenwald y ahí empezó una peregrinación por diversos campos de concentración hasta que, en abril de 1945, fue liberado.

Pelea, queremos ver cómo te destrozan la cara

«*L*os alemanes ya miraban con algo de respeto al *Häftling* número 77, porque me conocían como un boxeador», explica Tadeusz Pietrzykowski. La victoria en la pelea ante Walter Dunning le había servido para cambiar de trabajo y escalar posiciones en el particular estatus social del campo de concentración. Se desempeñaba con soltura y eficacia sobre el ring, y eso a los nazis les gustaba.

En el *Lager*, el anonimato se convertía en peligro. «La peor suerte la corrían los prisioneros que no eran conocidos. Los alemanes, en cierto modo, apreciaban a los profesionales. Por ejemplo, el maravilloso talento como herrero de uno de nuestros compañeros, Liwacz, o la preparación de los ingenieros como Paskura y Skrzetuski. Y también a los presos que sabían o podían aportar algo. Eso ayudaba a sobrevivir. Pero lo más importante fue actuar, intentar influir en tu propio destino, ayudarte a ti mismo y a los compañeros», explica.

Y eso fue lo que hizo Tadeusz Pietrzykowski: boxear, cuidar de sí mismo y de los otros prisioneros, como Sobolewicz, en la medida en la que pudo.

La vida de Teddy cambió con aquel combate con Walter de marzo de 1941. Al día siguiente, entró a formar parte de un nuevo *Kommando* y le destinaron a trabajar al establo número dos, donde se encontró con otros deportados, algunos de ellos compañeros con los que ya había estado en el grupo de los segadores en su primera etapa en el *Lager*.

Aunque Tadeusz disfrutaba de ciertas ventajas por ser boxeador, pronto tuvo que duplicar los esfuerzos para poder sobrevivir. Un nazi le advirtió de su futuro: «El *SS-Kommandoführer* me dijo abiertamente: "No pienses que viniste aquí para trabajar. Tú tienes que luchar cada domingo. Queremos ver cómo te destrozan la cara"».

La amenaza provocó una reacción inmediata en Pietrzykowski. Conocedor de su porvenir, tuvo que, según sus palabras, influir en su destino. Debía ponerse en forma (entiéndase correctamente el uso de «estar en forma» dentro de las condiciones de cautiverio, inanición y malos tratos en las que se enmarca la vida de los presos en Auschwitz) para poder defenderse durante los combates.

Estaba claro que los SS querían verle sobre el ring. O peleaba, o moría. «Una vez que lo supe, me di cuenta de que tenía que hacer todo lo posible para entrenarme y coger fuerza. Así que yo mismo, por propia voluntad, sin tener que hacerlo, cortaba el heno. Y con ganas hacía los trabajos más duros», dice.

«En el establo en el que trabajaba había unas treinta vacas, así que también retiraba los excrementos, preparaba su comida y llevaba unos grandes cilindros de heno prensado. Hasta cortaba la leña para el *SS-Kommandoführer* que tenía una habitación en el establo. En cualquier caso, no evitaba el trabajo, al contrario», rememora Pietrzykowski para describir su autoimpuesto «entrenamiento».

Teddy realizaba todas las tareas posibles, lo que hiciera falta para poder estar bien físicamente y afrontar con fuerza las peleas, confrontaciones en las que nunca sabía con quién podía encontrarse sobre el cuadrilátero. «Trabajaba de forma muy eficiente no por la voluntad de cumplir, sino para mantenerme en este *Kommando* y recuperar mi antigua forma física, lo que casi conseguí», afirma.

Para estar sano y fuerte también hay que comer. Y los alimentos en Auschwitz…, para los prisioneros apenas existían. Famélicos, los deportados se consumían. La deficiente nutrición, las palizas y el trabajo sin descanso los convertían en «musulmanes», nombre con el que, como ya se ha dicho, en la jerga del campo se conocía a los que estaban en la antesala de la muerte, a esos que ya se habían transformado en esqueletos andantes.

Entre sus muchas labores, Teddy tenía que cuidar de los terneros para que crecieran en buen estado. Y ahí encontró otra fuente de alimentación: «Aprovechando los momentos oportunos, yo también bebía esa leche corriendo un gran riesgo si me descubrían».

Los presos buscaban sustento en cualquier sitio donde pudieran encontrarlo. Tal era el hambre que no les importaba poner en peligro su propia vida en caso de que un kapo o algún nazi los descubriera. «Yo no "organizaba" la comida que estaba destinada a mis compañeros. Para nosotros eso sería un verdadero hurto. Se robaban los alimentos que iban a la cocina de los SS. Se robaba en la granja *Landwirtschaft* todo lo que podía ser útil. Había vacas, así que también había leche. Y animales para la matanza y la producción de productos cárnicos, pero esto lo comían los SS del campo o se lo enviaban a otras de sus unidades», explica Teddy.

A veces, sin embargo, se podía «organizar» algo. «Existían varias opciones de comer un poco más. En ocasiones, la leche de las vacas. Yo intentaba beber todo lo posible, hasta la saciedad. Se comía incluso los restos de remolacha y las patatas cocidas al vapor preparadas para los cerdos», continúa.

Y así encontró Pietrzykowski fuerzas para subir al ring y ser uno de los púgiles de Auschwitz. Teddy también consiguió que los SS miraran hacia otro lado y le concedieran cierta libertad de acción. Trabajaba con vigor, con esfuerzo y dedicación, y además boxeaba, justo lo que necesitaban los nazis y los kapos para considerar al número 77 un preso «modelo»: «Eso me dio la posibilidad de moverme por el campo y por los alrededores, y me permitió hacer otras muchas cosas en el futuro».

Como atentar contra el propio Rudolf Höss, el comandante de Auschwitz.

El ataque al comandante de Auschwitz

*U*na conversación furtiva.

—¿Por qué no atentamos contra el comandante? —se dijeron con mirada cómplice.

—Si falla algo del plan y se enteran de lo que hemos hecho, los nazis nos ahorcarán —advirtió uno de ellos, consciente del peligro que corrían.

—Tienes razón, pero creo que hemos de arriesgar —reflexionó el otro en voz muy baja—. Tampoco sabemos si mañana vamos a estar muertos por cualquier motivo. Aquí nos matan por menos de nada.

Uno de los que susurraba era el boxeador Tadeusz Pietrzykowski, el otro, el prisionero Wladek Rzetkowski,[16] y entre los dos planearon un ataque contra Rudolf Höss.

Teddy trabajaba cuidando a las vacas en los establos, donde también se guardaban los caballos de montar de los SS. Y de ahí surgió la idea. Porque el comandante de Auschwitz solía acudir a las cuadras para relajarse después de un día duro; la terrible jornada laboral de un cínico cansado de asesinar.

«En Auschwitz no había tiempo para aburrirse», afirma en su autobiografía. «Tenía mucho que hacer. El exterminio era solo una pequeña parte de mi trabajo. Todas las noches sonaba

---

16. Wladyslaw Rzetkowski nació el 14 de marzo de 1916 en Pawlikowice. El 14 de junio de 1940 fue deportado a Auschwitz —al igual que Teddy formó parte del primer transporte al campo de concentración— y registrado con el número de prisionero 558. En marzo de 1943 lo trasladaron a Neuengamme y de allí, el 9 de marzo de 1944, a Mauthausen. Rzetkowski sobrevivió.

el teléfono para convocarme a algún sitio. Estaba agotado no solo por las exterminaciones, sino también por los demás trabajos. Mi esposa se quejaba a menudo de que pasaba muy poco tiempo con mi familia y de que solo vivía para mi trabajo», le decía Höss a Leon Goldensohn, el psiquiatra del ejército de Estados Unidos que lo entrevistó en la cárcel antes de los juicios de Núremberg.

La engrasada máquina de matar del Reich nunca se podía detener. «Debía proseguir mi tarea, asistir al exterminio y la matanza, reprimir mis sentimientos y mostrar una indiferencia glacial», escribe Rudolf Höss en *Yo, comandante de Auschwitz*, donde desvela cómo se evadía de aquel infame horror del que fue uno de los principales responsables. «Cuando el espectáculo me trastornaba demasiado, no podía volver a casa con los míos. Hacía ensillar mi caballo y, galopando, me esforzaba por liberarme de mi obsesión. Por la noche me iba a las caballerizas y encontraba la calma entre mis caballos», continúa.

Entonces montaba a Fulvia, su yegua preferida, y cabalgaba por los terrenos colindantes al campo de concentración. Esa era su gran pasión.

—¿Tiene algún deporte favorito o alguna afición? —le preguntaba a Höss Leon Goldensohn en la prisión.

—Montar a caballo y cazar, hasta cierto punto, pero tenía poco tiempo para esto último porque estaba siempre muy ocupado y cansado por culpa de mi trabajo —respondía.

El amor del comandante por los equinos nació a una edad temprana. Vivió una infancia solitaria; la de un niño retraído, sin amigos, que encontró compañeros de juego en los caballos. En Baden-Baden (Alemania), donde residía con sus padres rodeado de vecinos adultos, Rudolf, solo, sin otros pequeños con los que jugar, buscaba refugio y entretenimiento en la naturaleza.

«La mayor parte del tiempo la pasaba en los establos y en las cuadras de las granjas cercanas [...] Estaba loco por los caballos; nunca me cansaba de acariciarlos, hablarles y darles terrones de azúcar. Los cepillaba y me metía entre sus patas, para gran asombro de los campesinos [...] En cuanto se me presentaba la ocasión de entrar en una cuadra, no había juguetes que valieran. Mi madre hacía lo imposible para apartarme de ese amor hacia los animales, que le parecía extremadamente peligroso. Sin embargo, todos sus esfuerzos fueron en vano», escribe.

Un traslado de residencia causó una profunda desazón en el pequeño Höss. En la mudanza le arrebataron lo que más quería: «Cuando tenía seis años, nos instalamos a las afueras de Mannheim. Volvimos a alquilar una casa, pero, para mi gran desilusión, allí no había cuadras ni animales. Según me ha contado mi madre, la pena que me causó alejarme de estos, de las montañas y del bosque hizo que enfermase durante semanas [...] A falta de algo mejor, buscaba en mis libros imágenes de animales y, apartado en un rincón, soñaba con vacas y caballos».

Hasta que recibió quizá la mejor sorpresa de su vida. «Cuando cumplí siete años me regalaron un poni, Hans, todo negro, de largas crines y ojos brillantes. Me puse loco de contento; por fin tenía un compañero. Hans me seguía a todas partes como si fuese un perro y, cuando mis padres no estaban en casa, lo hacía entrar en mi habitación. [...] Ya tenía varios compañeros de mi edad donde vivíamos; jugaba con ellos y participaba en sus bromas, pero prefería irme con mi poni al gran bosque del Palatinado, donde podíamos estar completamente solos y cabalgar durante horas sin cruzarnos con nadie», rememora el comandante.

Una pasión infantil, un amor por los animales que a punto estuvo de provocar su muerte en Auschwitz.

«Durante una de las conversaciones que tuvimos Wladek Rzetkowski y yo nació la idea de cometer un atentado contra Höss. La herramienta tenía que ser la yegua Fulvia, el caballo favorito del comandante», recuerda Tadeusz Pietrzykowski, que por entonces trabajaba en los establos, un buen destino al que había llegado gracias al boxeo.

Wladek Rzetkowski, el preso número 558, era un experto jinete y un antiguo alumno de la Escuela de Caballería de

Grudziadz; por eso estaba destinado a las cuadras de Auschwitz, donde no era extraño encontrarse a Rudolf Höss. Y no solo a él, sino también a su mujer y a sus hijos. «Todos los miembros de mi familia tenían mucho interés por la agricultura y los animales. Todos los domingos los llevaba a recorrer los campos, visitábamos las caballerizas y no dejábamos de echar un vistazo a las perreras. Queríamos mucho a nuestros dos caballos y al potrillo», se lee en su autobiografía.

Pietrzykowski y Rzetkowski, el encargado de cuidar a los caballos y a la yegua del comandante, planearon el atentado entre la primavera y el verano de 1941. Según los recuerdos de Teddy, aprovecharon un viaje de Höss a Berlín para urdir el plan.[17]

«Fulvia, una yegua de pura sangre inglesa, necesitaba movimiento para no estar demasiado violenta. Esta era la base de nuestro proyecto», asegura Tadeusz.

Comenzaron por reducir los paseos del caballo para aumentar su agresividad. En lugar de dos veces cada día, Rzetkowski solo la sacaba una, de modo que el animal estaba algo más inquieto, nervioso y resultaba difícil dominarlo. Sin embargo, se dieron cuenta de que eso no sería suficiente para provocar una caída de Höss, un diestro jinete.

«Así que durante una de las conversaciones propuse poner por debajo de la silla de montar un "botón" [esa es la palabra que utiliza Teddy en su testimonio; se supone que se podría referir a un botón de metal de algún uniforme, con la punta afilada por una de sus caras]. Rzetkowski aceptó la idea. Hicimos una prueba, un experimento poniendo el "botón" entre la manta y la silla. Fulvia notó algo extraño, pero no hasta el punto que

17. El propio Höss menciona un viaje por esas mismas fechas en la entrevista que le hizo Leon Goldensohn antes de los juicios de Núremberg. «En verano de 1941, me llamaron a Berlín para que me reuniera con Himmler. Me dio la orden de construir campos de exterminio», se lee en *Las entrevistas de Núremberg* en la página 371. En *Yo, comandante de Auschwitz*, en la página 212, también deja constancia del mismo viaje: «En el verano de 1941, Himmler me convocó a Berlín para informarme de la fatídica orden que preveía el exterminio masivo de los judíos en toda Europa y cuyo resultado supuso convertir Auschwitz en el mayor matadero de la historia…».

estábamos deseando. Así que para el día del atentado decidimos colocarlo directamente entre la manta y la piel del animal», explica Tadeusz.

Lo tenían todo pensado. Ahora solo debían ponerlo en práctica y esperar que saliera según lo previsto. Llegó el día en el que el comandante iba a pasear con su yegua preferida. «Preparamos el atentado según habíamos planeado. Rzetkowski ofreció el caballo a Höss, que lo montó. De inmediato, Fulvia se puso a dos patas, probablemente después de haber sentido la presión del "botón". Höss no le dio importancia, hizo un gesto y continuó hasta que el caballo, al galope, cambió de pronto de dirección y se formó una nube de polvo en la que vi a Fulvia ya sin el jinete encima», recuerda.

Se vivieron momentos de gran confusión. Los SS, alertados, fueron rápidamente a socorrer al comandante, al que se llevaron en camilla a la enfermería. Mientras, Rzetkowski corrió a interesarse por la yegua. Su premura no levantó sospechas entre los nazis, puesto que ese era su trabajo: cuidar del animal. «Wladek, con la ayuda del *SS-Kommandoführer*, cogió al caballo y lo primero que hizo fue, por supuesto, desatar la silla y tirarla al suelo», dice Teddy. Rzetkowski aprovechó ese momento para ocultar las pruebas de su fechoría y hacer desaparecer aquel «botón» que había provocado la caída.

«Por la tarde supe que el proyecto había sido un éxito. En el establo ya había limpiado al caballo, así que no se notaba la huella de la presión del "botón", y del accidente se culpó a un supuesto error del propio Höss, que, según nos dijeron, se rompió una pierna. Nos daba pena que solo se hubiera fracturado una pierna, pero de todos modos estábamos muy satisfechos», asegura Pietrzykowski.

El propio comandante de Auschwitz menciona un incidente similar en su autobiografía, aunque no coincide la lesión que sufrió: «En otra ocasión en que montaba a caballo, caí sobre una piedra y a punto estuve de ser aplastado por mi montura; salí del trance con algunas costillas fracturadas».

Sea como fuere, hubo una vez un boxeador que a punto estuvo de acabar con la vida de Rudolf Höss.

«Me gustaría añadir que fueron varias las veces que intentamos atentar contra Höss, quien se consideraba un experto agricultor e iba a cualquier sitio, incluso donde otros SS no entraban. Por eso, de vez en cuando se encontraba en situaciones potencialmente peligrosas. Por ejemplo, una vez se metió en un establo donde estaba el toro Willi, que casi lo aplasta. Höss tuvo suerte y al final salió ileso», rememora Teddy.

No era la primera vez que el comandante «jugueteaba» con un astado. Ya lo hacía también en su infancia. «A nada temía, pues ningún animal me había coceado o mordido. Incluso mantenía excelentes relaciones con un toro famoso por su mal carácter», cuenta en su autobiografía.

De lo que Rudolf Höss no pudo escapar fue de la justicia. Capturado tras el final de la Segunda Guerra Mundial, juzgado y condenado, pagó por los atroces crímenes que había cometido.

—¿Cuál cree que debería ser su castigo? —le preguntó en la prisión el psiquiatra Leon Goldensohn.

—La horca —respondió el comandante.

Y... ahorcado murió en Auschwitz, en 1947.

Kolbe

Kolbe consiguió una victoria espiritual similar
a la del mismo Jesucristo.

El papa JUAN PABLO II, en su homilía en Auschwitz
el 7 de junio de 1979

*L*a represalia sería terrible. Ejemplar. Brutal.

Por aquel que había escapado, los nazis elegían a diez de su barracón para morir de hambre en el búnker del bloque 11. El prisionero Zygmunt Pilawski se había fugado de Auschwitz en los últimos días de julio de 1941, y los SS, que no pudieron encontrarlo, se cobraban ahora su venganza. Cientos de presos en formación esperaban angustiados la sentencia. «La selección se hizo en la plaza de recuento [...] Y yo observaba desde una distancia de veinte o treinta metros. Desde allí vi a un grupo de los SS junto al *Lagerführer* Fritzsch», recuerda Tadeusz Pietrzykowski. «Nosotros, petrificados de terror, esperábamos el final de aquella horrorosa acción», dice Mieczyslaw Koscielniak,[18] que también lo presenció.

Fritzsch, acompañado del sádico Palitzsch, se acercaba a los presos y escogía a las víctimas. «Los seleccionaba pasando de una fila a otra. No se sabe qué criterio seguía, porque no daba importancia ni a la edad ni al estado físico de los prisioneros.

---

18. Los testimonios que se citan en este capítulo de Mieczyslaw Koscielniak, Jozef Sobolewski, Franciszek Gajowniczek y Wladislaw Swies pertenecen al Museo Estatal de Auschwitz-Birkenau en Oświęcim.

Solo indicaba con la mano al elegido, que tenía que salir ense-guida. […] El *Rapportführer* Palitzsch, mientras, escribía los números de los condenados», asegura Jozef Sobolewski, que había llegado al campo en agosto de 1940.

«De repente, en una de las filas a las que se acababa de acer-car Fritzsch se formó un pequeño alboroto. El *Lagerführer* aca-baba de seleccionar a un joven para morir», afirma Koscielniak.

Ese era Franciszek Gajowniczek, un sargento del ejército polaco que había combatido a los nazis tras la invasión de 1939 y cayó prisionero durante la capitulación de la fortaleza de Modlín. Tras un intento de fuga, y después de volver a ser capturado en la frontera eslovaca, lo enviaron a Auschwitz en octubre de 1940. Su número de preso, el 5659. Casado y padre de familia, se derrumbó cuando Fritzsch le señaló.

—¡Ay, mi esposa! ¡Ay, mis hijos! ¡Se van a quedar huér-fanos! ¡Qué pena! —exclamó mientras se dirigía al lugar donde esperaban los que iban a morir.

Alguien escuchó ese profundo lamento.

«Mis palabras las oyó el padre Maximiliano Kolbe, francis-cano del convento de Niepokalanów, que salió de las filas, se acercó al *Lagerführer* Fritzsch e intentó besar su mano», ase-gura el propio Franciszek Gajowniczek en el testimonio que se guarda en el museo de Auschwitz.

—¿Qué quiere este cerdo polaco? —preguntó entonces Fritzsch al intérprete. Estaba sorprendido por la extraña acti-tud de ese prisionero.

Kolbe no retrocedió por la reacción del *Lagerführer* y, firme delante de él, señaló con la mano a Gajowniczek.

—Me ofrezco a morir por él —dijo.

El resto de los prisioneros observaban estupefactos lo que acababa de suceder. «Entre los compañeros de infortunio de Auschwitz se oyó una voz de admiración por la decisión heroi-ca de este sacerdote», dice Franciszek.

Todos esperaban con tensión la reacción del *Lagerführer*. Nunca se sabía qué podía ocurrir. ¿Sacaría la pistola y asesina-ría allí mismo al cura con un disparo en la sien?

«Fritzsch hizo un gesto con la mano y solo con una palabra, "fuera", me ordenó salir del grupo de los condenados. Mi lugar lo ocupó el padre Kolbe», rememora Gajowniczek, que regresó a la formación de su barracón.

Tenía casi cuarenta años y volvía a nacer bendecido por la justicia divina.

«En ese momento no pude darme cuenta de la magnitud de la impresión que me sobrecogió. Yo, el condenado, tenía que vivir, y alguien por su propia voluntad ofrecía su vida por mí. ¿Era un sueño o realidad?», se preguntaba Gajowniczek.

Los que iban a morir emprendieron la marcha hacia el bloque 11. Debilitado por las palizas y agotado después de varios meses en Auschwitz, Kolbe caminaba con mucha dificultad, pero eso no le impedía seguir socorriendo a los demás. «Los diez condenados marcharon delante de nuestras filas y vi que él, al que le costaba mantenerse en pie, estaba ayudando a uno aún más débil, que ya no podía andar por sí mismo», explica Wladislaw Swies, hermano de la congregación misionera de los padres palotinos, que llegó al campo en el mismo transporte que Maximiliano.

«Kolbe se dirigió entonces hacia el bloque 11 junto con los otros seleccionados», afirma Pietrzykowski, que comenzó a meditar sobre aquel sacerdote al que un día defendió del *vorarbeiter* que le estaba dando una paliza: «Fue entonces cuando empecé a reflexionar sobre su actitud, que en aquel momento me parecía algo anormal. Luego recordé todo lo que sabía de él y me di cuenta de que ni yo ni muchos otros prisioneros podíamos entender las razones de su forma de actuar».

El padre Maximiliano Kolbe murió en el búnker el 14 de agosto de 1941. Tras aguantar dos semanas en una celda sin comer, los SS le pusieron una inyección de fenol en el corazón.

«Su sacrificio por la vida de otro despertó admiración y respeto entre los presos y desconcertó a las autoridades del campo. Es el único caso en la historia de Auschwitz en el que un prisionero ofreció voluntariamente su vida por otro», atestigua Jozef Sobolewski.

Noah Klieger posa con unos guantes de boxeo durante la entrevista con
los periodistas del diario *Marca* en enero de 2018.

Pablo García / *Marca.*

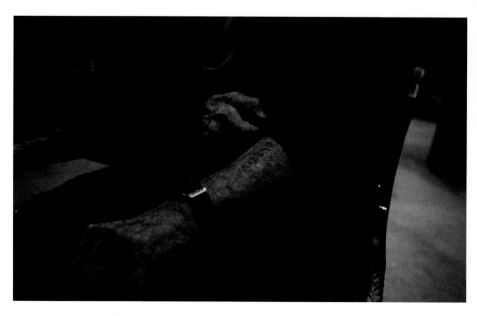

Noah Klieger muestra el tatuaje de su antebrazo con el número de prisionero del campo de concentración de Auschwitz: 172 345.

Pablo García / *Marca.*

Noah Klieger y su hija, Iris Lifshitz Klieger, sonrientes ante la cámara.

Álbum fotográfico de la familia Klieger.

Andrzej Rablin, en el momento de ser registrado en Auschwitz en julio de 1940.

Archivo del Museo Estatal de Auschwitz-Birkenau en Oświęcim.

Víctor *Young* Pérez.

Mémorial de la Shoah/Coll. MJP.

Kazimierz Szelest, Kazio, subido a
un escalón en la puerta de un vagón
de tren, junto a Henry Zguda
y una mujer.

United States Holocaust Memorial Museum
Collection, cortesía de Nancy Zguda.

Imagen de la página del *Providence Journal* en la que se publicó el 19 de julio de 1949 la crónica de la pelea entre Rocky Marciano y Harry Haft.

Biblioteca de Providence.

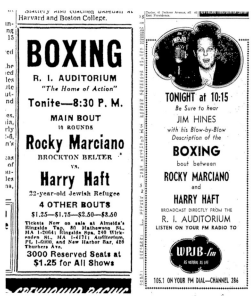

Anuncios para promocionar el combate.

Biblioteca de Providence.

Harry Haft, como boxeador profesional.

Alan Scott Haft.

Uno de los guantes de boxeo que se conservan en el campo
de concentración de Auschwitz.

Archivo del Museo Estatal de Auschwitz-Birkenau en Oświęcim / Łukasz Lipiński.

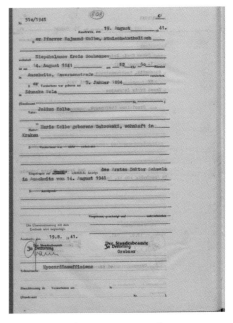

Una imagen de Maximiliano Kolbe y su acta de defunción en Auschwitz.

Archivo del Museo Estatal de Auschwitz-Birkenau en Oświęcim.

Franciszek Gajowniczek, junto al papa Juan Pablo II en la canonización de
Maximiliano Kolbe en la plaza de San Pedro, en el Vaticano, en 1982.

Franciszek Gajowniczek, en el momento de ser registrado en Auschwitz en 1940.

Rudolf Höss, comandante del campo de concentración de Auschwitz.

Heinrich Schwarz, el comandante de Auschwitz III-Monowitz que buscaba boxeadores en cada transporte que llegaba al campo.

Campo de concentración de Auschwitz-Birkenau.

Cortesía del autor.

A pesar del carácter extraordinario, divino, de lo que acababa de ocurrir, la lucha por sobrevivir continuaba su curso. «Me da mucha pena decir que una hora después, el sacrificio de Kolbe se convirtió simplemente en un recuerdo más de lo que pasaba todos los días [...] Nadie hablaba de ello, nadie lo mencionaba. Quizá solo los curas —reflexiona Tadeusz Pietrzykowski, que explica su sentir hacia el sacerdote—: La vida en el campo tenía su discurrir, sus leyes. Solo tiempo después, pensando sobre mis actuaciones, llegué a la conclusión de que tuve la suerte de conocer a alguien excepcional como Kolbe, un hombre ante el que debía inclinarme; sobre él sigo pensando a menudo.»

Franciszek Gajowniczek, al que el cura salvó de la muerte, sobrevivió a Auschwitz: «Me educaron en el catolicismo y conservé mi fe en los momentos más duros. En aquel entonces, la religión fue para mí la única esperanza. El ofrecimiento del padre Maximiliano Kolbe aumentó aún más si cabe mi religiosidad y mi apego a la Iglesia católica, que da vida a héroes como él. La única gratitud con la que puedo pagar a mi salvador es con una oración diaria que rezo junto a mi mujer».

Padre Kolbe que estás en el cielo, santificado sea tu nombre... Amén.

El paquete de tabaco del *Reichsführer*

«$\mathcal{H}$immler nos visitó dos veces durante mi estancia en Auschwitz. Una fue en 1941 cuando yo aún trabajaba en el *Kommando Tierpfleger*. Ocurrió que mi jefe, un SS, se había ido y en aquel momento apareció Himmler. Entonces, yo me presenté: "*Häftling 77, bei der Arbeit*" [Prisionero 77, en el trabajo]. Y cuando me pidieron que les sirviera algo de beber, les di dos vasos de leche», recuerda Teddy.

Heinrich Himmler, el *Reichsführer* de las SS, estuvo en Auschwitz el 1 marzo de 1941. Y allí se encontró cara a cara con Tadeusz Pietrzykowski. Aquel momento fue otro golpe de suerte. Porque Teddy reaccionó con serenidad ante la presencia del *Reichsführer* y se presentó del modo correcto, tal y como los nazis ordenaban que había que hacerlo. El comandante general de las SS quedó satisfecho con el comportamiento de aquel eficiente prisionero y se lo agradeció con un obsequio al despedirse. En Auschwitz lo más inesperado podía suceder.

«Antes de irse, Himmler me dio, sin decir una palabra, un paquete de cigarrillos y se marchó con toda su corte. Después del regreso al campo, se hizo un recuento; él paseaba por delante de las filas de prisioneros que estaban de pie. Incluso preguntaba a algunos por el motivo de su estancia en Auschwitz», explica Pietrzykowski, que salió ileso de aquel encuentro con uno de los nazis más poderosos y peligrosos del Tercer Reich.

El *Reichsführer* volvió a Auschwitz en julio de 1942, más de un año después de su primer viaje, para inspeccionar de nuevo el campo y comprobar en primera persona los avances en la ampliación y mejora que se había producido en el complejo con la construcción de Auschwitz II-Birkenau y con los trabajos que se estaban llevando cabo en Auschwitz III-Monowitz.

Esta segunda visita también la recuerda Tadeusz Pietrzykowski, aunque en esta ocasión él no lo vio. «Yo trabajaba entonces en el *SS Revier*. Himmler fue al hospital, pero no coincidimos con él. Habló durante mucho tiempo con el *Standortarzt* [médico jefe], y por la tarde tenían prevista una fiesta, pero todo esto yo lo supe solo por mis compañeros», afirma.

Esa fiesta que menciona Pietrzykowski en su testimonio se celebró por la noche. Un ágape distendido en el que el *Reichsführer* se comportó con cercanía y amabilidad. «Aunque durante el día Himmler solía estar de muy mal humor e incluso se mostraba extremadamente antipático, durante la cena y en compañía de los escasos comensales parecía otra persona. Se lo veía muy animado [...] Los invitados no se marcharon hasta bastante tarde. Durante la velada, el consumo de alcohol fue muy escaso. Himmler, que casi nunca bebía, tomó unas copas de vino tinto y fumó, algo inusual en él. Todos estaban bajo el hechizo de su buen humor y su conversación animada. Nunca lo había visto comportarse de ese modo», rememora Rudolf Höss en su autobiografía.

Aquel 17 de julio de 1942, el *Reichsführer* aterrizó en el aeropuerto de Katowice poco antes de las tres de la tarde. Estuvo dos días en Auschwitz. «Lo examinó todo muy detalladamente», afirma el comandante, que también recuerda una reprimenda de Himmler: «Furioso por mis constantes quejas acerca de la lamentable situación del campo, dijo: "¡No quiero oír ni una palabra sobre las dificultades! Un oficial de las SS reconoce su existencia; y, cuando surgen, su tarea consiste en eliminarlas con su propio esfuerzo. ¡Cómo hacerlo es su problema, no el mío!"». Himmler recorrió esta vez el campo principal; el recinto de Birkenau, inaugurado hacía unos meses; y los terrenos, las obras y la fábrica de la IG Farben, donde se estaba construyendo Monowitz.

La presencia del gerifalte nazi causó honda impresión en los prisioneros. «Ese hijo de su madre. Yo lo vi. Visitó Auschwitz, y tuvimos que lavarnos y permanecer firmes, muy quietos», rememora Henry Zguda, quien aún conserva en la memoria la imagen de Himmler: «Él iba reluciente, tan pulcro».

Sin embargo, el todopoderoso *Reichsführer* parecía un hombre común. «No tenía un aspecto demasiado castrense. Usaba gafas con montura dorada, estaba más bien entrado en carnes y tenía barriguita. Parecía..., y con esto no quiero ofender a nadie..., parecía un maestro de escuela de provincias», decía Kazimierz Smolen, según recoge Laurence Rees en su libro *Auschwitz*.

En aquellos momentos, julio de 1942, la Solución Final ya estaba en marcha. Meses antes, en enero, se había celebrado en una villa a las afueras de Berlín una reunión importante para el devenir de la «cuestión judía», un eufemismo que se iba a cobrar la vida de millones de personas. La Conferencia de Wannsee tuvo lugar en el mediodía del 20 de enero de 1942. Reinhard Heydrich, jefe de la Oficina Central de Seguridad del Reich, convocó a quince altos funcionarios del estado nazi a aquel encuentro secreto. Los asesinatos, sin embargo, habían comenzado a mediados de 1941: se calcula que, para entonces, en el momento de la conferencia, medio millón de judíos ya habían sido exterminados. De modo que la decisión ya estaba tomada; en Wansee de lo que se trató fue de coordinar esa Solución Final, de la logística mortal del Holocausto.

Un genocidio que Himmler comprobó en primera persona. En su segunda visita a Auschwitz fue testigo directo de los asesinatos, a los que asistió casi indiferente. «Tras inspeccionar Birkenau, presenció el proceso de exterminio de todo un cargamento de judíos que acababa de llegar. También dedicó unos momentos a observar la selección de judíos sanos sin plantear objeción alguna. No hizo ningún comentario acerca de lo primero, y guardó el más absoluto silencio. Mientras se procedía al exterminio, estudió disimuladamente a los encargados de llevarlo a cabo, incluido yo mismo», relata Höss.

El atroz espectáculo que Himmler presenció sin pestañear se desarrolló, según describe el comandante en sus memorias, del siguiente modo. La mecánica era siempre la misma:[19]

Hombres y mujeres eran conducidos por separado a los crematorios de la manera más tranquila posible. En el vestuario donde se desnudaban, los reclusos del *Kommando* especial [se refiere al Sonderkommando] les explicaban, en su propia lengua, que se los había llevado hasta allí para ducharlos y desparasitarlos. Los invitaban a que ordenaran bien sus ropas y recordaran el lugar donde las habían dejado, para recogerlas a la salida. [...] Tras haberse desnudado, los judíos entraban en la cámara de gas, donde efectivamente había duchas y cañerías de agua, lo que les daba el aspecto de una sala de baños. [...] Todo solía ocurrir en calma. [...] Entonces se echaba rápidamente el cerrojo a la puerta y los enfermeros "desinfectadores", ya preparados, dejaban entrar de inmediato el gas por agujeros practicados en el techo. [...] Por el agujero de la cerradura de la puerta se podía ver que quienes se encontraban más cerca del recipiente caían muertos al instante. Se puede afirmar que, para un tercio del total, la muerte era inmediata. Los demás temblequeaban, se ponían a gritar cuando les faltaba el aire. Pero sus gritos pronto se transformaban en estertores y, en cuestión de minutos, todos caían tendidos.

Al cabo de veinte minutos a lo sumo, ya nadie se movía. [...] Una media hora después de introducir el gas, se abría la puerta y se ponía en funcionamiento el ventilador. Los cuerpos no exhibían marcas especiales: no había contorsiones ni cambio de color. [...] A continuación, el *Kommando* especial se ocupaba de arrancar los dientes de oro y de cortar el cabello a las mujeres. Luego subían los cuerpos en ascensor a la planta baja, donde los hornos ya estaban encendidos.

19. No se trata del día en concreto de la visita de Himmler, sino de una descripción general del proceso de exterminio en Auschwitz que Rudolf Höss recrea en *Yo, comandante de Auschwitz*, en diversos pasajes de las páginas 199, 200 y 201.

Aquel día de julio de 1942, bajo la supervisión del *Reichs-führer*, murieron así, tal y como describió Höss, cuatrocientos noventa y nueve judíos; gaseados, asfixiados con Zyklon B en el llamado búnker 2.

—He visto su trabajo y los resultados obtenidos, y estoy satisfecho y le agradezco sus servicios —le dijo Himmler al comandante al final de su visita.

Antes de despedirse, ascendió a Rudolf Höss a *Obersturm-bannführer*.

El *Reichsführer* se marchó y el infierno continuó.

Teddy estuvo a punto de morir en aquellos mismos meses del verano de 1942.

El tifus por dejar K.O. al Asesino de Polacos

*E*n Auschwitz nadie tenía garantizada la supervivencia. Los púgiles tampoco.

«Todo empezó con un combate que había disputado en el campo en aquel entonces. Me peleé no con un boxeador, sino con un matón, un prisionero alemán que desempeñaba la función de kapo. No recuerdo su apellido, pero sé que había llegado desde el campo de concentración de Sachsenhausen y en Auschwitz tenía fama, era conocido como el Asesino de Polacos», afirma Teddy en su testimonio del archivo del museo del campo.

El combate de aquel verano de 1942 despertó el interés de los SS, que incluso hicieron apuestas por los contendientes. El dinero y la insaciable codicia de los nazis aumentaban, sin duda, el riesgo que ya de por sí corrían los boxeadores en un lugar donde el precio de su muerte carecía de cualquier valor. «Él [su contrincante] conocía a algún médico de las SS, por lo que a la pelea acudieron también los doctores del *SS Revier*. Mi adversario pesaba unos diez o quince kilos más que yo, pero eso no me impidió apañarme bien con él. He de reconocer que fue la primera y la última vez en mi vida que dejé K.O. a un rival con gusto y con plena conciencia. Por supuesto, un grupo de los SS que apostaron por mí estaban contentos, pero otros se mostraban decepcionados», asegura Pietrzykowski.

Una frustración que acabó en intento de asesinato.

Uno de los que había perdido su dinero se cobró su venganza, tal y como cuenta el propio Teddy: «Después de esta pelea, el médico del campo se las apañó para que me llevaran al hospital; en el bloque veinte me sometieron a un experimento. Me infectaron con una inyección de tifus. Pero yo no sabía de qué se trataba. Pensaba incluso que tal vez era para darme fuerzas».

Pietrzykowski, envalentonado por sus triunfos sobre el *ring*, se sentía fuerte, casi intocable. «Tanto la última victoria como las de antes me habían dado una seguridad en mí mismo de carácter exagerado y no tenía miedo a nadie ni a nada. Era tan descarado que me permitía "burlarme" de los SS y gastarles bromas», explicaba el boxeador.

Pero esta vez nada ni nadie pudo protegerlo de la inquina de aquel nazi, furioso por haber perdido la apuesta en el combate. Comenzaron tiempos difíciles para Teddy. La vida del preso 77 corría peligro. Así lo recuerda él mismo en su testimonio en Auschwitz: «Solo después me di cuenta de que el experimento podía ser una forma de venganza. Al poco de recibir la inyección perdí la conciencia y no sabía lo que me estaba pasando. Tenía fiebre. Cuando recuperé el conocimiento, sudaba mucho y sabía que algo malo me estaba ocurriendo. Me sentía endeble y caí en un sueño largo. De vez en cuando me despertaba. Todo eso duró un mes, tal vez un poco más. Recuerdo con enorme agradecimiento a muchos magníficos compañeros de este periodo que trabajaban en el bloque número veinte». Ellos fueron los que le ayudaron en la recuperación.

Fragmentos de cartas a mamá

«Si Dios me lo permite, voy a aguantar este infierno y volveré.»

La frase se encuentra en una carta, uno de los mensajes clandestinos[20] que Tadeusz consiguió enviar a su madre, residente por entonces en Varsovia, durante el tiempo que pasó cautivo en Auschwitz.

Teddy escribía a escondidas en el campo de concentración. Al cobijo del barracón y con cautela para que no lo descubrieran; con un ojo en el papel y el otro en el cogote, siempre alerta a miradas indiscretas que pudieran delatarlo.

Teddy escribía palabras llenas de cariño. De sufrimiento y de nostalgia.

«Mamá, cuídate mucho, por favor, y de vez en cuando reza por nosotros [...] Son ya tres años sin veros, estoy esperando con impaciencia», le confesaba el boxeador.

Teddy escribía palabras llenas de esperanza, de coraje y de convicción.

«Ten fe en tu hijo, sabes que es fuerte y que con la ayuda de Dios lo aguantará todo», se lee en otro fragmento.

Teddy escribía palabras de supervivencia... como las de este texto, fechado a finales de diciembre de 1942 o a principios de 1943, en el que Pietrzykowski, ya recuperado del tifus, le cuenta a su madre cómo ha pasado las Navidades en Auschwitz; le explica que el boxeo le ha permitido ayudar a los

---

20. Se conservan en el Museo Estatal de Auschwitz-Birkenau en Oświęcim.

demás; le dice que la añora, que la echa mucho de menos; y que, de momento, aguanta con estoicismo la dureza del *Lager*:

> ¿Sabes?, esta Navidad ha sido amable, el ambiente fue diferente de las de antes. Lo único que faltó fuiste tú, mamaíta, y tanto, pero la próxima y todas las que vendrán estaremos juntos. El segundo día de Navidad peleé con un judío, el campeón de América de peso medio. Yo también peso ya sesenta y seis kilos, solo músculos y huesos. Perdí el primer asalto, pero en el segundo gané por K.O. técnico. Hoy en día, soy el campeón de todos los pesos del KL Auschwitz, tras las victorias anteriores contra Janowczyk, Dexponko, etcétera. Sí, mamaíta, me han dado diez panes y diez dados de margarina, y se los he regalado por Navidad a los pobres para que ellos también dispongan de algo. Como ves, el boxeo me ha servido. Esta es la verdad.

Teddy se despide con un: «Muchos deseos de Año Nuevo. Solo quiero que estemos otra vez todos juntos». Le dice adiós a mamá y, cuando deja de escribir, vuelve a estar solo en medio de la barbarie.

Auschwitz regresa con toda su crudeza.

Auschwitz… y otro maldito lugar al que unos tres meses después lo van a transportar. Otro infierno en el que Tadeusz tendrá que pelear.

El Rompehuesos

*E*n su rostro se intuía un gesto siniestro que infundía pavor.

—¡Come hasta la saciedad! ¡Será la última vez que lo hagas! —le dijo mirándole fijamente a los ojos.

Chocaron los guantes y empezaron a pelear.

Tadeusz Pietrzykowski escuchó la amenaza del gigante que tenía enfrente. Un preso temible, un boxeador enorme. Un peso pesado al que se tenía que enfrentar. Su vida volvía a estar en peligro a finales de marzo de 1943.

Auschwitz había quedado atrás. Los nazis lo habían trasladado a otro campo de concentración: Neuengamme. Un nuevo destino en el que también tuvo mucho que ver el boxeo. Durante la selección para el transporte de los presos, Pietrzykowski se encontró con un viejo conocido del ring que se había convertido en un destacado soldado de las SS.

«En 1938, en el torneo internacional de boxeo en Poznan, había en el equipo alemán un miembro que se llamaba Lütkemeyer; creo que era árbitro o uno de los oficiales que acompañaba a la delegación. En el banquete se sentó a mi lado, hablamos e incluso intercambiamos *souvenirs*. Y ese Lütkemeyer estaba ahora en Auschwitz vestido de oficial de las SS. Era el *Lagerführer* de Neuengamme y seleccionaba a los presos para ese campo», asegura Tadeusz en su testimonio.

Albert Lütkemeyer, que había nacido el 17 de junio de 1911 en Wellingholzhausen (Alemania), presumía en marzo de 1943 de una larga carrera en el partido nazi, al que se había incorporado diez años atrás, en 1933. Poco después, en 1934, se unió a las SS. Tras servir en el campo de Dachau, llegó en 1940 a Neuengamme. Con la guerra concluida, trató de pasar desapercibido y se escondió en su pueblo natal. Pero los aliados lo encontraron y, tal y como merecía, lo juzgaron. Un tribunal militar británico lo condenó a muerte en 1947.

Ambos se reconocieron y el nazi le llegó a preguntar a Teddy por qué lo habían arrestado. «Lütkemeyer me propuso ir a Neuengamme, y yo no me opuse», recuerda.

Antes de partir aquel 14 de marzo de 1943, el día que Teddy emprendió el viaje a su nueva «cárcel», Walter Dunning, el que fuera su primer rival en un combate, le hizo un regalo de despedida: unos guantes de boxeo, en cierto modo los culpables de que Pietrzykowski aún estuviera vivo. Atrás quedaban treinta y tres meses de cautiverio en Auschwitz; ahora se abría una nueva etapa de presidio, tan dura y tan cruel como la anterior.

Neuengamme, situado en un distrito de Hamburgo, al norte de Alemania, se asentó en 1938 en una fábrica de ladrillos en desuso. Era un subcampo de Sachsenhausen —desde donde llegaron los primeros cien presos, cuyo trabajo consistió en volver a poner en funcionamiento ese centro de producción para abastecer las obras del Tercer Reich—, aunque a mediados de 1940 se convirtió en un campo de concentración independiente y se endurecieron las condiciones de vida de los internos. En Neuengamme murieron miles de personas agotadas, hambrientas, golpeadas; las SS los asesinaron. Se calcula que durante el periodo que estuvo en funcionamiento se registraron más de ochenta mil hombres y unas trece mil quinientas mujeres tanto en el campo principal como en los anexos: al menos cuarenta y dos mil personas perdieron la vida.

Hacia allí era donde se dirigía Tadeusz Pietrzykowski el 14 de marzo de 1943. Otro lugar de muerte y destrucción, otro infierno donde también se organizaron combates de boxeo. «La mayoría de los reclusos sobrevivía a duras penas. Por eso, solo podían hacer deporte unos pocos grupos de presos funcionales[21] que, a pesar del duro trabajo corporal, no se habían venido abajo, además de aquellos que estaban mejor alimentados, como los de la cocina y los almacenes. Presenciar el fútbol y el boxeo no solo estaba autorizado por los SS, sino que animaban a ello. Eran disciplinas muy populares, sobre todo cuando entraban en juego elementos que cuestionaban el orgullo nacional», recuerda el prisionero Bogdan Suchowiak[22] en un testimonio que se guarda en el memorial del campo de concentración.

La llegada de Teddy supuso un antes y un después en la moral de los polacos de Neuengamme. Porque él empezó a derrotar a los alemanes en el ring. «Los presos teníamos un lema: si ganamos en el fútbol y el boxeo, venceremos finalmente a Hitler», afirma Suchowiak en su informe.

El recibimiento a Tadeusz en el nuevo campo de concentración, sin embargo, fue muy hostil. «Cuando estábamos en cuarentena, los reclusos de Neuengamme se acercaban a la valla y se burlaban de nosotros. Nos decían que aquello no era Auschwitz y que no íbamos a sobrevivir», explica Pietrzykowski.

Por suerte, el boxeo volvió a salir en su ayuda. La noticia de que en el transporte de Auschwitz venía un púgil corrió como la pólvora y todos querían verlo en acción. «Me preguntaron si tenía guantes y si podía enseñarles a boxear», indica Teddy, que organizó una «exhibición» con un compañero que había llegado junto a él. «El combate gustó en el bloque de cuarentena, así que se me propuso enfrentarme a un preso, un alemán de los Sudetes que se llamaba Kuchta [...] y al que apodaban Rompehuesos. Carnicero de profesión, tenía una complexión muy fuerte y pesaba alrededor de noventa y ocho kilos. Realmente parecía un rompehuesos. Yo le llegaba como mucho al hombro. Era un boxeador de peso pesado», dice Tadeusz.

Adam Jurkiewicz, otro de los reclusos, también recuerda en

21. A los prisioneros que, o bien tenían un oficio, o bien una función concreta, se les «eximía» de los trabajos más duros.

22. Los testimonios de Bogdan Suchowiak, Adam Jurkiewicz, Ryszard Kessler y Stanislaw Osika que se mencionan en este capítulo pertenecen y se conservan en el memorial de Neuengamme.

su testimonio cómo se gestó aquel combate: «Por las tardes, durante el tiempo de cuarentena, venían presos alemanes a nuestro jefe de bloque preguntando si desde Auschwitz habían llegado personas interesantes que pudieran aportar alguna distracción a la monotonía de Neuengamme. Resultó que entre nosotros había un número significativo de deportistas. El primero que se hizo popular fue el boxeador Tadeusz Pietrzykowski. Un día apareció en el bloque un preso de hombros anchos que quería organizar una pelea con Teddy. Este prisionero era de origen belga, pertenecía al peso pesado, y en Neuengamme trabajaba en la cocina. Pietrzykowski era un boxeador *amateur* que poco antes de la guerra se había granjeado fama de púgil con buena técnica en todo el país. En Auschwitz ya había luchado con muchos boxeadores de entre los presos. Cuando el belga le hizo la propuesta, le preguntó sorprendido que cómo se lo imaginaba, porque Teddy a su lado parecía David comparado con Goliat. Pero el belga convenció al polaco de que la diferencia de peso no era importante».

A pesar de que Jurkiewicz, que había llegado a Neuengamme también procedente de Auschwitz, dice que el oponente de Teddy es belga, y no alemán, el resto de las referencias a las que alude son las mismas que describe el propio Tadeusz, de modo que se podría tratar del mismo combate. Hay que tener en cuenta que los hechos que los supervivientes relatan ocurrieron muchos años atrás.

Lo mismo sucede con el preso Ryszard Kessler, que no nombra a Kuchta, pero también menciona a un boxeador de las mismas características que se enfrentó a Teddy: «Era un tiarrón, aproximadamente de 1,90 y cien kilos. Como trabajaba en la cocina tenía mucho para comer».

La diferencia entre los dos púgiles era abismal. Uno, alto, musculoso, bien alimentado; el otro, menudo, delgado y algo debilitado.

—¿Vas a pelear contra él? —le preguntaban a Teddy sus amigos, asombrados.

—Lo tengo que hacer.

En una esquina, un gigante; en la otra, Tadeusz Pietrzy-kowski.

«Después de más de diez días de cuarentena, un domingo se vació el barracón para prepararlo para el combate con Kuchta. Teníamos que pelear con los guantes que yo había traído de Auschwitz. Antes de la pelea, Kuchta me pregunto si quería comer un poco de pan. Él trabajaba en la cocina del campo, de modo que tenía la posibilidad de dármelo. Acepté su propuesta; cuando me entregó el pan me dijo: "Come hasta la saciedad por última vez."», rememora Tadeusz, que comprendía perfectamente qué quería decir con esa amenaza y lo que significaba ese enfrentamiento: «Era consciente de que esta pelea iba a ser mi primer paso en ese campo».

Todo estaba listo para el gong.

Los compañeros de Teddy, muy asustados, temían por su vida. Como ya sucediera en el combate ante Walter Dunning en Auschwitz, creían que aquel titán iba a acabar con él. «Mis amigos más cercanos, como Staszek Baranski y otros, estaban preocupados por la pelea. Tenían miedo. Pensaban que no iba a poder hacer frente a un adversario así», dice.

El árbitro sería el *Lagerführer* Lütkemeyer. El combate había despertado una gran expectación; todo el mundo quería presenciarlo. «La sala donde se iba a celebrar estaba llena de los presos más importantes [...] Cerca del barracón de cuarentena, pero detrás de la valla, se reunieron casi todos los prisioneros, que impacientemente esperaban la pelea o, mejor dicho, su desenlace», continúa Tadeusz. «Allí estaba todo el campo y una parte importante del grupo de vigilancia de los SS», cuenta Jurkiewicz.

Justo antes de empezar, Teddy aprovechó unos instantes para decidir qué táctica emplear: ¿cómo hacer frente a Kuchta? No estaba nervioso, pero debía andar con mucha cautela. Su oponente era muy fuerte. Tenía que encontrar cómo no dejarse aplastar por aquel «monstruo». Para eso recurrió a un consejo de su primer entrenador, Feliks Stamm: «Pensé en la analogía con la pelea contra Walter Dunning. Mi adversario de ahora no era mejor que él, pero sí más pesado, y el peso marca la diferencia. Sin embargo, recordé también lo que me decía Stamm: "No hay nada perdido desde el inicio, lucha hasta el final"».

Y eso fue lo que hizo: pelear.

«Antes de comenzar el combate, le di la mano a Kuchta para saludarlo. Mi gesto le hizo mucha gracia. Aparentemente, me subestimaba. Empecé con una postura muy baja. Mi adversario era mucho más alto que yo, así que tenía que inclinarse. Se reía de mí, porque yo estaba huyendo. Tengo que reconocer que Lütkemeyer se portó muy bien como árbitro. Kuchta empezó a atacar [...] pero pude bloquearle», recrea Teddy.

Los recuerdos del preso Jurkiewicz son muy similares: «El belga, al que el esbelto Pietrzykowski apenas le llegaba al pecho, repartía golpes endiabladamente fuertes. Pero iban al aire, porque Teddy era muy hábil y realizaba muchas maniobras de evasión. Sin embargo, temblábamos por él. Parecía que con un solo golpe que le alcanzara, lo iba a derribar. Teddy, que estaba bastante mejor formado que el belga, trabajaba con series de puñetazos muy efectivos el cuerpo de su adversario. Sin embargo, no creíamos que esos golpes tuvieran el mayor efecto sobre el gigante belga».

Pero sí lo tuvieron. El Rompehuesos mordió el polvo.

«En un momento, hice una finta que me había enseñado Stamm y a la vez le di un golpe con la derecha. Le golpeé justo en el mentón. A Kuchta se le doblaron las piernas y cayó al suelo, con tan mala suerte para él que se golpeó en la cabeza con los tablones de madera. No había lona. Me alejé a mi esquina. Lütkemeyer empezó a contar y creo que llegó hasta ocho... Kuchta, como desorientado, se levantó. Continuamos la pelea. Repetí por segunda vez la misma finta y el mismo golpe en el mentón. Kuchta cayó otra vez sobre los tablones y necesitaron quince minutos para reanimarlo», recuerda Teddy.

El coloso yacía inconsciente sobre el ring.

Tadeusz había ganado. La alegría entre los polacos era inmensa. Estaban como locos y jaleaban al campeón.

«Es difícil explicar lo que sucedió después de la pelea. Basta con decir que rompieron la valla de alambre de espino que estaba detrás del barracón y mis compañeros entraron dentro. Incluso los alemanes con el *Lagerälteste* y *Blockälteste* del bloque 1 me manifestaron su respeto. Me llevaron en brazos hasta el bloque donde vivían los presos más importantes. Rondaban las diez de la mañana», afirma Pietrzykowski.

Esa victoria de Teddy fue el comienzo de una mejora generalizada en el trato a los presos polacos en Neuengamme. «El deporte nos ayudó, y ya no hubo más persecuciones. A través de él, obtuvimos una posición normal. Ya se nos consideraba igual que a los alemanes. Pero alguien lo tenía que pasar siempre especialmente mal. Y esos fueron los rusos, a los que pegaban, perseguían… Les hacían de todo», dice Ryszard Kessler, otro de los supervivientes.

«Después de aquello, los prisioneros alemanes [los que tenían alguna función] empezaron a adorar a los polacos. […] A mí me acogió el *OberKapo* Walter Bock, que era el jefe de los almacenes», indica Teddy, que explica la importancia de aquellos combates: «En Neuengamme se organizaban eventos deportivos a los que venían incluso los SS del vecino Hamburgo».

«El deporte se convirtió en un elemento que alivió a los polacos la vida en el campo. A los que participaban les aseguraban trabajos más leves y recibían un suplemento de alimento, además de que la mayoría de ellos sufrieron menos las represalias. La disminución de los castigos a los polacos se produjo, en gran medida, por la participación en los eventos deportivos», apunta Adam Jurkiewicz.

Sin embargo, el peligro acechaba en cualquier rincón. Y el orgullo nazi no se podía mancillar. «A Teddy no había quién le venciera, ni púgiles *amateurs* ni boxeadores profesionales. Y eso fue insoportable para los hombres de las SS», asegura en su testimonio Stanislaw Osika. Tadeusz cayó en desgracia después de otro combate. «Tras derrotar a un alemán, el jefe del *Kommando* lo torturó. Lo quiso tirar a una fosa con cal viva. Estuvo pegando a Teddy sin parar», cuenta Osika.

Algo muy similar recuerda Suchowiak: «Venció a un recluso

alemán que había llegado a ser subcampeón de Alemania, lo que provocó que lo asignaran a un *Kommando* exterior. Esta vez los favores de los prominentes no le pudieron ayudar; la envidia de los rivales fue mucho más fuerte».

La muerte se cernía sobre Pietrzykowski en Neuengamme. Fue precisamente un SS, al que enseñaba a boxear, quien le advirtió del grave peligro que corría. «Me dijo que los alemanes me estaban intentando asesinar», asegura Tadeusz, que tenía que escapar de allí. «Con la ayuda del comandante de una compañía de guardias logré que me enviaran al subcampo de Salzgitter», cuenta.

De ahí fue a parar a Bergen Belsen, en marzo de 1945… y luego llegó la libertad. «Un día salieron del bosque de al lado los tanques […] y uno de ellos rompió la puerta», recuerda Teddy. Era el 15 de abril de 1945.

Tadeusz volvió a vivir, pero el infierno lo persiguió para siempre: «Después de la guerra, cuando dormía solían volverme recuerdos del campo. Soñaba con los recuentos, con las marchas, con los compañeros arrestados durante su intento de huida y después ejecutados en la plaza de recuento para darnos una lección, para aterrorizarnos».

Pesadillas persistentes que jamás lo abandonaron.

De Auschwitz se sale, pero de Auschwitz jamás se escapa. Auschwitz nunca muere.

ANDRZEJ / KAZIO [23]

23. Las citas de Andrzej Rablin que se incluyen en este apartado corresponden al testimonio que se conserva en el Archivo del Museo Estatal de Auschwitz-Birkenau en Oświęcim. Colección Testimonios, vol. 101, pp. 89-105, Ośw./Rablin/2395. Número de inventario: 166989.

Un polaco nunca tiene miedo a pelear

El deporte fue un elemento importante en la vida del campo.
[...] Tanto a mí como a los demás que lo veían nos daba
un momento de respiro y tal vez nos ayudaba a sobrevivir.

ANDRZEJ RABLIN, en su testimonio del museo de Auschwitz

Andrzej Rablin escuchó un día lo que ningún polaco es capaz de soportar.

—Así que tú también tienes miedo de pelear —le dijo el kapo con una sonrisa maliciosa.

Y entonces peleó, porque el orgullo no se toca.

Preso, pero jamás cobarde, Andrzej fue otro de los púgiles de Auschwitz, el prisionero número 1410.

Contemporáneo de Teddy y deportado al campo de concentración en 1940, el 18 de julio, ambos boxeadores se conocieron en el *Lager*. «Recuerdo una pelea de Pietrzykowski [...] con el kapo de la carnicería, la *Fleischerei*, que parecía un culturista. Tenía unos músculos muy desarrollados y creo que era un peso pesado. Teddy, como mucho, un peso gallo: pequeñito, delgadito, rápido... No había ningún otro ring donde un combate así hubiera podido tener lugar, porque la diferencia de peso era, creo, de cuatro categorías. Por un lado, un coloso y, por otro, un chico flaco», testifica Rablin en el documento que se guarda en el museo de Auschwitz.

Pero la pelea se celebró. Allí no había límites ni reglas. «El culturista, aunque tenía alguna idea de boxear, perdió el combate. La desproporción de los pesos no era la única razón por la que una lucha así no se tenía que haber celebrado. La cuestión definitiva estaba en el mayor conocimiento técnico de Teddy. Eso le dio ventaja. Y era otra de las razones por las que no se hubiera disputado en ningún otro lugar», continúa.

Para aquellos combates se utilizaban guantes de boxeo o algo similar, servía cualquier trapo que cubriera ligeramente la mano; otras veces, sin embargo, los púgiles se pegaban con los puños desnudos. Rablin explica de dónde salía el material necesario para boxear en Auschwitz. «El problema del equipamiento deportivo se resolvió de la misma forma que el de los instrumentos musicales. Es decir, las autoridades del campo permitieron a las familias enviar el material, por lo que aparecieron los guantes, las botas de boxeo y otros muchos accesorios», asegura el preso 1410.

«Los combates tenían lugar en un ring magnífico construido con el acuerdo silencioso de los SS, que también estaban interesados en ver los domingos por la tarde los juegos deportivos, a menudo de gran nivel», afirma.

Uno de aquellos SS incluso contribuía a la mejora de las condiciones de los prisioneros «atletas». «Un gran amante del deporte fue el SS Hacha Clausen,[24] que intentaba facilitar la vida a los deportistas del campo. Él mismo […] dedicaba mucho tiempo a su ejercicio físico en un estadio de uno de los antiguos clubes de la ciudad de Auschwitz», dice.

Quizás aquel nazi estuvo presente alguno de los días que Andrzej Rablin boxeó. «Yo disputé varios combates en el ring. Luché con Dabrowski, con Kazik Szelest y con Kasina. Gané incluso por K.O. De todos, el que mejor recuerdo es el de Szelest. En aquel tiempo […] yo estaba en el *Kommando* de los electricistas y no podía entrenar. En cambio, Kazik trabajaba en el almacén de la cocina y entrenaba todo el tiempo con un

---

24. Wilhelm Edmund Clausen o Claussen nació el 16 de diciembre de 1915 en Hamburgo-Altona. Sirvió en el campo de concentración de Auschwitz desde enero de 1941 hasta septiembre de 1944. Desde febrero de 1942 hasta mayo de 1944 fue el presidente de la Asociación Deportiva de las SS en Auschwitz.

boxeador profesional holandés, Sanders,[25] con el que llegó a disputar diez asaltos durante los entrenamientos. Szelest había ganado, como yo, varias peleas por K.O.», recuerda en su testimonio.

Kazik se encontraba aquella tarde sobre el ring, a la espera de un contrincante que no llegaba. «Un domingo, Kazik tenía que pelear con un profesional alemán de los Sudetes [...] que era jefe de un bloque, un kapo del que no recuerdo el apellido y que renunció al combate. En mi opinión, tenía miedo a Szelest, a pesar de que él era un profesional y Kazik, un *amateur* que creo que solo había boxeado en Auschwitz», continúa Rablin.

Era necesario encontrar a un boxeador. A los nazis no se les podía estropear el entretenimiento. «El espectáculo estaba preparado, pero faltaba un adversario. El público y los SS mostraban su decepción. Entonces alguien se acordó de mí. Se me acercó el jefe de barracón Zalisz, del que no tengo buen recuerdo, ya que fue el primer polaco que, siendo jefe adjunto del bloque, me golpeó en la cara. Yo no pude reaccionar, pero eso es otro asunto. Cuando se me acercó, aparentemente las cosas iban bien entre nosotros. Entonces me pidió que luchara contra Kazik, porque nadie quería enfrentarse a él. Le contesté que no podía», asegura el preso 1410.

¿El motivo? Kazik estaba entrenando y él no. El combate no sería justo.

Rablin no quería pelear, pero hay afrentas que no se pueden tolerar; según su testimonio, el kapo pronunció las pala-

25. Sanders se llamaba Leen y nació en 1908. Llegó a ser subcampeón de Europa del peso welter en 1936 al perder ante Felix Wouters, púgil belga que se llevó el título. A él, como a otros, un SS le reconoció en Auschwitz y le permitió boxear, lo que contribuyó a la mejora en sus condiciones de vida. Rablin no es el único que recuerda a Sanders, que perdió a toda su familia en el campo de concentración. Eddy de Wind lo menciona en su libro *Auschwitz, última parada*. Se lo encontró nada más llegar al campo y tanto a él como a los otros nuevos les sorprendió el buen aspecto que tenía aquel preso, a pesar de llevar ya un tiempo allí. «Para eso soy boxeador —les respondió Leen, que además les dio un consejo—: En este lugar no hay que hacer muchas preguntas, debes fijarte. Ver, oír y callar», se lee en las páginas 12 y 13. Leen Sanders fue otro de los que compartió comida y ayudó a sobrevivir a los presos en la medida en la que pudo.

bras prohibidas: «Dijo la frase que se suele utilizar en estos casos: "Así que tú también le tienes miedo a Kazik". Y esto ningún polaco lo puede permitir. Yo tampoco».

El honor no se mancilla jamás, ni en la antesala de la muerte.

Y así, de pronto, casi sin quererlo, Rablin estuvo en el cuadrilátero dispuesto a defender el orgullo personal… y nacional. «Nos pusimos de acuerdo en que el combate no durara más que dos asaltos, porque yo no tenía fuerzas para más. La pelea se disputó y aquí os cuento su transcurso basándome en la conversación y en lo que pudimos establecer Kazik y yo no hace tanto, unos pocos días antes de su muerte», asegura el preso 1410, que, años después de la liberación, se reencontró con el que un día fue su oponente en el ring y recordaron aquel momento que vivieron en Auschwitz.

«En el primer asalto casi dejo K.O. a Kazik. Me dijo que lo pasó muy mal cuando en la esquina recibió un puñetazo fuerte en la cabeza. En el segundo, la situación cambió. Recibí un fuerte golpe en el estómago. Estaba atontado y cualquier otro impacto me hubiera podido dejar fuera de combate. Lo que me salvó fue mi experiencia en el ring. Fingí un ataque, y eso me dio tiempo para coger aire. Y Kazik, que recordaba lo que había ocurrido en el primer asalto, no me dio ningún puñetazo decisivo, y así pude aguantar hasta el final. El combate terminó con un nulo, que fue justo. Y estos son mis recuerdos personales relativos al boxeo en Auschwitz», afirma Rablin.

El púgil al que temían los kapos

*U*na mañana, Henry Zguda, el prisionero número 39 551, se tumbó en el suelo, cerró los ojos y esperó pacientemente a que le llegara la muerte delante de su barracón. No podía aguantar ni un segundo más. Auschwitz había destrozado sus defensas, había carcomido por completo su resistencia. Apenas habían pasado seis semanas desde aquel 15 de junio de 1942 en el que entró en el campo de concentración y ya no quería vivir.

«No puedes imaginar lo que el hambre le hace a la gente. Vi a un hombre coger un ratón, morderle la cabeza y exprimirle la sangre», asegura Zguda en el libro *Henry*, donde cuenta toda esta historia.

Auschwitz aniquilaba a las personas, las consumía. Como a él, a quien el campo había transformado en un saco de huesos, en un ser humano derrotado; sin fuerza para luchar, sin voluntad para vivir. El preso 39 551 estaba preparado para el final; aguardaba a las puertas del más allá.

—¡Levanta ahora mismo de ahí! —le gritaron.

Abrió los ojos, sorprendido. Y entrevió al boxeador al que los kapos temían, a Kazik Szelest, de pie frente a él.

Fue un milagro.

Eran amigos de la infancia. Se habían conocido en la década de los treinta en la YMCA (Young Men's Christian Association/Asociación Cristiana de Jóvenes) de Cracovia, donde nadaban y jugaban al waterpolo. Kazio, como Henry le llamaba, era el portero del equipo. Un joven apuesto, rubio,

de ojos azules. Fuerte y guapo. «Parecía una estrella de cine
[...] Todo músculo», lo describe en *Henry*, la obra de Katrina
Shawver. Los dos, magníficos deportistas, casi siempre logra-
ban el primer y el segundo puesto en las competiciones de
natación. Kazio era un auténtico atleta. Y eso le protegió en
el campo de concentración.

Szelest ya había ayudado a Henry en su juventud. En el
verano de 1939, poco antes de que se desencadenara la
Segunda Guerra Mundial, un grupo de antisemitas atacó a
Zguda en el parque Jordana de Cracovia, una pelea de la que
salió con magulladuras y un ojo morado.

Kazio, al ver al día siguiente las heridas de su amigo,
organizó rápidamente un grupo, «dos levantadores de pesas
y un par de chicos grandes del equipo de waterpolo», rememora Henry, para ir a buscar a los que le habían golpeado.
Con ellos también iba Zguda. «No te preocupes, lo arreglare-
mos», dijo el boxeador. Y cumplió su palabra. Los culpables
se llevaron una buena tunda.

La guerra, sin embargo, había separado los caminos de
uno y otro. Kazio y Henry perdieron el contacto y, tras años
sin verse, aquella mañana de 1942 una voz del pasado despertó a Zguda de la antesala de la muerte.

«Henyu, ¿qué estás haciendo ahí abajo?», recuerda Henry
que le dijo Kazio. Así era como Szelest llamaba a su compañero de deporte y aventuras en la juventud. Henry, agotado,
creía que deliraba. Contemplaba asombrado la figura borrosa
de su amigo, del que ni siquiera sabía que también estaba en
el campo de concentración. «Estoy listo para morir. Déjame
ir», le contestó entre sueños.

Pero Kazio no se dio por vencido.

Szelest, que había llegado a Auschwitz en agosto de
1940, casi dos años después era ya un conocido boxeador y
disfrutaba de ciertos privilegios, beneficios que utilizó para
ayudar a otros deportados. Además, trabajaba en el almacén
de la comida y «organizaba» muchos alimentos, que después
repartía.

Otro superviviente, Tadeusz Sobolewicz, lo recuerda con precisión un día en la cocina. «Apareció un carro de mano empujado por un prisionero alto y fuerte. Al lado de él estaba un SS que controlaba el reparto de los productos. En el carro había varios cartones de margarina y un recipiente de harina. El prisionero se llamaba Szelest y, como supe más tarde, era campeón de Polonia de natación antes de la guerra. Kazimierz Szelest echaba pastillas de margarina directamente en las calderas y varios cucharones de harina en los recipientes que estaban al lado. Echó margarina también en nuestra caldera», asegura en su libro *He sobrevivido para contarlo*.

Kazimierz Szelest, el prisionero 3454, había llegado a Auschwitz en un transporte de cuatrocientos treinta y ocho hombres procedente de las cárceles de Tarnów y de Cracovia. Tras una breve estancia en Dachau, donde lo trasladaron en 1943, regresó y permaneció en el *Lager* hasta la evacuación en enero de 1945.

«Kazio empezó a boxear pronto en el campo. Y recibía salchichas y pan extra por pelear con valentía. Los alemanes querían mantenerlo fuerte para el ring», explica Zguda en *Henry*. A veces, los nazis incluso le permitían elegir los rivales a los que se enfrentaba. Muchos le temían, como aquel kapo que renunció a pelear con él el día que Rablin se vio obligado a boxear. «Kazio era uno de los hombres más fuertes del campo», asevera Henry.

—Henyu, ¿qué haces ahí tirado en el suelo? ¡Despierta! ¿Puedes oírme? ¿Puedes moverte? —insistía Kazio, que levantó a su amigo moribundo.

Henry empezaba a reaccionar y a volver en sí; escuchaba las «órdenes» de Szelest.

«Ahora tienes que ir a buscar al kapo Michael [...] Confía en mí. Solo ve y dile que Kazio te envía y que quiero verlo», recuerda Zguda.

Debilitado y con mucho miedo, Henry hizo lo que Kazik le decía. Temía la reacción del kapo, pero, para su sorpresa, accedió rápidamente a su petición. Fue a hablar con Kazio y el destino de Henry cambió para siempre. El respeto que infundía el boxeador «ablandaba» incluso a algunos de los más sádicos del campo.

—Henry es mi amigo y tiene que vivir, ¿lo entiendes? —El púgil advertía al kapo que miraba amedrentado a Szelest.

—Sí, Kazio. Comprendido —contestó sin rechistar.

«Así es como sobreviví al campo. No porque fuera especial o inteligente, sino por otra razón: tuve suerte y conocía a alguien», afirma Henry, que aquel día resucitó.

Ese alguien fue Kazio, uno de los boxeadores más respetados.

El suplemento de comida que recibía —Szelest enviaba salchichas cada día a Henry y al kapo, a este último como «pago», un soborno por ayudar a su amigo— y el descanso —durante un tiempo no tuvo que trabajar— bastaron para que Zguda se recuperara.

Después de aquel día, Kazio y él ya no se separaron en el campo de concentración. Y Henry siempre estuvo al cobijo del boxeador, que más tarde volvió a utilizar su «poder» para colocar a Henyu primero en el *Kommando* de pelar patatas y luego como cocinero, lo mismo que había hecho Teddy con Tadeusz Sobolewicz, su amigo *boy scout*.

«Pietrzykowski era uno de los buenos», dice Henry, que recuerda como a veces el púgil le llevaba zanahorias que «organizaba» en los establos. «Kazio era buen amigo de Teddy», añade.

A Henyu,[26] Szelest le protegió hasta el final, hasta el 12 de marzo de 1943, cuando lo deportaron a Buchenwald, un transporte en el que también tuvo que ver el boxeador: «Me dijo que no me preocupara. Él tenía información de que estaban preparando Auschwitz para más asesinatos. Se ase-

---

26. «Henyu» es como aparece en el original en inglés en el libro *Henry*, de Katrina Shawver. Sin embargo, en la gramática polaca sería «Heniu».

guró de que yo no estuviera en el transporte a Mauthausen. Dijo que Buchenwald era mejor».

«Ese era Kazio. Ayudó al que pudo, pero no se podía ayudar a todo el mundo», asegura Henry.

A él le salvó la vida.

Una propuesta de fuga

—Apruebo cualquier medida, repito, cualquiera que sirva para evitar las fugas —aseguró Heinrich Himmler. El tono de su voz no admitía dudas. Serían implacables.

La cúpula nazi estaba preocupada por el creciente número de presos que conseguían escapar de Auschwitz. Unas semanas antes de la visita del *Reichsführer* de las SS en julio de 1942, cuatro prisioneros polacos habían huido disfrazados de soldados alemanes. Con una extraordinaria audacia, burlaron la férrea vigilancia de los guardias de las SS.

—¡Esta plaga de evasiones, que se ha vuelto endémica en Auschwitz, debe ser erradicada! —exhortó Himmler al comandante Rudolf Höss, según recuerda este último en su autobiografía.

Una de las sorprendentes fugas que inquietó a los gerifaltes del Tercer Reich se produjo el 20 de junio de 1942. Kazimierz Piechowski, Stanislaw Jaster, Józef Lempart y Eugeniusz Bendera, vestidos con uniformes de las SS, escaparon de Auschwitz en un vehículo robado. Un plan concienzudamente preparado y perfectamente ejecutado.

Andrzej Rablin, el boxeador que peleó con Kazio, estuvo muy unido a los fugados. Y a él solo la fortuna le permitió salir indemne de aquel asunto. «Los ayudé en los preparativos antes de la huida. ¿Cómo? Yo tenía contacto directo solo con Stanislaw Jaster. Los demás no sé si se dieron cuenta de mi apoyo, pero en esta situación era lógico», asegura en su testimonio en el museo de Auschwitz.

—Vamos a fugarnos, Kazimierz —le dijo Eugeniusz Bendera con desesperación a Piechowski.

Bendera, según explica Laurence Rees en *Auschwitz*, sabía que estaba sentenciado a muerte. Su nombre aparecía en la siguiente lista de los condenados. Y lo que empezó siendo el desahogo de un hombre con los días contados acabó convirtiéndose en una de las fugas más recordadas del campo de concentración. Un ejemplo de valentía, ingenio y sangre fría para recuperar la libertad.

Eran dos, pero al final fueron cuatro. Bendera y Piechowski reclutaron para su plan a Stanislaw Jaster y a Józef Lempart. Y Rablin pudo ser uno de ellos, según sus recuerdos. «Jaster me lo propuso a mí también. Iban a huir en un Mercedes que era para cuatro personas, aunque como último remedio podían aceptar a cinco. Pero yo no pude escapar. Mi padre de ochenta años ya había muerto, asesinado por los alemanes en la prisión de Montelupich, pero en casa estaba mi madre, ya anciana, y mi hermano se encontraba conmigo en el campo de concentración. No podía poner su vida en riesgo», afirma el púgil Andrzej Rablin, que temía las represalias que pudieran llevar a cabo los nazis con su familia tras la huida.

A él, que desde su llegada había trabajado en la construcción de los barracones, en tareas agrícolas, incluso descargando bombas, lo enviaron después a los almacenes de las SS, un destino en el que quizá tuvo que ver el boxeo. Fue el lugar donde se fraguó la fuga.

«Conocía a Stanislaw Jaster, fue muy buen amigo mío. En Auschwitz dormíamos en la misma cama y trabajábamos en el mismo *Kommando* [...] Lo recuerdo como un chico bueno, decente, como un hombre que participó en la Resistencia y tenía contactos con ella incluso en el campo de concentración [...] Él decía que había sido marinero. Era alto, alrededor de 1,92, y muy hábil», asegura el boxeador en diversos fragmentos de su declaración.

Rablin y Jaster estrecharon su relación en aquellos almacenes. «Allí nos hicimos amigos; le conseguí las primeras botas para sus pies. Yo era mayor que él y también tenía más experiencia en el campo. Y este chico, de alguna forma, se pegó a mí», añade.

Al trabajar en aquel lugar se podían considerar unos presos privilegiados. Tenían acceso a la comida, lo que les permitía robar y alimentarse mejor; más higiene, lo que los ayudaba a prevenir enfermedades; y, además, estaban a cubierto y no a la intemperie, lo que les daba más opciones de sobrevivir. «Los del *Kommando* tenían un bloque propio, les cambiaban los trajes y la ropa interior con mayor asiduidad [...] y se lavaban más a menudo, porque tenían que estar limpios para trabajar con la comida de los SS», explica Rablin.

Pronto Jaster y el boxeador, con los que también colaboraba Kazimierz Piechowski, otro de los fugados, encontraron un filón en aquel destino. Valientes y sin miedo a los castigos, organizaron una «red clandestina». «Los trabajadores del *Kommando* disponían de un montón de comida, que quizás en condiciones normales se consideraría primitiva o sencilla, como por ejemplo cereales mezclados con azúcar, pero en Auschwitz no lo era. Los compañeros que trabajaban allí no sacaban nada de alimento al campo, porque eso implicaba comprometer a todo el *Kommando* y correr el peligro de ser expulsados. Sin embargo, Stanislaw Jaster y yo no tuvimos en cuenta tales riesgos. Creamos una red de distribución con la que sacábamos al campo todo lo que se podía, ya que había gente que no tenía nada que comer. [...] En la acción de ayuda a los compañeros participábamos no solo nosotros dos, sino también Kazik Piechowski», recuerda Rablin.

Así «organizaron» sacos enteros de azúcar, leche condensada, galletas..., lo que fuera que pudiera aliviar el hambre de los compañeros.

Jaster, a pesar de estos pequeños privilegios, sentía que debía escapar. Auschwitz estaba acabando con él.

—Tengo que huir, aquí está sucediendo algo terrible. Es horroroso —le decía a Rablin durante sus conversaciones.

Por eso no dudó ni un segundo cuando le propusieron el plan de fuga.

Los cuatro polacos, Kazimierz Piechowski, Stanislaw Jaster, Józef Lempart y Eugeniusz Bendera, lo tenían todo pensado y organizado.

Para tener una coartada y evitar posibles castigos dada su cercanía a alguno de ellos, Rablin se declaró enfermo. Así no podrían vincularle con los fugados los días previos a que escaparan. «Antes de la huida fui al *Revier*, pero la fuga no tuvo lugar en la fecha prevista [cuando él creía que se iba a producir]; Stanislaw Jaster no me pasó ninguna información, por lo que decidí volver al campo para saber algo más», explica.

Menos mal que impidieron su regreso: «Antes de salir del hospital, un compañero, el médico Jasiu Gadomski, me dijo: "Oye, Andrzej, ya llevas tanto tiempo en el *Revier* que puedes haber contraído de verdad alguna enfermedad. Déjame que te examine". Tras las pruebas me explicó que había algo que no le gustaba y me mandó tomar la temperatura. Cogí el termómetro, pero le dije que estaba sano y me encontraba bien. Sin embargo, tenía fiebre: 39,8. Le volví a decir que yo me encontraba bien, y él me dio un segundo termómetro para que lo comprobara. Quizás el anterior estuviera mal. Me tomé otra vez la temperatura y de nuevo puso 39,8».

La sugestión pudo con Rablin que empezó a encontrarse mal: «Comenzó a dolerme la cabeza y sentí un malestar general. Así que me quedé en el *Revier*».

Y los cuatro presos se fugaron.

Los polacos huyeron disfrazados de SS con unos uniformes que habían robado del almacén. Bendera, que era mecánico de un garaje de los nazis, se había encargado de conseguir el coche, y los cuatro pasaron por alemanes sin que los descubrieran. El plan había funcionado.

Andrzej Rablin celebró el éxito de sus compañeros en la enfermería, y escapó del castigo de los SS, precisamente por haber permanecido «convaleciente» en el *Revier*; lo que imposibilitaba su colaboración con los fugados, a pesar de la estrecha relación que mantenía con Jaster. Era una coartada perfecta para el boxeador: «Si no hubiera sido por eso, sin duda hubiera muerto a manos de la *Politische Abteilung* como sospechoso de colaboración en la huida. Sin embargo, ni me mandaron a una compañía de castigo ni al búnker». También cuenta el otro motivo por el que los presos del hospital no querían que saliera de allí y por el que le mantuvieron enfermo unos días más: «Los del *Revier* no querían deshacerse tan rápidamente de un paciente al que los compañeros que trabajaban en los almacenes le traían azúcar, margarina e incluso a veces un trozo de carne. Toda la historia con los termómetros había sido preparada por los que trabajaban en el *Revier*, y el resto fue cosa de la sugestión. De este modo, afortunado yo, me quedé en el hospital».

Casi por casualidad, el boxeador había salvado su vida.

La fuga fue un éxito y los nazis no encontraron a ninguno de los cuatro huidos…, pero se cobraron su venganza. Como habían fracasado en la captura, no tuvieron piedad en el castigo: detuvieron a los padres de Stanislaw Jaster y los enviaron al campo de concentración, donde murieron.

ANTONI

El hombre que devolvía las ganas de vivir

*H*ubo en Auschwitz un boxeador que devolvía a los polacos la esperanza de sobrevivir. Sus victorias sobre el ring, como las de Tadeusz Pietrzykowski, demostraban que se podía derrotar al nazi opresor. Un kapo tumbado en la lona, derrotado, levantaba la moral de los presos. «Al principio, los combates los ganaban los alemanes hasta que empezó a participar el polaco Czortek», recuerda el superviviente Adam Jerzy Brandhuber. «Sus victorias sobre los alemanes, incluso de peso superior, proporcionaban a los prisioneros mucha alegría y distracción», asegura por su parte Augustyn Woznica.

Antoni Czortek, *Kajtek*, participó en los Juegos Olímpicos de Berlín en 1936, se proclamó subcampeón de Europa de peso pluma en 1939 y fue campeón de Polonia. Una leyenda pugilística que empezó a boxear en Grudziadz, su ciudad natal, en el club de una fábrica en la que trabajaba. «Era muy grande y allí entrenaban también algunos que venían de fuera», recuerda Czortek en su testimonio.[27] Capturado en una redada de los nazis, entró en Auschwitz el 25 de agosto de 1943, donde quedó registrado con el número 139 559. En el campo, el boxeo fue su salvavidas.

27. Las citas de Antoni Czortek que se incluyen en este capítulo corresponden al testimonio que se conserva en: Mauthausen Memorial, 5.2.388, Mauthausen Survivors Documentation Project, *interview to* Antoni Czortek, 7/7/2002.

Las otras citas de Adam Jerzy Brandhuber, Augustyn Woznica, Erwin Olszówka, Aleksy Przybyla, Roman Zadorecki, Waclaw Dlugoborski y Andrzej Rablin pertenecen a sus testimonios en el Archivo del Museo Estatal de Auschwitz-Birkenau en Oświęcim.

«Me mandaron a un barracón [...] y todo dependía del jefe del bloque, de qué tipo de hombre y de persona era. Él lo dirigía todo y si te tocaba uno que fuese más humano u otro que solo quería ver sangre, sólo era fortuna divina», dice.

Él tuvo suerte. «A mí me trataban bien, porque organizaban combates de boxeo para mí. En general, yo ganaba casi todas estas peleas, y por eso tenía mejores condiciones. No me golpeaban, no me daban patadas y me entregaban más alimento que a los presos normales», asegura Kajtek.

—Usted dice que recibía más comida, pero ¿más de qué? —le preguntan en la entrevista que se conserva en Mauthausen.

—En el almuerzo, por ejemplo, podía tomar doble ración, o durante el desayuno coger más cantidad de pan —responde.

Czortek explica, además, cuál era el origen de estos beneficios de los que disfrutaban los púgiles: «Uno de los comandantes tenía espíritu deportivo y era un loco del boxeo, para él el boxeo lo era todo. Y gracias a él, tuve esas buenas condiciones».

Kajtek disputó uno de los combates más recordados de Auschwitz. El rival, el alemán Walter Dunning, el púgil al que ya se había enfrentado el preso Tadeusz Pietrzykowski. El organizador de aquella pelea fue el prisionero 1141, Erwin Olszówka, que en su testimonio del museo del campo de concentración dice: «Me gustaría mencionar un combate que disputó el famoso boxeador Czortek. Luchó contra un profesional alemán, Walter Dunning. Yo lo organicé. Por aquel entonces, Czortek estaba en Birkenau, pero le traje a Auschwitz I bajo el pretexto de trabajar para completar unos archivos. Lo hice a propósito un sábado por la tarde, por lo que tuvo que quedarse el domingo. Eso sucedió, si recuerdo bien, en junio o julio de 1944. El combate terminó con una victoria abrumadora del polaco sobre el orgulloso alemán. Y tuvo lugar entre el bloque 2 y 3, en el *Alte Wäscherei*».

Otros supervivientes también recuerdan las peleas de Kajtek. Aleksy Przybyla, prisionero 146 107, menciona una, que por la fecha en la que la sitúa podría ser la misma ante

Dunning, aunque no cita el apellido; en su testimonio del museo de Auschwitz, solo se refiere a él como Walter.

«Fue una emoción enorme, sobre todo para nosotros, los polacos. El combate se celebró en mayo o junio de 1944. Pelearon el famoso boxeador llamado Czortek y el kapo alemán cuyo nombre era Walter. La pelea interesó incluso a los SS, ya que por entonces Czortek estaba en Birkenau y lo trajeron desde allí incluso con escolta», afirma Przybyla.

Lo que no coincide con la declaración de Erwin Olszówka es la ubicación de la pelea. Przybyla no la sitúa entre los barracones 2 y 3, de modo que quizá se trate de otra diferente. Sea como fuere, esto es lo que ocurrió según su declaración: «Colocaron el ring en el medio del campo, en las cercanías de los bloques 17-18 y 6-7. Alrededor se reunió una multitud de prisioneros. Los dos luchadores no eran compatibles en peso. Walter era más alto y más pesado que Czortek. Parecía que en esta situación la lucha terminaría rápidamente con la derrota del polaco. Sin embargo, Czortek mostró una técnica maravillosa. Luchó estupendamente y su adversario, una vez sí y otra también, recibía golpes que debilitaban la confianza que tenía en sí mismo. Es difícil imaginarse lo que estaba pasando entre la multitud de los prisioneros. Se oían gritos. Cuando la lucha terminó, por supuesto con la victoria de Czortek, los vítores de los presos fueron interminables. Kajtek marchaba hacia la puerta del campo como un verdadero héroe, rodeado por los prisioneros que gritaban para honrarlo. Hay que reconocer que fue una experiencia hermosa, sobre todo para nosotros, los polacos».

Roman Zadorecki, deportado número 25 151, es otro de los que menciona a Kajtek, y alude a una pelea ante un púgil invicto: «Recuerdo muy bien un combate entre un alemán, que se apellidaba Miller, y Czortek. El alemán era un boxeador profesional y hasta entonces había ganado todas las peleas contra nuestros jóvenes púgiles. Por supuesto, era una mancha en el honor polaco, pero sabíamos que había un boxeador experimentado en Birkenau».

Asegura incluso que para organizar el combate fueron necesarios sobornos. «Nos costó bastante esfuerzo y algunas salchichas para los SS hasta que los alemanes dieron el visto bueno para traer a Czortek a luchar contra Miller. El duelo fue para nosotros, los prisioneros, una gran atracción. Czortek, que tenía una técnica muy buena, mostró su arte del boxeo. Recuerdo la primera acción de Miller en la esquina. El alemán golpeó fuerte a Czortek, que voló hacia las cuerdas, rebotó... y empezó a golpear a Miller con tanta eficacia que la cabeza del alemán se balanceaba», continúa Zadorecki.

La superioridad de Kajtek sobre el cuadrilátero provocó, como ya había sucedido en algún combate de Tadeusz Pietrzykowski, la locura de los polacos que estaban presenciando la pelea, alegría que desató las represalias de los SS. «Después de tal exhibición del arte del boxeo, no pudimos aguantar y empezamos a gritar: "¡Dale, enséñales cómo pegan los polacos, dale con toda tu fuerza, dale, dale!". Esto hirió el alma de los alemanes y nos prohibieron organizar estos espectáculos», rememora el preso 25151.

Waclaw Dlugoborski tampoco olvida a Czortek. «Durante mi cuarentena, se celebraron en el campo BIIA en Birkenau combates de boxeo. En el centro se construyó el ring, rodeado por cuerdas. El suelo no era de tablas de madera, sino de arena aplastada. Y allí luchaba un famoso boxeador polaco, Czortek, contra un judío griego», recuerda el preso 138871, que presenció las peleas que menciona entre finales de agosto y mediados de octubre de 1943.

En ocasiones, Kajtek tenía un ayudante, un preso que le asistía durante los combates e incluso le daba recomendaciones sobre la táctica que seguir en el ring. Era el también boxeador Andrzej Rablin: «Peleó ante un alemán exprofesional apodado Fuchs, que era kapo de *Rollwagi*. Creo que era el prisionero número 4. Fuchs tenía la apariencia de un púgil típico: la nariz rota, las orejas destrozadas, pero no poseía el mismo nivel que Czortek, al que por entonces yo asistía».

Rablin dice: «A Kajtek le había avisado de que tuviera cuidado porque Walter [se refiere a Fuchs] tenía un golpe con la derecha muy fuerte. Czortek no hizo caso de mis indicaciones y recibió un puñetazo que lo atontó. Pero era un deportista muy experimentado como para permitir a Walter terminar así la pelea. Danzó hasta el final del asalto, descansó; entonces, lo que empezó a hacer con Walter en el segundo asalto…, es difícil describirlo. Czortek se permitió incluso hacer el payaso, como decimos en el argot de los boxeadores».

El dominio de Kajtek sobre el ring era absoluto: «Bailaba, y Walter, mientras, intentaba darle otra vez con un gancho de derecha. Pero no lo lograba. Czortek recuperó todo lo que perdió en el primer asalto y ganó por una gran diferencia de puntos. Faltó poco para que Walter acabara noqueado».

La técnica pugilística de Czortek era muy depurada. «Yo no me peleaba, yo boxeaba. Pelear y boxear son dos cosas distintas», explica el propio Kajtek para hacer hincapié en la diferencia entre un concepto y otro.

Sin embargo, Czortek, un profesional del ring, tuvo que fingir en un combate.

Había una vida en juego.

SOLOMON [28]

28. Las citas de Solomon Roth que se incluyen en este apartado corresponden al testimonio que se conserva en Fortunoff Archive: Solomon R. Holocaust Testimony (HVT-2435). Fortunoff Video Archive for Holocaust Testimonies, Yale University Library.

El hijo resucitado y los padres asesinados

𝒰n hombre susurra antes de un combate.

—Czortek, no he boxeado desde hace tres o cuatro años —confesó Solomon Roth.

Hablaba con sigilo, con sumo cuidado para que los SS no percibieran nada extraño. Roth temía recibir una paliza y poner en riesgo su vida sobre el ring de arena gris ceniza del campo de concentración.

Las chimeneas de los crematorios de Auschwitz II-Birkenau escupían a lo lejos densas nubes de humo negro mientras el prisionero número 144109, un recién llegado, musitaba aquellas palabras al oído del púgil que tenía enfrente. Un mal golpe en la pelea y cualquiera de los dos terminaría sus días calcinado entre las llamas.

Solomon Roth no mentía. Hacía mucho tiempo que no subía a un cuadrilátero. «Cuando tenía quince o dieciséis años pertenecía al club judío, Hakoah, donde iba y boxeaba un poco. Mientras entrenaba, disputé dos peleas profesionales», recuerda en su testimonio, que se conserva en Fortunoff Archive. Pero tuvo que dejarlo por amor y por dinero. «Después de los combates, yo trabajaba en una hermosa tienda, y mi jefe se me acercó… Mi madre era una mujer muy ortodoxa que procedía de una buena familia. Y a ellos no les gustaba, así que al final trabajé en la tienda y paré de boxear», afirma.

Y no se puso los guantes de nuevo hasta el maldito día en que llegó al campo de concentración. «En Birkenau, preguntaron: "¿Quién es boxeador?" […] Yo me ofrecí, aunque en realidad no lo era. Y enseguida llamaron por su nombre a Czortek, el campeón de Polonia, para que peleáramos», recuerda Roth.

Los nazis ya lo tenían todo organizado.

—No te preocupes. Vamos a hacer una pequeña demostración; eso es todo —respondió Czortek a la súplica de Solomon, que, con la complicidad de su rival, se quedó algo más tranquilo.

El combate estaba amañado. Los SS tendrían su ración de diversión y ninguno de los boxeadores sufriría un daño innecesario. «Peleamos e inmediatamente después me trajeron un pan», explica Roth, que sin saberlo acababa de entrar a formar parte del «club de los púgiles» de Auschwitz. Días después, tras una breve estancia en el campo principal, lo transfirieron a Monowitz. «Y de inmediato tuve el apodo de El Boxeador», asegura.

Pero todo eso ocurrió después.

Antes, el 1 de septiembre de 1939, los nazis invadieron Polonia. Y Roth, nacido el 16 de enero de 1920 en Komarow, salió de su casa para ir a defender su nación. La Segunda Guerra Mundial había empezado. Él vivía en Lodz. «Oímos en la radio que los hombres de dieciocho a cuarenta y cinco años debían ir a Varsovia, a luchar por la ciudad. Mi padre, uno de mis hermanos y yo nos fuimos hacia allá», rememora.

Salieron tres y se quedó solo uno: Solomon. En Brzeziny, tras haber recorrido algo más de veinte kilómetros, sus dos compañeros de viaje emprendieron el camino de vuelta. Regresaron a casa. Roth se mantuvo firme. No se dejó llevar por la melancolía ni por la nostalgia familiar y continuó hacia delante, a pesar del peligro inminente de los combates. Los alemanes avanzaban por el territorio polaco y aplastaban todo lo que encontraban a su paso. Atacaban sin piedad.

«Los aviones descendieron y comenzaron a disparar contra la gente en la carretera», explica Solomon. Muchos murieron por los proyectiles de los stukas. Una masacre: «Incluso la gente fue a mi madre y le dijo que me habían visto tirado en el arcén, muerto». Pero Solomon estaba vivo. Al otear los aviones, se refugió en el bosque, donde sobrevivió comiendo ciruelas y manzanas. Escondido entre la frondosidad de los árboles, continuó avanzando hacia Varsovia, aunque nunca llegó a su destino. En Piaseczno, una localidad situada a escasos kilómetros al sur de la capital, prácticamente un suburbio de la gran urbe, se topó con el ejército del Tercer Reich y cayó prisionero. Tenía diecinueve años.

Los nazis se lo llevaron en tren a Alemania. Unas dos semanas después, lo enviaron de vuelta a Polonia, a un campamento de Cracovia donde, sorprendentemente, quedó en libertad. Pudo volver a su hogar. «Cuando llegué a casa, me miraron como si viniera del Cielo», asegura al recordar la expresión de asombro en el rostro de sus padres, a quienes les habían dicho que su hijo había fallecido. Roth había resucitado.

La vida en Lodz, donde antes de la guerra habitaban unos doscientos veintitrés mil judíos, ya no era como antes. «En casa no había nada que comer», dice Solomon. Los nazis habían ocupado la ciudad apenas una semana después del comienzo de la guerra y a principios de febrero del año siguiente, en 1940, crearon un gueto en la zona más destartalada de la parte norte, un lugar con escasas infraestructuras y construcciones de madera muy deterioradas donde iban a encerrar a miles de inocentes. «Llegó la orden de que todos los judíos teníamos que ir allí», afirma Roth.

Aislados y con el perímetro vigilado por la policía, vivían hacinados, seis o siete personas en la misma habitación en unas míseras condiciones; un caldo de cultivo para todo tipo de infecciones: tifus, difteria, disentería… En algunas partes no corría ni el agua potable. Se estima que, enfermas o de inanición, murieron en el gueto unas cuarenta y cinco mil personas. La población, en los primeros tiempos, rondó los ciento sesenta mil judíos, casi todos autóctonos. Sin embargo, con las deportaciones desde otros puntos de Europa que se produjeron más tarde, entre 1941 y 1942, pasaron por esa «prisión» alrededor de unos doscientos mil.

«Pasamos hambre en el gueto», dice Solomon que, encarcelado allí con su familia, intentaba conseguir dinero, unos pocos zlotys para reinvertirlos en alimentos: «Tenía algunas cosas y las empecé a vender en la esquina [...] para poder comprar algo». Las raciones de comida que recibían eran muy pobres: mil ochocientas calorías al día en 1940, que se redujeron a seiscientas en 1942.

Sirva para explicar la situación que vivían en el gueto este desgarrador lamento de una mujer desesperada. «Dios, ten piedad de nosotros en este minuto final. No existe otra salvación. Durante los últimos seis días, nadie nos ha dado nada de nuestras cartillas de racionamiento. Leo está destrozado porque se ha comido la ración. Hoy es jueves y hasta el lunes no recibiremos tres manojos de zanahorias por familia [...] Estamos viviendo de coles crudas y reducidas raciones de pan [...] Cada hora es una más que tienes que sobrevivir», relataba Irene Hauser, judía de Viena reasentada en Lodz.

Además, los habitantes del gueto se convirtieron en mano de obra esclava para los nazis. Trabajaban de diez a catorce horas diarias, en condiciones muy duras y bajo una severa disciplina. Los alemanes crearon fábricas en el interior del cerco. En 1940, había unas treinta, y en 1943, más de noventa. Solomon Roth, sin embargo, se fue a Alemania a trabajar. «Nuestros padres recibirían ochenta marcos a la semana por nosotros, y nosotros, buena comida», recuerda. Así que no se lo pensó. Eso serviría para ayudar al sustento económico de su familia y, sobre todo, a paliar el hambre que sufrían. Marchó en diciembre de 1940 con otros doscientos hombres. No volvió.

Aterido, retiró montones de nieve de las carreteras germanas; construyó una autopista; trabajó en una fábrica de municiones cerca de Berlín... Hasta que un día los nazis lo metieron otra vez en un tren. Los SS custodiaban al grupo de presos. «No sabíamos hacia dónde viajábamos. Pensábamos que, como éramos mecánicos, nos mandarían a otra factoría», dice. Pero ese no era su destino... Iba camino de Birkenau. «Donde los hornos, allí nos llevaron», rememora.

Sus padres habían permanecido todo ese tiempo en el gueto, donde las cosas se pusieron cada vez peor. Los judíos, que al principio eran mano de obra esclava, se convirtieron con el inexorable avance de la Solución Final en víctimas de crematorios y cámaras de gas. A principios de 1942, comenzaron los transportes desde Lodz al recién estrenado, en diciembre de 1941, centro de exterminio de Chelmno, lugar en el que perdieron la vida los padres de Solomon.

Asesinados.

Soy el hombre que te dio a tu marido

*D*os prisioneros corren al encuentro de un púgil en Monowitz. Están asustados.

—Por favor, Solomon, ve a decirle al kapo que somos buenos trabajadores para que nos saque de la lista de los condenados al crematorio —balbucean nerviosos.

Sus palabras se entrecortan en una mezcla de súplica y lamento.

Son dos hombres sentenciados.

Uno de los que habla se llama Szczupak; el otro, el que lo acompaña, es un viejo judío francés. Y el que escucha responde al nombre de Solomon Roth, el mismo que «amañó» el combate con Czortek en Birkenau.

«Ese domingo de 1944 escogieron a doscientos hombres para el crematorio», recuerda Roth, que jamás olvidó aquel momento. Él, que gozaba de algunos privilegios por ser uno de los boxeadores, intercedió para ayudar a esos que tanto lo necesitaban. «Fui a buscar al kapo, que se llamaba Gepert, un judío de Viena. Era un buen hombre, no demasiado malo [...] Y le dije: "Saca a esos dos"», afirma en su testimonio del Fortunoff Archive.

—No puedo utilizarlos para nada, no pueden trabajar. ¡Son musulmanes! ¿No lo ves? No podrán aguantar mucho tiempo más estas condiciones —respondió.

Szczupak y el viejo judío francés, diezmados por el hambre y el trabajo extenuante, estaban muy debilitados. Su cuerpo, totalmente descarnado, ya tenía el aspecto de un esqueleto. El pijama de rayas les colgaba como un pingajo.

—¡Gepert, sácalos de esa lista! Yo les daré un poco de pan y los ayudaré. ¡Tenemos que salvarlos! —insistió Roth, seguro de que con algo de alimento mejorarían su deteriorado estado de salud.

Solomon mantenía una buena relación con el kapo por ser boxeador. «Él me trataba bien y yo le trataba bien a él», explica en su testimonio. Una cadena de favores que salvaba vidas en Auschwitz. En cierto modo, y con la peculiar pirámide social que imperaba en los campos de concentración nazis, ambos eran unos privilegiados, situación que, como muchos otros, aprovechaban en su propio beneficio y a veces en el de los demás.

Gepert acabó aceptando. «Y los sacó a los dos», dice Roth.

Se habían salvado de milagro. Szczupak tenía otra oportunidad de vivir. Era joven, apenas veinte años y, a pesar de la desnutrición, aún podía encontrar el valor y la fuerza necesaria para aguantar las duras condiciones de Monowitz. Pero necesitaba un poco de ayuda, una protección que encontró en Solomon. «Cada noche venía y yo le daba algo de comida», comenta.

Corrían los últimos meses de 1944 cuando comenzó esta historia que terminó cuarenta años después.

Roth, mientras, sobrevivía en el campo boxeando. El de Czortek solo había sido el primero de sus combates. Nada más llegar a Monowitz le noqueó un judío de Czestochowa, pero no perdió por ello sus privilegios de púgil. «Me daban ropa un poco mejor, no tenía que trabajar tan duro…», recuerda. Solomon formaba parte de un *Kommando* de descarga de cemento, del cual le propusieron convertirse en capataz por ser uno de los boxeadores. «El kapo vino y me dio un palo con el que golpear a los muchachos [a los otros prisioneros] para que trabajaran más rápido», asegura. Ahora tendría que maltratar a los que eran sus compañeros de cautiverio.

—Yo no puedo pegar a los que son mis amigos —contestó.

Y se negó. Porque los hombres buenos no mancillan la carne de sus «hermanos».

Así que, en vez de vigilar el trabajo de los demás, tuvo que continuar soportando el peso de los sacos de cemento.

Las peleas seguían. En una ocasión, Roth se enfrentó a un campeón del mundo. «Un día, tuve una pelea con un campeón de París, francés. Su nombre es Pérez. Young Pérez. Y trabajaba en la sala de patatas. Él pelaba patatas —enfatiza—. Se acercó a mí y me dijo: "Voy a golpearte en el segundo asalto, un puñetazo en el costado izquierdo, y entonces te caes al suelo. Mañana te daré un pan y patatas"», asevera Solomon, que ahora escuchaba de otro preso la misma propuesta que él le había hecho tiempo atrás a Czortek para «amañar» el combate.

«En el segundo asalto, me olvidé de eso [de lo que habíamos hablado]. Recibí un buen golpe en el lado izquierdo y me costaba coger aire. Pero aguanté hasta el tercero y gané la pelea», afirma Roth, que con este triunfo ante Víctor Pérez aumentó su particular estatus. «Entonces fui más conocido y me trataron un poco mejor», explica.

Sucedió que por entonces quedó vacante un puesto en el edificio de los prisioneros que trabajaban en la cocina. Y Roth lo consiguió. Cada día, a las cinco de la madrugada, iba a aquella habitación. «Había veinticuatro cocineros y yo les hacía la cama como en el ejército, una tras otra. Las hacía bien. Y con eso todas las noches conseguía alimentos. En la cocina nunca vas a pasar hambre. Tú tenías un poco más de pan. Y yo pude ayudar a mucha gente», recuerda el prisionero número 144109, que seguía peleando.

Los combates dejaban secuelas en Solomon, que sufría terribles dolores durante días. «Después de cada uno casi no comía en una semana. No podía masticar, porque no nos daban protectores para la mandíbula», dice Roth, que evoca uno especialmente violento contra un preso al que conocían como «Lili de África». «Fue muy duro», cuenta.

Una pelea que cambió su destino a la mañana siguiente.

Dolorido por los golpes recibidos en el ring, Solomon se despertó temprano, como cada día, para cumplir con su trabajo.

Ya había hecho las camas de los prisioneros de la cocina cuando le sobresaltó una voz.

—¡Eh, eh! ¡Mírame! ¿Fuiste tú el que peleaste ayer con Lili? —preguntaron.

—Sí, fui yo —respondió algo sorprendido mientras miraba a aquel preso, un hombre judío que se dirigía hacia él desde el *Schreibstube*.

«Me entregó un pan entero y una kielbasa [una salchicha de origen polaco] por la pelea. Yo le di un poco de esa comida al kapo, también le di a la gente. Y ya no tuve que volver a trabajar duro fuera», afirma.

Así fue en parte como Solomon sobrevivió a Auschwitz. «Peleé todo el tiempo que estuve en el campo de concentración. Y por eso, por el boxeo, estoy vivo, y también pude sacar del crematorio a gente, como a Szczupak», asegura en Fortunoff Archive.

Otra vez menciona en su testimonio a Szczupak, aquel preso al que salvó de la muerte y que jamás abandonó a Roth. Siempre estuvo presente en su memoria; nunca lo pudo olvidar. «Lo busqué durante cuarenta años y no fui capaz de encontrarlo», dice.

Hasta que un día apareció en Estados Unidos, el país al que Solomon, una vez libre, emigró a finales de 1949. Tras interminables pesquisas, y con algo de ayuda del destino, había averiguado que Szczupak era taxista y vivía en Nueva York.[29] Además, consiguió un número de teléfono al que llamar.

Marcó y escuchó el tono. Nervioso, tintineaba en la mesa con el dedo. Cada sonido de la línea parecía no tener fin.

Un tono. Dos tonos. Tres tonos… El aparato le abrasaba en la oreja.

Cien pulsaciones, ciento veinte, ciento cincuenta… El corazón se le iba a salir por la boca.

Y entonces alguien descolgó.

—¿Quién es? —contestó una voz de mujer al otro lado.

---

29. En otro momento del testimonio dice Nueva Jersey.

Solomon contuvo la respiración y con una gran emoción respondió:

—Soy el hombre que te dio a tu marido.

Y ya no pudo hablar más.

Szczupak seguía vivo.

SIM

Oficialmente, estás muerto

—*M*añana te tengo que matar —le dijo.

Se dio la vuelta, cerró la puerta y se fue. Sim Kessel, el prisionero número 130 665, sintió el sonido frío de la cerradura como si fuera el de la primera bala que le atravesaba el cuerpo.

El kapo Jakob, algo encorvado y con la cabeza ligeramente inclinada, balanceaba sus anchos hombros de boxeador al caminar por los siniestros pasillos del bloque 11. Sim escuchaba desde la distancia el eco de sus pasos.

Al preso 130 665 apenas le quedaban unas horas de vida.

A Kessel lo detuvieron a los veintidós años, el 14 de julio de 1942, en Dijon, Francia. Pertenecía a la Resistencia y cumplía una misión: transportaba una maleta llena de armas. Sin embargo, la Gestapo, que sospechaba de su actividad clandestina, no tenía pruebas contra él, porque pudo deshacerse del peligroso alijo de pistolas automáticas que llevaba justo antes de que lo atraparan.

Pero eso no importó.

Lo encerraron de todos modos.

Sim estaba donde no podía estar. Se encontraba al otro lado de la línea de demarcación, esa frontera que separaba la Francia libre de la Francia ocupada por los nazis durante la Segunda Guerra Mundial. Y además era judío. Imposible escapar de las garras nazis. Así empezó un cautiverio que duró varios años y le llevó a Auschwitz I, a Birkenau, a Jaworzno, a Mauthausen y a Gusen, un itinerario por el infierno.

Kessel era boxeador, un atleta aguerrido, un hombre preparado para aguantar el sufrimiento.

Y a Sim lo mataron, pero no lo remataron.

Antes de la guerra, había trabajado con uno de los mejores entrenadores de boxeo de la época. Jean Bretonnel, su mentor, dirigió la carrera de algunos de los grandes púgiles franceses de mediados del siglo XX, como la de Robert Villemain, que se proclamó campeón de Europa del peso *welter* en 1947. Bretonnel le había augurado a Kessel un prometedor futuro en el ring, una larga y quizás exitosa carrera deportiva; sin embargo, con los nazis todo se truncó.

Además de ser boxeador, Sim lo parecía: un púgil imponente, de complexión fuerte, musculoso, con un cuerpo trabajado en duros entrenamientos en el gimnasio. Una apariencia y un pasado en el cuadrilátero que le salvaría la vida.

Con ese aspecto salió de Drancy a mediados de julio de 1943 rumbo a Auschwitz, donde llegó días después y quedó registrado como Simon Kesselmann, prisionero 130665. Allí se encontraba a finales de 1944 cuando escuchó aquellas terribles palabras del kapo Jakob.

—Mañana te tengo que matar —le dijo.

A la espera de una muerte segura, encerrado en una celda, Sim meditaba sobre todo lo que había ocurrido en los últimos tiempos. Oprimido y tenso en la soledad de la «prisión», se evadía como podía antes de que llegara el temido momento.

Lo habían condenado tras un intento de fuga.

«Nunca había perdido la esperanza de escapar y ahora parecía no solo la mejor solución, sino casi un deber», asegura en *Hanged at Auschwitz*, su libro de memorias, en el que narra su experiencia en los campos de concentración nazis. Sim cumplió su palabra. Y huyó de Auschwitz en noviembre de 1944 junto a cuatro polacos.

Decidieron hacerlo una mañana, a plena luz del día. Kessel consiguió ausentarse de su grupo de trabajo. Acuciado por unos fingidos problemas de disentería, pidió permiso al kapo para ir al retrete, lo que aprovechó para correr al lugar de reunión que había acordado con sus camaradas.

«Nos habíamos fijado en una carretilla en la que de vez en cuando se transportaba arena. Uno de ellos la cogió por los mangos y el resto lo seguimos con nuestras herramientas sobre los hombros. Para el aburrido centinela que nos veía pasar, nada nos distinguía de otro equipo de trabajo», rememora. Y escaparon del infierno.

El plan había sido un éxito… A medias. Porque los SS los encontraron escondidos en el bosque horas después y los llevaron de vuelta a Auschwitz, al calvario. Un breve interrogatorio y una sentencia.

—Os vamos a colgar —les anunciaron.

La ejecución de los cinco fugados se produciría durante el recuento vespertino para que todos los prisioneros pudieran presenciarla. Serviría de ejemplo para los osados: «Avisados estáis si intentáis escapar». Los SS no tendrían piedad con los que capturaran.

«Un poco antes de las seis de la tarde, nos llevaron a la horca», apunta Kessel al que, al igual que a sus compañeros —según recuerda— le colocaron un cartel en el que se leía: «Intenté huir, nadie escapa de Auschwitz. Merezco morir». Estos mensajes fueron práctica habitual en los ahorcamientos, una advertencia clara y directa, mortal, para los demás.

La orquesta del campo, como cada día, tocaba mientras los presos regresaban de una infernal jornada de trabajo. De pronto, la música cesó. Todo estaba preparado para la ejecución. Los deportados formados en grupos, firmes, en silencio y bien alineados, serían como siempre el público de aquel macabro espectáculo, otro más en Auschwitz. Todos lo tenían que presenciar para escarmentar.

«Yo iba a ser el último. Me darían el gusto de ver morir a mis compañeros», reflexiona Sim con cierta ironía.

—¡Viva Polonia! ¡*Vivaaaaaaaa*! —oyeron todos.

Primero, llegó el grito; después, el alarido seco, el sonido gutural ahogado, esa agónica y prolongada «*aaaaaa*». El lamento sordo, el estertor de la muerte. El hombre se balanceaba colgado de una soga. «Aún hoy puedo cerrar los ojos y ver una imagen vívida de ese primer polaco, girando al final de la cuerda; sus manos atadas detrás y el enorme letrero de cartón cubriéndole hasta el vientre. De los siguientes no recuerdo nada», afirma Kessel en *Hanged at Auschwitz*.

El verdugo preparó a Sim para la ejecución. Había llegado el turno de morir del prisionero 130665. «Fue la imagen de mi madre la que apareció en el último momento», dice. La trampilla se abrió y el cuerpo de Sim se desplomó en el vacío.

—¡¡Oooooooohhhhhhhh!! —la exclamación al unísono de los presos recorrió la plaza de recuento.

Inquietos, se frotaban ligeramente las manos contra los desgastados trajes de rayas para comprobar que no había sido un sueño.

—¡¡No puede ser!! —murmuraban entre dientes—. ¡¡Cómo es posible!!

Los nazis tampoco entendían.

—¡Un milagro! ¡Ha sido un milagro! —decían sin levantar demasiado la voz, por si los SS, en un arrebato de furia, descargaban su ira contra ellos.

La soga se había roto. Y Kessel, inconsciente, yacía en el suelo.

Cuando «despertó», estaba en el sótano del bloque 11, dentro de una celda. No sabía qué había ocurrido ni por qué seguía vivo. Desorientado y un poco mareado, buscaba respuestas. Un kapo estaba frente a él: Jakob.

—¿Qué ha pasado? ¿Por qué estoy aquí? —preguntó desconcertado.

—La cuerda de la horca cedió, se partió en dos —contestó aquel hombre corpulento que le observaba con el ceño fruncido. Era parco en palabras.

—¿Y ahora qué va a ocurrir? ¿Qué va a ser de mí? —volvió a preguntar Sim, asimilando aún los últimos y extraordinarios acontecimientos—. ¿Qué vas a hacer conmigo?

—Mañana te tengo que matar —le dijo el kapo, que debía cumplir la orden de los SS.

Se dio la vuelta, cerró la puerta y se fue.

«Medio delirando, me quedé allí gimiendo», recuerda en su libro Sim, que se aferró a la única esperanza que encontró: el boxeo. «Jakob era un antiguo boxeador. La hermandad, la fraternidad del deporte, podría tener algún efecto en él», cuenta Kessel que, desesperado, llamó a gritos al kapo. No tenía otra salida.

Nadie sabía qué podría suceder.

—¡Soy boxeador, Jakob! ¡Soy boxeador, igual que tú! —le confesó—. ¡Yo también sé lo que es pelear! He pasado muchos años encima de un ring.

«Mitad en alemán, mitad en francés, argumenté que un boxeador no podía matar a otro boxeador. Que él, un excampeón, un *sparring* de Schmeling,[30] no podía degradarse a sí mismo matándome a sangre fría», asegura Sim, que, desde ese momento, intuyó una actitud diferente en el kapo. Parecía que tenía cierto interés; le escuchaba con relativa atención y le preguntó incluso por algunos detalles de su carrera deportiva.

Jakob se marchó. La vida de Sim dependía solo del azar, de que su súplica, su rápida y desesperada alusión al ring, hubiera ablandado el corazón de un hombre que podía matar casi sin pestañear. El kapo volvió al cabo de un tiempo, abrió la puerta de la celda y le lanzó a Kessel un pijama de rayas acompañado de una orden:

—¡Póntelo! ¡Vamos, rápido! —le urgió—. ¡¡¡Póntelo!!!

¡No le iba a asesinar! El prisionero 130665 había escapado de las llamas del infierno.

—Oficialmente, estás muerto —le dijo Jakob, según los recuerdos de Kessel.

Se dio la vuelta, cerró la puerta y se fue. Como siempre.

---

30. Max Schmeling (28 de septiembre de 1905-2 de febrero de 2005) fue uno de los grandes boxeadores alemanes. Se convirtió en el primer europeo que se proclamó campeón del mundo de los pesos pesados al derrotar al estadounidense Jack Sharkey el 12 de junio de 1930.

Y Sim dejó de existir.

Kessel ya no era Kessel. Desde entonces, tendría la identidad de otro preso, un número distinto; sería una persona diferente para la burocracia nazi.

Pero Sim, un «nuevo» hombre, seguía respirando. Viviendo.

Jakob regresó poco después y abrió la celda para que Kessel escapara y se mezclara con la marabunta de esqueletos en pijama de rayas que deambulaban por los corredores de Auschwitz. Para ellos era un día como otro cualquiera, para Sim no: acababa de resucitar.

El boxeo le había salvado la vida.

A Sim Kessel lo mataron, pero jamás lo remataron.

Jakob, el Rey bajo Tierra

*U*n hombre inmenso reinaba en las «mazmorras» de Auschwitz. En el subsuelo del infierno, él fue el amo y señor; un personaje claroscuro en la negrura zaina del sótano del bloque 11. Siniestro para unos, bondadoso para otros; Jakob, un «funcionario» del campo de concentración; Jakob, una contradicción.

¿Quién fue y cómo se comportó este prisionero que salvó la vida de Sim Kessel solo por ser boxeador?

Jakob, el gigante al servicio de los SS

«Era un judío alto, alrededor de metro noventa, de complexión fuerte; tenía la función de *Kalefaktor*, es decir, responsable del orden en el búnker, de la comida de los prisioneros y de sacar los cuerpos de los difuntos. Los SS y los miembros de la Gestapo le tenían en gran estima por su fuerza física. Además, en el pasado había sido *sparring* de Max Schmeling.[31] Jakob era famoso, sobre todo por eso, porque Schmeling, un conocido boxeador alemán, se convirtió antes de la guerra en el primer europeo campeón del mundo de los pesos pesados. Parecía un "medio inteligente" servidor de los SS, pero en rea-

---

31. Son muchos los supervivientes que aseguran que Jakob fue *sparring* de Max Schmeling. Sin embargo, según recoge Hermann Langbein, en *People in Auschwitz*, el propio púgil lo negaba. «Jakob era boxeador y se rumoreaba que fue el "entrenador" del campeón mundial alemán Max Schmeling, aunque este lo negó», se lee en el libro en la página 185.

lidad era un hombre primitivo cuyo comportamiento en Auschwitz se puede juzgar de varias formas: para algunos prisioneros fue bueno, y para otros no. Sobre él circulaban en el campo diferentes opiniones. Conmigo no se comportaba de forma homogénea», relata el superviviente Boleslaw Staron[32] en su testimonio.

Jakob, el preso misterioso

Jakob Kozalczyk (o Kozelczuk) fue un kapo envuelto en secretos. Son muchos los que le recuerdan, aunque no todos con la misma impresión. Por no estar claro no lo está ni su fecha de entrada en el campo. De acuerdo con la información del Museo de Auschwitz, basada en su número de prisionero, el 93 830, su registro se produjo el 26 de enero de 1942 y habría llegado en un transporte procedente de los guetos de Sokółka y Jasionówka. El convoy incluía dos mil trescientas personas. Después de la selección, solo ciento sesenta y un hombres y treinta y dos mujeres sobrevivieron, entre ellos Jakob. Los prisioneros varones quedaron registrados con los números comprendidos entre el 93 755 y el 93 915, y las mujeres con los que iban del 31 559 al 31 590. Otras versiones aseguran, sin embargo, que Jakob entró en Auschwitz más tarde, en el año 1943. Son bastantes los que así lo recuerdan en sus testimonios. Sea como fuere, antes o después, él «reinó» en el bloque 11.

Jakob, el recluso de confianza

«Había llegado a Auschwitz a principios de 1943. Era un

---

32. Los testimonios que se citan en este capítulo de Boleslaw Staron, Edward Pecikiewicz, Stefan Markowski, Kazimierz Sowa, Zbigniew Sapinski, Franciszek Tomaszek, Stanislaw Tomaszek, Józef Razowski, Tomasz Siwiec, Julian Likus, Zdzislaw Hyla, Michal Popczyk, Hildegarda Mrzewa, Anna Sobolewska, Lucjan Sobieraj, María Grodon, María Wiercigroch y Aleksy Przybyla pertenecen al Museo Estatal de Auschwitz-Birkenau en Oświęcim.

gigante, atlético y musculoso», según lo evoca Filip Müller en su libro *Tres años en las cámaras de gas*. También menciona el pasado del kapo como púgil: «Corría el rumor de que había sido *sparring* de Max Schmeling, el famoso boxeador alemán de peso pesado. Solía hacer demostraciones de su poder muscular los domingos por la tarde delante de la cocina de la prisión, cuando ante miles de prisioneros y numerosos hombres de las SS doblaba barras de hierro con las manos desnudas. Era su fuerza la que le había hecho ganarse el respeto de los SS. También le valió el puesto de recluso de confianza en el búnker 11 (las celdas del sótano del bloque 11), donde les venía bien un hombre fuerte como Jakob, sobre todo en esas ocasiones en las que había prisioneros que sacar del búnker para poner delante del paredón. Y, sin embargo, Jakob era uno de esos hombres de cuerpo atlético que a menudo se caracterizan por su sobresaliente amabilidad y buena naturaleza. No éramos los únicos que le debíamos grandes mejoras en nuestras condiciones de vida desde su llegada al bloque 11. Todos los domingos, tras el recuento de la tarde, nos dejaba salir del bloque, no sin primero instarnos a contarle a todo el mundo en el campo lo que allí sucedía».

Jakob, el kapo

«Lo llamábamos el Rey bajo Tierra. Mediría casi dos metros de estatura y pesaría unos ciento cincuenta kilos. En una palabra, era un coloso. En la manga izquierda llevaba un brazalete que ponía "Block 11"», asegura Edward Pecikiewicz.

Jakob estaba a cargo del infame bloque 11, el temido edificio de ladrillo rojizo. Habitaciones de tortura, donde se encontraban las celdas subterráneas de Auschwitz a las que se enviaba a los condenados. En el sótano se realizaron incluso algunos de los primeros experimentos con Zyklon B en septiembre de 1941. Las víctimas fueron prisioneros de guerra soviéticos y polacos enfermos a los que seleccionaron del hospital del campo. Fue después de este experimento cuando se instaló en Auschwitz I la primera cámara de gas en el depósito del crematorio.

Jakob, el ayudante en las ejecuciones

En ese pozo de muerte, el búnker del bloque 11, mandaba el kapo Jakob. Él, además, asistía a las ejecuciones, en la doble acepción de la palabra «asistir», «estar o hallarse presente» y «servir o atender». Un trabajo que desempeñaba sin flaquear. «Un preso muy robusto, Jakob, kapo del búnker, se ponía detrás de dos [prisioneros], los agarraba por las axilas (cada uno con una mano), los arrastraba hasta el paredón y les aplastaba la cara contra la pared. Era la postura más fácil para asesinarlos. A los lados, miembros de las SS apoyaban en la nuca de cada uno el cañón de un fusil de pequeño calibre y disparaban. Los presos se desplomaban al mismo tiempo. Todo pasaba muy deprisa. Mientras caían dos fusilados, los dos siguientes, tras presenciar el macabro crimen desde la salida del búnker, contemplaban horrorizados el espectáculo de su propio destino, que iba a cumplirse inexorablemente», escribe Willy Berler en *Superviviente en el infierno*.

Esos asesinatos tenían lugar en el llamado «Muro de la Muerte», una pared ubicada en Auschwitz I en el patio entre los bloques 10 y 11. Stefan Markowski era uno de los que recogía los cadáveres de los prisioneros que acababan de ser ejecutados. Lo que describe es espeluznante. «Las ejecuciones delante de la pared negra se desarrollaban del siguiente modo: el *Kalefaktor* Jakob sacaba a la víctima del vestuario del bloque 11, la llevaba hacia la pared, ponía su cara contra el muro y el SS disparaba en la nuca. Enseguida sacábamos el cuerpo y lo llevábamos hacia atrás en una camilla, en dirección a la puerta del patio del bloque 11. Mientras tanto, el SS ejecutaba a la siguiente víctima. Su cadáver era transportado ya por otros *Leichenträger* en otra camilla, pues con una sola no nos hubiera dado tiempo a trasladarlos. Sacábamos los cuerpos de los ejecutados enseguida, apenas habían caído en la tierra. A menudo ocurría que la víctima caía boca abajo y la sangre, que salpicaba como una fuente de su nuca, caía sobre nuestros trajes», asegura. En el Muro de la Muerte perdieron la vida miles de personas entre finales de 1941 y el otoño de 1943. La primera ejecución tuvo lugar el 11 de noviembre de 1941: ciento cincuenta y un prisioneros polacos murieron desnudos y de un tiro en la nuca.

Jakob, el que colocaba la soga alrededor del cuello

Otras ejecuciones se producían en la horca. Y ahí también estaba Jakob. Sin embargo, según algunos prisioneros, no todo era lo que parecía. El ejecutor, a su manera y cómo podía, a veces intentaba ayudar. El testimonio de Kazimierz Sowa, preso 22 412, recuerda mucho a lo que le ocurrió a Sim Kessel con la cuerda que se rompió. Lo cuenta en una carta fechada el 30 de diciembre de 1982 en Cracovia y que se conserva en el museo de Auschwitz. «En el verano de 1944 o en los primeros días de otoño, se construyó una horca con una trampilla delante de la cocina. Creo que fue antes del recuento de la tarde cuando trajeron a un compañero con las manos atadas a la espalda. Además de los asistentes SS, estaba presente en la ejecución Jakob, del bloque 11. Jakob, que ya había puesto la soga alrededor del cuello del prisionero, abrió la trampilla y el condenado cayó, pero para su sorpresa estaba de pie en el suelo, mirando alrededor, con un trozo de cuerda roto en el cuello. Los SS no sabían qué hacer y, si no recuerdo mal, el primero que se levantó fue Kaduk, y junto con el condenado y Jakob marcharon rápido en la dirección del bloque 11. El tiempo era bueno. Nosotros estábamos convencidos de que iban a perdonar al prisionero, pero desgraciadamente, como me dijeron mis compañeros, algunos días después o incluso al siguiente lo ejecutaron en el bloque 11. Oí decir también que el mismo Jakob tuvo problemas porque fue él quien había preparado la cuerda para que se rompiera. Pero no sé decir cómo fue de verdad. El condenado era un judío y no sé por qué le sentenciaron a muerte, decían que por un intento de huida», rememora Sowa.

En la memoria de Boleslaw Staron, prisionero número 127 829, perdura un acontecimiento similar también con el kapo como protagonista. «Supimos que el que iba a ejecutar a Engla era el *Kalefaktor* Jakob, quien adrede preparó una cuerda demasiado larga que no aguantó el peso de la condenada. Después de la ejecución fallida encerraron a Jakob en la celda 17 y le acusaron de que había hecho un corte en la soga, pero Jakob logró defenderse y enseguida le liberaron y le devolvieron a sus tareas anteriores», afirma en su testimonio.

Jakob, el que consolaba

El bloque 11 tuvo otras funciones; a partir de 1943, se celebraron en la planta baja «juicios», aunque más bien eran patéticas representaciones donde la justicia no existía. Tribunales de los que muchos, casi todos, salían camino del paredón. Zbigniew Sapinski, el prisionero 188 507, estuvo en uno de ellos: «Cuando acabó la sesión, me llevaron a uno de los grupos. Había tres en el patio: uno a la derecha, otro a la izquierda y otro en medio. A la gente que salía [de aquellos juicios] el Kapo Jakob la consolaba. A unos les decía que su asunto iba a ser revisado, a otros que se quedarían en el campo. Los que habían estado más tiempo en el bloque 11 decían que Jakob estaba de buen humor. Además de él, en el patio había varios SS. La sesión tuvo lugar el 27 o 28 de mayo de 1944. Era un día caluroso y bonito».

Jakob, el que recibía a los presos

El kapo estaba siempre ahí para colocar a los recién llegados en su celda correspondiente. Según cuenta Boleslaw Staron, el prisionero número 127 829: «Nada más entrar en el bloque

11, cuando todavía seguía esposado, Jakob me cogió por el brazo sin ningún reparo y me llevó por el pasillo mientras que un SS iba detrás de nosotros. Empezamos a bajar hacia donde estaba el calabozo del campo. Jakob abrió la reja con mucho ruido. Cuando nos paramos, el pasillo era tan estrecho que delante de mí solo veía una pared sin ninguna puerta. El SS me quitó las esposas y Jakob me ordenó entrar en la celda. Me lo dijo en polaco y le entendí bien, pero no veía la entrada. Me repitió la orden otra vez, mientras que yo, mirando la pared, seguía sin encontrar la puerta. Jakob empezó a enfadarse porque yo no entraba. Me sentía desorientado, no sabía dónde estaba la celda. Al final me enseñaron un agujero en la parte de abajo que llevaba a un calabozo de 90 x 90 centímetros donde solo se podía estar de pie. Intenté entrar allí gateando como un perro va a su caseta, pero alguien desde dentro gritó: "La celda está ocupada". Jakob, que pensaba que estaba vacía, me dio una patada para que entrara más rápido. Al final se dio cuenta de que estaba ocupada y me ordenó ir a la primera celda a mi izquierda. Entré gateando, golpeándome la cabeza contra la pared, porque no sabía que tenía una superficie tan pequeña. Jakob cerró la reja y la puerta, y a mí me rodeó la oscuridad».

Jakob, el que reventaba cabezas contra la pared

El kapo tenía un carácter misterioso. A veces amable, en ocasiones iracundo; manso, incluso gentil, o violento, cruel y despiadado. Franciszek Tomaszek recuerda el lado oscuro de Jakob, en forma de una reacción brutal. «Nos liberaron del campo la Nochebuena de 1944, el 24 de diciembre. Aquel día leyeron nuestros nombres en el pasillo del bloque 11 [otra de las funciones del barracón fue albergar a los deportados en espera de ser liberados]. Nos devolvieron los depósitos, pero no estaba ni el dinero ni los relojes. Uno de nuestro grupo, Wladyslaw Siwiec, reclamó la devolución del dinero y del reloj. Le salió mal el instinto, porque el kapo del búnker, Jakob, le agarró por la cabeza y empezó a golpearla contra el muro. Al verlo nadie más se atrevió a reclamar cosa alguna», explica en su declaración.

Jakob, el que amenazaba de muerte

La autoridad de un kapo jamás se cuestionaba. Y Jakob imponía su jerarquía desde el principio. «Me colocaron en la celda 11. Cuando estábamos entrando, el famoso kapo del búnker le dio una patada a uno de los que estaban conmigo, así que nos metimos corriendo. Jakob, a la salida, nos gritó y nos ordenó que limpiáramos bien la celda, porque, si no, nos iba a matar. Asustados por todo lo que estaba pasando empezamos a limpiar con las manos desnudas, incluso soplando para quitar el polvo de cualquier rincón. Así empezó nuestra vida en el búnker del bloque 11», atestigua Stanislaw Tomaszek.

Jakob, el que golpeaba e insultaba

«Cuando entró por primera vez en nuestra celda, nos dijo en un polaco roto que a la próxima le tendríamos que hacer un informe sobre el estado del calabozo. Murmuró algo, y nos pusieron con un cubo la comida en los boles que habíamos colocado en fila. Fue lo primero que nos llevábamos a la boca desde hacía decenas de horas, es decir, desde el arresto. Cuando llegó el momento de la siguiente comida, otra vez se abrieron las puertas de la celda y mi padre empezó a reportar en alemán: "Informo obedientemente...". Por desgracia, no pudo terminar porque Jakob le cogió por el pecho y le empujó. "No es así, estúpido", le dijo. Y él mismo repitió la fórmula del informe: "Celda 11, ocupada con seis prisioneros". Desde entonces fui yo quien, a pesar de mi juventud, reportaba sobre el estado de nuestra celda», rememora Edward Pecikiewicz.

Józef Razowski y Tomasz Siwiec también recuerdan en su declaración conjunta a un kapo Jakob violento: «Le dio una patada al padre de los hermanos Tomaszek porque no salió de la celda a tiempo para ir al baño por la mañana. Afortunadamente, la pierna solo le rozó la mandíbula».

Jakob, el que provocaba pavor

«Me llevaron al bloque 11 del campo principal, donde me vigiló Jakob. Recuerdo que al verle él llevaba puesto un pijama rojo con rayas blancas; me asusté mucho, porque pensaba que era el ejecutor. Me encerró en una celda oscura. La número 20. Me quedé allí durante cuatro días sin recibir comida», explica el prisionero Julian Likus.

Jakob, el que castigaba con porrazos

«Antes de que me liberaran del búnker [...] tuve que pasar por la "ceremonia" del castigo de la porra. Me lo infligieron sobre un potro ubicado en una habitación en la planta baja, nada más entrar al bloque 11, a la izquierda. A un lado estaba Jakob, y al otro, un SS. Me golpeaba una vez uno y otra vez otro, y los golpes eran tan fuertes que además del dolor sentía el ruido en la cabeza. Tenía que contar en alemán cada impacto. Afortunadamente, no me equivoqué al contarlos y recibí los veinticinco sin perder la conciencia. De haberme equivocado me hubieran dado la paliza otra vez desde el inicio», afirma Boleslaw Staron, al que aún le quedaba lo peor: «Cuando me levanté del potro, me descuidé y miré al SS, al que no le gustó mi mirada. Me dio entonces tan fuerte en la cabeza que perdí el conocimiento; lo recuperé cuando ya estaba de vuelta en la celda».

Jakob, el que anunciaba sentencias de muerte

«Una tarde apareció en nuestra sala el *Kalefactor* Jakob; leyó los apellidos de diez prisioneros. Les mandó que se rasuraran y les dijo que habían sido condenados a una ejecución pública», explica Zdzislaw Hyla, que más tarde describe cómo fueron los últimos momentos de aquellos presos: «Pasamos la última noche juntos hasta las cuatro de la madrugada. Por la mañana, Jakob los sacó y le dio a cada uno de ellos, ya en el patio, diez cigarrillos».

Jakob, el que supervisaba el reparto de café y comida

«De todas las actividades de orden se encargaba el kapo del bloque 11. Era un judío de nombre Jakob», dice Zbigniew Sapinski. Una de esas tareas consistía en distribuir los alimentos a los encarcelados. «Nos llevaban la comida unos prisioneros vestidos con pijamas de rayas, pero la celda la abría el kapo Jakob acompañado por un SS. La comida consistía en un trozo de pan negro y un poco de café que nos ponían en un bol metálico. Los boles tenían que estar colocados en fila uno al lado del otro. Y el que echaba el café lo hacía con un cubo que movía sobre ellos mientras iba vertiendo el líquido. Así que en cada bol caía una cantidad diferente. Cuando se iban los que traían la comida, comparábamos el contenido de los boles y de forma solidaria repartíamos el café para que todos tuvieran la misma cantidad», afirma Stanislaw Tomaszek, recordando cómo eran los raquíticos desayunos del bloque 11. «A la hora de la comida nos daban una sopa aguada. El pan iba acompañado con un trocito pequeño de margarina, a veces de mermelada y en ocasiones de algo que se parecía a una salchicha», continúa Tomaszek.

El kapo no era equitativo en las raciones, según la memoria de Michal Popczyk: «Los días siguientes me dieron para comer el pan que traía el judío Jakob, el prisionero funcionario del bloque 11. El pan lo repartía de forma injusta. Nosotros recibíamos solo los bordes y la parte del medio la cogían los prisioneros con funciones».

Υ

Jakob, el que vaciaba los retretes

«Estábamos los dos en la celda condenados a unas condiciones sanitarias horrorosas sin poder lavarnos y con un retrete nauseabundo que solo se vaciaba cuando estaba lleno. El que lo hacía era Jakob junto con su ayudante», apunta Boleslaw Staron.

Jakob, el que informaba de lo que ocurría en el exterior

«De nuestra estancia en el bloque 11 recordamos a un prisionero de servicio que se llamaba Jakob. Era un hombre muy grueso y fuerte, y, según sus posibilidades, incluso nos pasaba noticias de lo que estaba sucediendo en el mundo», recuerdan Hildegarda Mrzewa y Anna Sobolewska en su declaración conjunta.

Jakob, el amigo

«Para que usted sepa le digo que el kapo del búnker del bloque 11 fue un hebreo, Jakob, un luchador profesional, número noventa tres mil y algo. [...] No me da vergüenza admitir que era un buen amigo mío y un hombre honesto», dice Lucjan Sobieraj.

Jakob, el que concedía un respiro por Navidad

«Abrió todas las salas de la izquierda y de la derecha del pasillo y nos felicitamos», asegura Michal Popczyk sobre la Nochebuena de 1943.

Jakob, el que llevaba caramelos a una niña judía

«En la sala donde estaba con mi madre también había una niña judía de unos doce años. De esta pequeña cuidaba el *Kalefactor* Jakob, que le proporcionaba comida adicional. Nunca supe el

nombre de esa niña judía. Las mujeres que estaban con nosotros decían que la escondía una profesora polaca a la que arrestaron. Un día llamaron a la niña y la sacaron de la sala. Después
de eso, Jakob nos dijo que rezáramos por ella. Así que intuimos
que la pequeña tuvo que morir», cuenta María Grodon.

Algo muy similar recuerda la prisionera María Wiercigroch, aunque no se puede determinar si se trata de la misma
pequeña o de otra. «Jakob era un hombre alto y grueso que
acompañaba a los condenados al Muro de la Muerte. Una vez
trajeron al bloque 11 a una judía de siete años. Hablaba polaco y a Jakob le llamaba "tío". Aparentemente, él le cogió cariño. Le traía caramelos y la animaba. Recuerdo que ella le
decía: "Tío, yo sé dónde voy a ir". Y efectivamente la llevaron a la muerte», explica.

Jakob, el que jugaba al fútbol

«Los juegos deportivos organizados en el campo nos propor-
cionaron a mí y a otros prisioneros una emoción especial.
[…] Se celebraban en el espacio entre los bloques 16-17. En
esta zona, la distancia entre los barracones era más grande,
justo frente a la cocina, así que en esa plaza se colocaban las
porterías. Durante estos partidos no faltaron situaciones
"cómicas", sobre todo, cuando en una portería estaba Pfört-
ner *Bumbo*, que era muy bajito, y en el lado opuesto se
ponía Jakob, grande y musculoso, que trabajaba como *Kalefaktor* del bloque 11», recuerda Aleksy Przybyla, deportado
número 146 107.

Jakob...

El preso de las mil caras, el kapo iracundo o el gigante solidario. El Rey bajo Tierra, el antiguo boxeador. El hombre que sirvió
a los SS, el recluso que ayudó a los prisioneros. El que «ejecutaba» a los condenados en el Muro de la Muerte, el que perdo-
naba vidas.

Jakob, un kapo, un hombre inescrutable, siempre impredecible. «Su actitud dependía de las circunstancias», dicen Józef Razowski y Tomasz Siwiec.

Jakob, el que pegaba.

Jakob, el que regalaba caramelos.

Jakob, aquel del que cuentan, dicen..., que también fue boxeador.

HARRY[33]

33. Las citas de Harry Haft que se incluyen en este apartado corresponden al testimonio que se conserva en el United States Holocaust Memorial Museum. Oral History | Accession Number: 1992.A.0128.41 | RG Number: RG-50.165.0041.

Una botella con diamantes

—¿*Q*ué le ocurría al que perdía? —pregunta William Helmreich, el entrevistador.

—Terminaba en el hospital y lo enviaban de vuelta a Auschwitz en un camión —responde Harry Haft.

—Comprendo… —dice entonces Helmreich, que arrastra las últimas letras de la palabra invitando a ese hombre fuerte que tiene enfrente a que continúe hablando; quiere escuchar qué es lo que tiene que contar, a pesar de que él ya conoce el triste final.

—El que perdía era un lisiado. Y si estabas lisiado, en Jaworzno no ibas a sanar. Pasabas en el hospital un par de días; si no te podían curar… —asegura Harry, que hace una pequeña pausa valorativa, unos segundos de silencio. Chasquea los dedos y continúa—: Te enviaban en el próximo transporte a Auschwitz. Y eso era todo —afirma el superviviente, que estaba a punto de cumplir sesenta y cinco años.

—Entonces, cuando usted… —interviene Helmreich, que no puede acabar su frase, porque Harry le interrumpe.

—En Auschwitz estaba la cámara de gas y allí te eliminaban —sentencia Haft, que sabe de lo que habla.

Él salvó el pellejo en muchos combates.

Peleaban con los nudillos desnudos o cubriendo las manos solo con unos guantes, similares a los de lana que se usan en invierno; y los combates terminaban cuando uno de los púgiles ya no se podía levantar. A vida o muerte. Así fue el boxeo en Jaworzno, un campo satélite de Auschwitz. De los derrotados casi nunca se sabía nada más, simplemente desaparecían; consumidos en el fuego de los crematorios. Seguramente, ese fue el destino del primer preso al que se enfrentó Harry Haft en aquel campo que era una mina de carbón. Él, desde luego, nunca lo volvió a ver.

El 28 de junio de 1990, cuando se grabó la entrevista que se conserva en el Museo Conmemorativo del Holocausto de Estados Unidos (USHMM), habían transcurrido más de cuarenta y cinco años de aquello, pero Haft lo tenía aún todo muy presente. Aunque no mencionaba demasiado su pasado, los campos de concentración seguían anclados dentro de él. Como sanguijuelas que le chupaban la sangre de su corazón.

Porque hay cosas que nadie puede olvidar.

Como esa primera noche que Harry pasó en Auschwitz II-Birkenau descargando cadáveres. Vaciaba carros repletos de cuerpos inertes, sin vida, procedentes de la cámara de gas, y los lanzaba al fuego de los hornos para su incineración. El crematorio consumía a los muertos…, pero también «abrasaba» a los que aún seguían vivos.

Llegó un día que Haft —según menciona el superviviente en el testimonio del USHMM y se cuenta en el libro *Harry Haft*— no pudo soportarlo más. Ocurrió que uno de los trabajadores del *Sonderkommando* encontró muerta a su esposa. Estaba apilada junto a los demás cadáveres, esperando a ser devorada por las llamas. El prisionero enloqueció al contemplar a la que había sido su mujer y, sin poder reprimir su impulso de venganza, se abalanzó sobre el primer SS que encontró. Un par de disparos acabaron enseguida con el altercado. Los nazis lo habían matado a él también.

A Harry y a otro preso les ordenaron meter en el horno el cuerpo de su compañero. Y así lo hicieron; tampoco tenían otra opción. Aún en *shock* por el asesinato, Haft actuó como un autómata sin prestar demasiada atención. Tenía la mente embotada, no podía pensar. Quizá por eso no se dio cuenta hasta el último instante de que aquel hombre que lanzaba al interior del crematorio tenía los ojos abiertos. ¡Aún estaba vivo! Pero ya era demasiado tarde. La visión de aquel ser humano todavía consciente y consumiéndose en mitad del crepitar de las llamas perturbó para siempre a Haft. Tanto que al día siguiente se negó a trabajar. Ya no le importaba qué le fuera a ocurrir. Si tenía que morir, moriría. Había perdido toda la esperanza.

Su sentencia, sin embargo, no fue la esperada. Y ahí donde él auguraba una condena apareció una «salvación».

—¡Dadme a este hombre! —ordenó de pronto un SS con un alto rango militar—. Yo lo puedo utilizar. —Su voz sonaba autoritaria, lo suficiente para que ninguno de los otros nazis se atreviera a rechistar.

Harry nunca supo por qué lo escogió a él, por qué decidió rescatarlo de una muerte segura, pero desde ese momento entre los dos, SS y prisionero, se creó un vínculo, un «negocio» interesado. Fue algo así como un «yo te ayudo ahora, tú lo harás después», un acuerdo tácito que al preso 144 738, el número que tatuaron en el antebrazo de Haft, le permitió sobrevivir. «Fue bueno conmigo y nos hicimos amigos. Él me ayudaría a pasar la época de los alemanes, y yo le ayudaría después de la guerra», asegura Harry en la entrevista del USHMM.

El SS consiguió que a Haft lo trasladaran a otro *Kommando*, un grupo de trabajo formado por prisioneros que recolectaban y clasificaban los objetos de valor de los deportados para, posteriormente, enviarlos a *Kanada*, nombre con el que se conocía al lugar de Auschwitz II-Birkenau donde se almacenaban todas las pertenencias que los nazis requisaban a los judíos exterminados. Allí había toneladas de ropa, joyas y cualquier cosa, por minucia que fuera, que los presos llevaran consigo o portaran en sus maletas cuando entraban en el campo de concentración. Al igual que la cocina, *Kanada* era uno de los destinos más codiciados, porque las condiciones de trabajo algo más livianas en aquellos almacenes permitían alargar la supervivencia.

Atrás quedaban para Haft los duros tiempos del crematorio. Ahora ya no lanzaba cadáveres al fuego, ahora registraba prendas de vestir.

—Toma esta botella de whisky —le dijo a Harry un día el SS que lo había salvado.

Aunque al principio él no comprendía qué debía hacer con ella, el nazi lo tenía todo bien pensado. Desde entonces, el prisionero 144738 buscaría diamantes entre los objetos de los deportados que se confiscaban y los escondería en aquel recipiente de cristal bajo el jergón de su cama. El nazi se encargaría de que cada día hicieran la vista gorda para que Haft pudiera salir de su grupo de trabajo con aquellas piedras preciosas ocultas. Tendría que robar para él, y eso, por mucha protección que tuviera de aquel oficial, entrañaba un gran riesgo.

En un registro del barracón, otros SS descubrieron el secreto que Harry guardaba bajo su colchón.

«Yo tenía esa botella con diamantes […] Pero mi cama no estaba arreglada y me cogieron. Me enviaron a la *Strafkompanie*», recuerda en la entrevista.

Los ladrones en Auschwitz recibían un severo correctivo y los mandaban a esa *Strafkompanie* que menciona Harry, un grupo de castigo que se formó a mediados de 1940. Muchos podían ser los motivos para dar con los huesos en aquel *Kommando*. Desde tener contacto con civiles a intentos de fuga o trabajar demasiado lento. Y, por supuesto, robar, delito que había cometido Haft. Los prisioneros de esa compañía estaban aislados y prácticamente sentenciados a muerte. Ellos efectuaban los trabajos físicos más duros en el campo, soportando, además, las palizas de kapos y SS que les impedían un segundo de descanso.

«Allí solo ibas a durar unas semanas. Sabías que no ibas a vivir», rememora Harry, que había aguantado el interrogatorio al que le sometieron sin delatar a su «amigo» SS. Confesó que la botella que habían encontrado bajo el colchón le pertenecía, dijo que él había robado los diamantes, pero guardó silencio sobre su cómplice. Ni una palabra.

Aún aturdido por la tremenda paliza que había recibido —pues los esbirros nazis se habían empleado a fondo con él—,

Haft escuchó desde el suelo, donde estaba tumbado totalmente ensangrentado, una voz autoritaria. Creía que estaba soñando:

—¿Qué pasa aquí? Ese hombre me pertenece a mí. ¡Es mío! —gritó alguien de repente.

Aquel SS había vuelto a aparecer. Otra vez para rescatarlo del infierno, pues Harry jamás hubiera podido sobrevivir a la *Strafkompanie*.

—Me llevo ahora mismo a este prisionero de aquí —dijo el nazi.

Y ninguno de los alemanes que le habían interrogado se lo impidió.

«Me sacó de allí. Un transporte se iba a Jaworzno para trabajar en las minas de carbón. Y me puso dentro de ese camión», asegura Haft.

Harry creía que no lo iba a ver nunca más, pero el SS esperaba con paciencia su recompensa…

Los generales de Berlín

*U*n solo golpe y lo había tumbado.

—¿Quién quiere ser el siguiente? —gritó fuera de sí—. ¡Vamos, venid aquí y pelead conmigo!

«Todos estaban atónitos por el comportamiento de Harry. Aria [su hermano] lo miró en estado de *shock*, sorprendido no por el hecho de que hubiera venido a su rescate, sino por la rabia y el poder de su puñetazo», se lee en el libro *Harry Haft*, donde Alan, uno de sus hijos, narra la historia de su padre.

Un solo golpe y le había arrancado varios dientes.

Harry, un adolescente de apenas quince años, tenía una potencia de pegada impropia de su edad. Furioso, había corrido a socorrer a Aria, su hermano mayor, y con un puñetazo había derribado a su adversario, que ahora sangraba en el suelo. Pensaba que estaba atacando a Aria, cuando en realidad lo que intentaba era sujetarlo para impedir que se peleara con otro hombre. Pero eso Harry no lo sabía.

—¿Quién quiere ser el siguiente? —volvió a gritar desafiante, mientras se frotaba la mano aún dolorida por el impacto.

Nadie se atrevió a responder.

Un solo golpe y los había asustado a todos.

Harry fue un niño impetuoso. Ya antes de aquella pelea había dado muestras de su indomable carácter, como aquel día en el colegio en el que no pudo contener su rabia y le lanzó una piedra a un profesor que intentaba separarlo de una pelea con un compañero durante un partido de fútbol. En cierto modo, el maestro se lo merecía porque, enfadado por la algarabía y el mal comportamiento de los chiquillos, había zarandeado a Harry y le había gritado una burla antisemita. Pero la ofensa no justificó su reacción y lo expulsaron de la escuela.

Ese coraje lo acompañó durante toda su vida. También después en Auschwitz II-Birkenau y en Jaworzno, donde luchó por sobrevivir. La ocupación nazi de Belchatow, una pequeña localidad cerca de Lodz, comenzó a principios de octubre de 1939, apenas un mes después de que empezara la ofensiva sobre Polonia en septiembre. La Segunda Guerra Mundial estaba en marcha. Y en la ciudad natal de Haft, como en casi todas en Europa, ya nada volvió a ser igual. Aria, el hermano mayor, organizó una banda de contrabando en la que Harry ejercía de mula transportando la mercancía a escondidas por las noches. «Yo era un buscavidas», recuerda en la entrevista del USHMM.

Así llevaban el dinero a casa... hasta que los capturaron.

Los alemanes habían ordenado a los hombres presentarse una mañana en el edificio de los bomberos de la localidad. Harry aún no alcanzaba la edad mínima requerida, los dieciséis años, pero Aria sí, de modo que acudió voluntario a la llamada. Como era ya de noche y no regresaba, Harry, inquieto, preocupado por el retraso, acudió a buscarlo y comprobó que estaba retenido junto al resto de los judíos de Belchatow. Los nazis no dejaban que ninguno volviera a casa.

No sabía muy bien qué hacer, pero estaba dispuesto a sacar a su hermano mayor de ahí. Así pues, consiguió colarse entre los alemanes que vigilaban y llegar hasta Aria. Entonces se le ocurrió una idea para desviar la atención de los guardianes.

«Empezó a fingir que estaba borracho, se cayó una vez [...] Los soldados más cercanos a la mesa comenzaron a reír y, por un momento, parecía que Harry había logrado distraerlos. Aria aprovechó rápidamente la oportunidad para salir corriendo por la puerta y doblar la esquina», se cuenta en el libro *Harry Haft*.

Los nazis no se iban a quedar con las manos vacías. Uno pagó por el otro. Aria escapó, pero Harry quedó preso: ese fue el primer día de los casi cinco años que duró su cautiverio. Comenzó para él un periplo por varios campos de trabajo hasta que lo enviaron a Birkenau, al crematorio, al *Kommando* que recolectaba los objetos de valor...

... Y finalmente a Jaworzno,[34] un infierno que consumía a los presos hasta la muerte en lo más profundo de la mina de carbón; un destino hacia donde ahora, por orden del SS que lo rescató de la *Strafkompanie*, viajaba en un camión. Haft estaba medio inconsciente por la paliza que acababa de recibir. Maldita botella de diamantes. El interrogatorio, brutal, lo había dejado al borde la muerte. Pronto, sin embargo, se tendría que recuperar. Empezaba una nueva vida para él: la de púgil.

«Cuando era joven, yo era poderoso, muy poderoso —reitera—. Y cuando llegué a Jaworzno tuve que boxear para entretener a los SS», dice Harry en la entrevista. «Allí trabajábamos en la mina», continúa. Era agotador y mortal. Fueron muchos los que murieron en aquellos oscuros corredores subterráneos. Destruidos por el esfuerzo o apaleados por los nazis.

Su «salvador», aquel SS que lo había sacado en el último momento del *Kommando* de castigo, apareció de repente tiempo después. Venía a recoger su recompensa. «El alemán llegó más tarde. De algún modo consiguió que lo transfirieran a Jaworzno», rememora Harry, que pronto supo qué era lo que aquel nazi buscaba.

—Tú serás testigo de que yo no me comportaba como los demás —le dijo un día.

El SS, como si ya intuyera la derrota del Tercer Reich, pre-

34. Jaworzno, uno de los subcampos más grandes de Auschwitz, empezó a funcionar en junio de 1943.

paraba la posguerra. Intentaba asegurar su «inocencia» una vez que hubiera acabado la contienda, y para garantizar su seguridad había elegido a Harry. Quería que testificara en su favor llegado el momento, cuando los aliados lo capturaran. A cambio, le surtía de chocolate y whisky, auténticos tesoros en un campo de concentración con los que él sobornaba a los capataces de la mina, cosa que contribuyó a mejorar sus condiciones de trabajo; también le daba salchichas, un suplemento alimenticio que le permitió recuperar su estado de salud. Harry no podía ser un hombre débil, porque el SS también deseaba convertirlo en el entretenimiento de los nazis en Jaworzno, en el «animal judío».

—Vas a ser boxeador —le advirtió una tarde.

Y Harry tuvo que pelear para vivir. Disputó, según se estima en el libro que escribió su hijo, más de setenta combates en Jaworzno. El primero fue un domingo. «Harry tenía dieciocho años, era grande y fuerte. Schneider[35] lo había mantenido bien alimentado, sin trabajar demasiado ni torturarlo. Harry miró al otro lado del ring y vio el miedo en la cara de su oponente, supo que ese hombre no se había ofrecido voluntario», se lee en *Harry Haft*. El otro boxeador, casi un musulmán, un prisionero consumido y medio muerto, nada podía hacer ante Harry, que lo dejó inconsciente con un par de puñetazos al poco de empezar. Fue el primero de los cinco combates que disputó aquel día. El principio de su salvación.

—Déjeme hacerle otra pregunta, ¿diría usted que el hecho de boxear en Jaworzno le permitió sobrevivir? —inquiere el entrevistador.

Harry no se piensa la respuesta.

—En cierto modo, sí. Porque me mantuve siempre en buen estado y conseguía muchas cosas por boxear.

Las peleas congregaban a muchos SS que gritaban y disfrutaban viendo como un judío «mataba» a otro judío; por-

---

35. Nombre ficticio con el que Alan Haft se refiere en el libro *Harry Haft* al SS que ayudaba a Harry.

que al que caía al suelo y no se podía levantar casi siempre le esperaba la cámara de gas. Aquellos combates representaban un infame y macabro espectáculo con el que además los nazis ganaban dinero.

Harry era invencible, una bestia en aquel ring improvisado con cuatro palos y unas cuerdas sobre la arena. Le apodaban el «animal judío». Su fama creció tanto durante los meses siguientes que hasta unos generales de Berlín vinieron a verle combatir.

—Te has ganado una reputación y has despertado su interés —le confesó su «amigo» el SS, que le advirtió que en aquella pelea iba a haber mucho dinero en juego.

Todos los nazis de Jaworzno habían apostado por su victoria. El rival esta vez no sería un preso débil y enfermo, sino un boxeador de verdad, un excampeón de Francia de los pesos pesados, más alto, más fuerte, más preparado, más en forma y mejor alimentado que él.

Pelearon sin guantes, con las manos desnudas y sin fin, sin límite de asaltos. El combate acabaría cuando uno de los dos yaciera inconsciente en el suelo.

«El francés se movía con habilidad y a Harry le costaba mucho darle un puñetazo [...] Era la primera vez que peleaba con alguien que quería boxear y fintar. [...] Después de cuatro o cinco asaltos, los ojos de Harry estaban cortados y sangraban», se detalla en *Harry Haft*.

Su vida corría peligro. Tenía los párpados tan hinchados que apenas podía ver; le costaba enfocar con claridad. El «animal judío» apretó los dientes y en un instante acorraló al francés en una esquina. Sin dejarle escapar, empezó a golpearlo con furia. En el costado, en el estómago, en la cabeza... Apuntaba a ese bulto borroso que apenas distinguía y le lanzó todos los puñetazos de los que fue capaz hasta que su rival se derrumbó. Harry había vuelto a ganar... Y los SS que habían apostado por él también. «La recompensa por la victoria en la pelea fue que se libró un tiempo del trabajo en las minas», escribe su hijo.

—¿Cuándo empezaste a pensar en convertirte en boxeador profesional? —le pregunta a Harry Haft el entrevistador Helmreich.

—Oh, eso fue mucho después de la liberación —responde.

En aquel momento, en Jaworzno, Harry solo boxeaba para sobrevivir.

Rocky Marciano

—Voy a ser el primero en tumbar a Rocky Marciano.

Harry Haft se sentía fuerte. Estaba convencido de que podía ganar al boxeador al que nadie había sido capaz de derrotar.

El lunes 18 de julio de 1949, en el auditorio de Providence, la capital del estado de Rhode Island (Estados Unidos), se celebró el combate entre Rocky Marciano, invicto, y Harry Haft, que había perdido ocho de las diez últimas veces que se había subido al ring. Solo habían pasado cuatro años desde que el «animal judío» escapó de los nazis.

Harry apenas pesaba cuarenta kilos cuando recuperó la libertad.

«Con la ofensiva de los rusos, los alemanes empezaron a mover a la gente de los campos», afirma Harry en la entrevista del USHMM. La evacuación había comenzado. Miles de prisioneros avanzaban a pie por los caminos llenos de nieve y barro custodiados por los SS. Deteriorado, pero con unas tremendas ganas de vivir, él, que jamás se había rendido, tampoco iba ahora a claudicar. Harry nunca perdió la esperanza de sobrevivir al campo de concentración. Y él, que siempre luchó, que aguantó, que desafió al destino, se fugó en cuanto pudo.

La guerra acabó. Haft trataba en 1946 de reconstruir su vida, hecha pedazos por los nazis. Como muchos de los supervivientes del Holocausto, estaba en un campo de refugiados intentando buscar un porvenir. Harry, que esperaba poder emigrar a Estados Unidos, se encontraba en el de Deggendorf

(Alemania), donde sobrevivían otras dos mil personas. Allí se enteró de que en Múnich se iba a celebrar el Campeonato Judío de Boxeo. No tenía nada mejor que hacer y le gustaba pelear, así que fue... y ganó. En aquel torneo, Harry empezó a convertirse en boxeador. Se dio cuenta de que quizá su futuro podía discurrir encima de un ring.

Haft por fin pudo viajar a Estados Unidos junto con otros trescientos refugiados en el barco Marine Marlin. «Vine con el pasaporte de otra persona, porque compré la documentación en Alemania», recuerda. Emigró bajo el nombre de Moses Friedler, un judío austriaco.[36] «Y luego [después de un tiempo en el país] me cambié de nuevo a Harry Haft», asegura.

En América empezó a boxear. Los comienzos fueron buenos: ganó sus primeros diez combates, triunfos que le permitieron ir aumentado su caché y la importancia de sus rivales. Hasta que le llegó la oportunidad de enfrentarse a Rocky Marciano, uno de los púgiles con mayor proyección de la época. Haft fue el elegido para aquella pelea, pero no resultó el único candidato.

En el periódico *The Providence Journal* se publicó el miércoles 6 de abril de 1949:[37]«O Tony Gangemi de Filadelfia, o Harry Haft de Viena, Austria.[38] Hoy se espera que el promotor Manny Almeida nombre al oponente de Rocky Marciano, el *Bombardero de Brockton* [...] Los dos pesos pesados han sido aprobados como contrincantes apropiados para Marciano por la Comisión de Boxeo de Rhode Island. El historial de Gangemi en 1948 incluye combates con Gino Buonvino, Tommy Gómez y Roland La Starza [...] Haft tuvo una campaña impresionante en 1948 en este país, incluidas peleas con Jimmy Richards y

36. Harry quería ocultar su identidad, porque durante su huida de los nazis asesinó a varias personas y tenía miedo de que le buscaran por los crímenes que había cometido y le encarcelaran.
37. En la página 12.
38. Harry era polaco, pero emigró a Estados Unidos bajo la identidad de un judío austriaco.

Billy West. Marciano hará su decimocuarta[39] aparición profesional, doce de las cuales fueron peleas en Providence. Los trece combates los ganó por KO, el último a los treinta y tres segundos a Artie Donato en el Auditorium dos semanas atrás. Algunas de sus otras peleas también las ganó en menos de un minuto en el primer asalto».

Manny Almeida se decidió por Harry, que estaba ante la oportunidad de dar el gran salto pugilístico. Su última puesta en escena antes de enfrentarse a la Roca, como se conocía a Marciano, fue contra Roland LaStarza en Nueva York el 27 de junio de 1949. Perdió.

«Roland La Starza, 185 libras, del Bronx, noqueó a Harry Haft, 172,5 libras, de Brooklyn, a los veinticinco segundos del cuarto asalto en la pelea establecida a ocho rounds en el velódromo de Coney Island ante tres mil quinientos espectadores la pasada noche. El árbitro paró el combate cuando Haft, tras una cuenta, se levantó de la lona incapaz de defenderse», se leía en el *New York Times* del día siguiente.[40] «Haft, que cayó al recibir un duro derechazo en la cabeza, se incorporó tambaleándose y el árbitro Teddy Martin paró el combate», explicaba *The Providence Journal*.[41]

Solo faltaban tres semanas para que se enfrentara a Marciano y Harry no atravesaba un buen momento. Sus últimos combates no habían sido como aquellos diez primeros que ganó de forma consecutiva. Los pronósticos no eran favorables para él; y los especialistas deportivos apenas le daban opciones.

«Rocky Marciano, aún imbatido, y preparado para dar un salto en la clasificación de los pesos pesados, se mide a Herschel *Harry* Haft, un judío refugiado de veintidós años, en el combate principal a diez asaltos de esta noche en el auditorio.

---

39. Antes de enfrentarse a Harry Haft, Marciano disputó otros tres combates: ante Jimmy Walls el día 11 de abril, frente a Jimmy Evans el 2 de mayo y contra Don Mogard el 23 de mayo.

40. En la página 34.

41. En la página 31.

Marciano es el gran favorito para derrotar al muchacho, quien experimentó duros sufrimientos como prisionero de los alemanes durante la guerra. Pasó cuatro años y medio en campos de concentración. Disputó su primera pelea tras ser liberado por los estadounidenses y se lanzó a una carrera profesional después de venir aquí a vivir. Haft ganó sus primeros diez combates, pero ha perdido seis de siete en este año. Se dice que es duro, pero probablemente no aguante en pie la dura pegada de Marciano», se leía en la previa que publicó *The Providence Journal*[42] el mismo día del combate.

Pero Haft tenía que pelear. Estaba ante la oportunidad de relanzar su carrera pugilística, justo lo que había estado esperando durante tanto tiempo. Ahora o nunca. Él quería ser una estrella del boxeo. Así podría alcanzar la fama y contar al mundo entero su historia de supervivencia en los campos de concentración nazis. «Cuando boxeaba le dije a mi mánager: "Vamos a empezar a escribir un libro". Pero él me respondió: "¿Por qué no esperas a convertirte en campeón? Si lo eres, tú sabes, todo el mundo querrá leerlo. Ahora, ¿quién estaría interesado en Harry Haft?"», recordaba el púgil en la entrevista que se grabó en 1990.

Aquel duelo con Marciano era precisamente eso, lo que él tanto había deseado. Derrotar al Bombardero de Brockton sería su salto definitivo a la fama. Harry preparó el combate con uno de los mejores entrenadores de la época. «El último que tuve fue Charley Goldman. También entrenó a Rocky Marciano, pero cuando peleé contra él, Goldman no estaba en el rincón con ninguno de los dos», aseveraba.

Llegó el día: 18 de julio de 1949. No había pasado ni un año desde su debut en el ring ante Jimmy Letty, el 6 de agosto de 1948, y ahí estaba Harry dispuesto a tumbar a la Roca. Su pelea era el evento principal de aquella noche y los espectadores esperaban para ver a los púgiles en acción. Estaba previsto que la velada comenzara al atardecer.

42. En la página 7.

—Voy a luchar con todo mi corazón —le dijo Harry a su entrenador.

El púgil que peleaba con una estrella de David bordada en el calzón se dirigió hacia el cuadrilátero. Empezó el combate y lo que pasó lo contó *The Providence Journal*[43] en un artículo firmado por el periodista John Hanlon:

Rocky Marciano, *el Bombardero de Brockton*, Massachusetts, descargó anoche su bomba por decimoséptima vez en dieciocho combates y noqueó al austriaco Harry Haft en el tercer asalto de la pelea programada a diez en el Auditorium de Providence. El tiempo fue de dos minutos y veintiún segundos. Como es habitual, Marciano fue un portento de furia sin elegancia. Estaba ahí para asestar el golpe definitivo y nada más. Sorprendentemente, Haft, un refugiado judío de veintidós años que aprendió a boxear de los norteamericanos después de ser liberado de un campo de concentración alemán, se mostró dispuesto a fajarse con la Roca hasta que este le mandó a dormir con un zurdazo al estómago y un derechazo cruzado a la cabeza que puso fin a la contienda.

Marciano pesó 184,5 libras [83,68 kg] y su adversario marcó en la báscula 174,75 libras (79,26 kg). Una escasa concurrencia de 1.655 espectadores abonó un total de 2747,45 dólares por el privilegio de presenciar la velada. Ambos púgiles salieron con cautela. Haft, un *rusher* con poco estilo, lanzó el primer buen golpe en el primero, un duro derechazo al estómago de Marciano. Este, a su vez, tomó medidas con una derecha larga a la mandíbula, y ahí terminó la cosa por el momento. En el segundo, Marciano, a quien sus aficionados gustan de describir como el hombre que «suelta la bomba», empezó a preparar a Haft para despacharlo, si bien este intercambió golpe por golpe en el primer minuto. Luego Marciano sorprendió a Haft con una derecha larga a la mandíbula que le mandó tambaleándose contra las cuerdas. Rocky siguió con dos «explosiones» a la cabeza y dejó a su rival grogui cuando sonó la campana.

43. En la página 11.

Marciano abrió el tercero con dos golpes duros a la cabeza de Haft, un derechazo y un zurdazo. Hacia la mitad, Haft se recuperó brevemente, pero era demasiado tarde. Después de varios golpes dañinos a la cabeza de Haft, Rocky descargó los «demoledores». El primero fue una izquierda que impactó en la sección media. Luego, cuando Haft se doblaba por la fuerza del impacto, Marciano lanzó una derecha corta —cruzada y hacia abajo— que dejó a Haft fuera de combate. Haft tuvo una buena acogida cuando abandonó el *ring*, pues los espectadores comprendieron que lo había intentado contra unas adversidades abrumadoras. Ni una sola vez retrocedió ante la castigadora mano derecha de Marciano y, en varias ocasiones, plantó cara y se fajó con su contrincante más pesado.

Todo se acabó en aquel tercer asalto. Harry nunca más volvió a pelear. Perdió, lo dejó… Colgó los guantes para siempre.

Harry ya nunca sería campeón y nadie escribiría su historia en un libro. El boxeo se había acabado para él, pero su recuerdo al menos siempre quedaría. «Yo soy uno de esos púgiles que luchó contra Rocky Marciano y trató de llegar a ser campeón», asegura.

A Haft el boxeo le permitió acariciar la fama y la gloria deportiva, incluso pelear contra un futuro campeón del mundo de los pesos pesados. Y antes le dio la oportunidad de sobrevivir en el campo de concentración.

No obstante, el boxeo no se lo dio todo.

—Cuando usted mira atrás en su vida, con todo lo que le ha pasado, ¿de qué se siente más orgulloso?

Su repuesta nada tiene que ver con el ring.

—De que Dios me diera la posibilidad de casarme con una mujer maravillosa y tener tres hijos, un tremendo logro —contesta Harry.

—¿Y alguna vez habló con sus hijos de la guerra?

—No. Muy muy poco.

—¿Alguna vez le preguntaron?

—Mi hijo menor dice que cuando ve algo le pregunta a mi hermana: «¿Mi papá pasó por esto?». Yo nunca… —Y deja la frase a medias durante la conversación con William Helmreich antes de continuar—. Soy muy blando. Verás, si me siento con un extraño, puedo hablar. Si me siento con un pariente, empezaré a llorar.

Los recuerdos de Harry estaban condenados al olvido hasta que, mucho tiempo después de aquella entrevista en 1990, en la que afirmaba que le costaba mucho hablar con su familia de su terrible pasado, se sentó en el año 2003 durante varios días con Alan, uno de sus hijos, y le contó todo por lo que pasó, trágicas vivencias que se transformaron en la obra titulada *Harry Haft*.

Ahora el mundo sí conocería su historia.

Contacté con Alan Scott Haft en septiembre de 2019, al poco de comenzar la investigación para escribir este libro. La del siguiente capítulo es la emotiva y desgarradora carta a su padre, prisionero de los nazis y boxeador, que me envió.

CARTA DE UN HIJO

Papá, me gustaría que supieras que te perdono

Albuquerque, Nuevo México (Estados Unidos)
30 de septiembre de 2019

*Q*uerido papá:

Te marchaste hace casi doce años, y añoro no tener un padre. En mi niñez, me pegaste por mis travesuras. La ira que tenías dentro, a menudo la descargabas sobre mí y yo temía tu sola presencia. Rompiste muebles y ventanas a puñetazos… Maltrataste a mamá, pero, a pesar de todo, mamá siempre te protegió… Excusó tu comportamiento por tu «pasado». Yo no podía disculparte, hasta que supe qué había detrás. Me avergonzaba de ti. No sabías leer ni escribir. Hablabas un inglés tosco con un acento muy marcado… y tenías esos números verdes en el brazo.

Ojalá hubiera sabido entonces lo que sé ahora. Sufriste terriblemente a manos de los nazis. Viste el horror y te obligaron a participar en él. Que me contaras todo sobre tu calvario, lo que tuviste que hacer para vivir un día más, me ayudó a entender por qué fuiste quien fuiste y eres quien eres. Ahora entiendo cuánto te arrepientes de los malos tratos…

¿Cómo puede alguien juzgarte? Te llaman superviviente del Holocausto, pero ¿alguien sobrevive realmente? Los nazis asesinaron tu alma.

Papá, he pasado mis últimos años tratando de hacer un mundo mejor para ti. Tu historia fue publicada por la Universidad de Siracusa, fuiste admitido en el Salón de la Fama de los Deportes Judíos, hay una película importante sobre tu vida; sé que te habrías alegrado de que te haya hecho famoso.

A pesar del maltrato físico y psicológico, me gustaría que supieras que te perdono. Mamá murió este verano. Fue el ángel enviado por Dios para cuidarte.

Ahora te toca a ti cuidar de ella.

Te quiere,
ALAN

NOAH

Un tranvía

$\mathcal{N}$oah Klieger ha permanecido todo este tiempo en silencio. Parece que «escucha» tranquilo, con trágica nostalgia, los recuerdos de los otros boxeadores de Auschwitz, de aquellos que como él subieron al ring en busca de una vida y resistieron a golpes al fuego del infierno. Ligeramente inclinado hacia delante, Noah continúa sentando con los periodistas en el hotel de Madrid aquella tarde del 22 de enero de 2018. El anciano entrelaza los dedos de sus manos, esas que apoya con sutileza en el regazo y que solo alza para enfatizar algunas partes del relato. Ahora vuelve a tomar la palabra para poner el colofón a esta historia. Con él empezó y con él va a terminar.

1944. En mayo, los aviones aliados sobrevuelan Auschwitz y toman por primera vez fotografías aéreas del campo de concentración. El mundo empieza a conocer la magnitud de la tragedia. En las imágenes se intuyen las cámaras de gas, testigos mudos de la Solución Final. Tres meses después, los aeroplanos ingleses y norteamericanos vuelven sobre el terreno y esta vez bombardean la Buna, la fábrica de goma sintética de la IG Farben que albergaba Monowitz. Mientras, el Ejército Rojo destroza los Panzers alemanes en el este y los aliados, que ya han desembarcado en Normandía el 6 de junio, presionan por el oeste; la tenaza se cierra prieta y letal sobre Alemania. La Segunda Guerra Mundial está perdida para el Tercer Reich. Derrotado. Aniquilado, solo a la espera de la caída de Berlín.

Principios de 1945. Comienza la evacuación de Auschwitz, la huida de los SS y el encubrimiento de lo que había ocurrido allí: el mayor crimen perpetrado por y contra el ser humano. Los nazis comienzan a borrar las huellas del Holocausto. Los SS queman lo que pueden, archivos y documentos; destruyen cualquier rastro que les pudiera incriminar; y vuelan las cámaras de gas, los epicentros del exterminio, un asesinato en masa que se había suspendido en noviembre de 1944.

17 de enero. A lo lejos resuenan los estallidos de la artillería pesada. El avance ruso es imparable. El Ejército Rojo se acerca cada vez más y apenas setenta kilómetros lo separan de Cracovia. Los SS, febriles, deambulan nerviosos por el campo. Atrás queda la estricta organización de cada día, el cumplimiento inexorable de la normativa, la rectitud, la burocracia, los registros; ahora todo es prisa y pánico, desorden. Los prisioneros, inquietos, esperan. Desconocen qué ocurre y se temen lo peor. Muchos creen que ha llegado el final, que ahora sí van a morir.

Auschwitz está cubierto por un manto de nieve. Hace mucho frío. Congelados, los esqueletos en los que se han convertido aquellos que un día fueron hombres forman en la *Appellplatz*. Firmes y en fila; en silencio y asustados, cabizbajos, como siempre. Para ellos el futuro sigue siendo incierto y peligroso. Los nazis cuentan, recuentan, organizan y forman columnas de presos, a los que entregan un trozo de pan. Ha llegado el momento de partir. La oscuridad envuelve las interminables hileras de muertos vivientes. La noche ha caído y Auschwitz para ellos ya se ha terminado.

Atrás queda la maldita alambrada; en el horizonte, el calvario que nunca acaba.

Porque los sacan de un infierno para conducirlos a un cementerio. A las «marchas de la muerte», a esos traslados masivos de prisioneros (unos sesenta mil fantasmas, enfermos, hambrientos y demacrados) a los campos del interior de Alemania. Viajes que costaron la vida a miles de presos que, abandonados a su suerte, fallecieron exhaustos a lo largo del camino. O asesinados, porque al que no podía caminar le fusilaban. Carreteras y senderos quedaban atestados de cadáveres. Una matanza. Otra más.

Noah estaba allí. Caminaba junto a algunos franceses, con el boxeador Víctor Pérez, al que asesinarían en aquella marcha, y con Alfred Nakache, que había sido nadador olímpico. Avanzaban como podían. Sin agua, sin apenas comida. Un paso, un dolor; otro, un sufrimiento; el siguiente, una muerte más. Los nazis, montados en camiones, coches, a caballo o en bicicleta, tenían prisa por alejarse de los rusos. Escapaban de su derrota; huían del juicio por el crimen que habían cometido y azuzaban a los presos para que caminaran más y más rápido, a pesar de que aquellos pobres hombres agotados ya no respondían. Y si no obedecían, los SS disparaban.

El itinerario de Klieger empezó en Auschwitz, en la Polonia ocupada por los nazis; continuó en Gliwice y Mittelbau-Dora, al norte de Nordhausen, en la región de Turingia; y terminó en Ravensbrück, cerca del municipio de Fürstenberg. «Evacuaron los campamentos de Auschwitz en la noche del 17 al 18 de enero de 1945. Fuimos a pie hasta la frontera polaca. Y ahí nos metieron en trenes, en los que mandaban a la gente a otros campos», dice Noah.

«No tengo que explicar a nadie que no hay espacio para ciento cincuenta personas en un vagón de carga, aunque sean esqueletos como nosotros éramos. El primer día muchos ya murieron, y no caían al suelo porque no había espacio, así que se mantuvieron de pie entre nosotros. Poco a poco, más y más gente moría, y unos días después estábamos sentados sobre cadáveres», continúa el prisionero 172345. Nadie pensaba que iba a sobrevivir.

Tras varios días de viaje, durante una parada, un joven con acento húngaro se acercó a Noah y a los prisioneros que estaban junto a él y les pidió que rezaran en memoria de su padre un *kadish*, la oración a los muertos en la religión judía. «Nos dijo que, si lo hacíamos, nos daría pan. Al salir de Auschwitz le habían entregado un trozo y no se lo había comido. Lo tenía guardado debajo del pijama», recuerda Klieger. Y todos «entonaron» el kadish.

—¿Cuándo murió tu padre? —le preguntó Noah.

—No hace mucho. Creo que antes estábamos sentados sobre él —respondió el húngaro.[44]

Estaban rodeados de cuerpos inertes.

Ellos aún vivían, más bien malvivían soportando aquel castigo que no tenía fin. El tren alcanzó su destino. Otro maldito lugar. «Llegué a Mittelbau-Dora después de varios días en uno de esos vagones abiertos, sin agua, sin comida, sin nada, y allí trabajé en una fábrica. Un milagro, otro más de los que me ocurrieron», afirma.

Originalmente, Mittelbau-Dora fue un subcampo de Buchenwald. Se creó en el verano de 1943 y, desde entonces hasta el fin de la guerra, en 1945, se utilizó como campo de trabajo donde los prisioneros, unos sesenta mil en total [de los que uno de cada tres murió], contribuían a la industria de armamento del Reich. Allí se construían misiles y motores de aviones en una fábrica subterránea. «Eran las armas con las que los nazis pretendían ganar la guerra. Yo no sé nada de hacer bombas y sigo sin saberlo. Ni de mecánica. No sabía ni clavar un clavo», recuerda Klieger.

Otro golpe de suerte le salvó en Dora. «Cuando llegué allí había perdido mi chaqueta, en la que estaba el número y un triángulo que explicaba el motivo por el que te encontrabas preso. Solamente con el tatuaje no se podía saber si era judío o no, así que me declaré prisionero político francés. Y me creyeron. Después depuraron el campamento de judíos dos veces. Los asesinaron. Yo, como prisionero político francés, no tuve ningún problema», asegura Noah.

A él aún le quedaba otro largo viaje, el que le condujo al fin del cautiverio, a Ravensbrück, donde el ejército soviético lo liberó, a finales de abril de 1945. Ya no era el prisionero 172 345. Por fin volvía a la libertad…

---

44. Conferencia de Noah Klieger en la Asamblea de Madrid en enero de 2018.

… Y ahora tenía que regresar al pasado ¿Dónde estaba su familia? ¿Qué había ocurrido con todos ellos? Sin cadenas, sin traje de rayas y ya al otro lado de la alambrada, Noah inicia una nueva vida. Sin el yugo nazi, pero sin noticias de sus padres. ¿Viven? ¿Los han asesinado? Cuando a él lo detuvieron, ellos estaban escondidos, huyendo de las razias, las persecuciones, las emboscadas de la Gestapo y las SS para apresar a los judíos y transportarlos a las cárceles o a los campos de concentración.

«Descubrí que mis padres habían sido detenidos y enviados a Auschwitz, como yo. Mi padre sobrevivió en Auschwitz I e hizo la misma marcha de la muerte que yo. Y mi madre estaba en Auschwitz II-Birkenau y tuvo la suerte de que, después de dos semanas, necesitaban costureras para la confección de los uniformes del ejército alemán. Ella no sabía coser, pero se ofreció cuando preguntaron quién era costurera. Tenemos los mismos genes, porque mi madre también se inventó una cosa que no sabía hacer, la enviaron a un campamento en Alemania y así se salvó. Ella nunca habría aguantado con vida allí», afirma.

Sus padres sobrevivieron al Holocausto, pero Noah por entonces no lo sabía y emprendió su búsqueda. Necesitaba saber qué les había ocurrido. Primero investigó en París. «Fui al Ayuntamiento. Había una oficina muy grande en la que los que habían vuelto recibían una ayuda financiera. Incluso, si querían un apartamento, se les daba uno y les mandaban a pueblos para que descansaran algunas semanas. Allí pregunté por los nombres de mis padres, miraron las listas y no los encontraron», dice Klieger.

Después, Bruselas; el regreso al origen: «Se me ocurrió que podían estar en Bélgica. Fui a casa de uno de los amigos no judío de la Resistencia y pensé que quizás estarían ahí. Cuando me abrió la puerta, me miró y me dijo: "Norbert, ¿has visto a tus padres?". Ahí entendí que volvía a tener padres. Le dije que no, a lo que él me respondió: "¡Pero si han estado aquí hace diez minutos!". Le pregunté dónde estaban y él me dio la dirección de la casa a la que habían ido para que fuera a buscarlos, pero cuando llegué me volvieron a contestar que hacía diez minutos que se habían marchado. Y en otra casa a la que fui me dijeron lo mismo: diez minutos».

Noah Klieger, ya calmado, sin la incertidumbre de la supervivencia de sus padres, decidió posponer la búsqueda para el día siguiente. Encontrarlos solo era cuestión de tiempo: «Estaba cansado y tenía hambre. Pensé: "Ahora que sé que ellos están aquí, ya los veré mañana o pasado mañana". Así que me subí a un tranvía, al número 5, uno que daba una vuelta alrededor de Bruselas. Los dos primeros vagones estaban llenos y fui al tercero. Me senté enfrente de una pareja. Y después de unos minutos oí que la señora que estaba frente a mí le susurraba a su marido: "Oye, ¿no es nuestro Norbert?". Yo estaba muy delgado y aún no me había salido el pelo... "Sí, yo soy vuestro Norbert", respondí. Así fue como los encontré: en un tranvía».

Noah calló.

Silencio.

Nos miramos. Lloramos.

Las notas del piano del salón del hotel Intercontinental de Madrid, aquel que dejó de sonar justo cuando Klieger había empezado a hablar, se volvieron a escuchar.

Y la vida volvió a ser vida y no muerte, terror y oscuridad.

Al prisionero 172 345 le vinieron a buscar.

—Soy un hombre al que le gusta mucho vivir —dijo instantes antes de partir.

Sonreía..., a pesar de todo.

—Y tengo muchos amigos repartidos por el mundo —añadió.

Mientras aquel anciano se acomodaba de nuevo en su silla de ruedas, nosotros, que absortos habíamos escuchado todo lo que nos había contado, rezamos en silencio para que jamás nadie tenga que volver a escuchar:

—¿Quién sabe boxear?

Noah entonces levantó la mano...

Y se despidió.

Un santo

1982, plaza de San Pedro, Ciudad del Vaticano.

—Nadie tiene amor más grande que el que da la vida por sus amigos —dijo Juan Pablo II, que comenzó la homilía de aquel día citando estas palabras de san Juan.

Un hombre entre la multitud le escuchaba por la gracia de Dios.

El papa canonizaba aquel 10 de octubre al franciscano Maximiliano Kolbe,[45] el sacerdote que en Auschwitz se había ofrecido voluntario a morir para salvar a Franciszek Gajowniczek, el preso casado y con hijos que había sido condenado en un principio.

—El padre Maximiliano Kolbe, siendo él mismo prisionero del campo de concentración, reivindicó, en el lugar de la muerte, el derecho a la vida de un hombre inocente —aseguraba el pontífice con solemnidad.

El franciscano y otros nueve prisioneros murieron asesinados como castigo por la huida de Zygmunt Pilawski,[46] que escapó de Auschwitz a finales de julio de 1941. La Gestapo lo encontró en Varsovia casi un año después y lo encarcelaron de nuevo en el campo el 25 de junio de 1942. Murió fusilado en el patio del bloque 11 el 31 de julio.

---

45. El padre Kolbe había sido beatificado en octubre de 1971 por Pablo VI.

46. Zygmunt Pilawski nació el 23 de febrero de 1910 en Zatory (Polonia). Llegó a Auschwitz en un transporte procedente de la prisión de Lublin el 6 de abril de 1941 y quedó registrado con el número de prisionero 14 156.

Una fuga, doce meses, once vidas. La ley de Auschwitz.

—¿No constituye esta muerte, afrontada espontáneamente por amor al hombre, un cumplimiento especial de las palabras de Cristo? —se preguntaba el pontífice sobre el ofrecimiento de Kolbe.

Muchos no podían contener la emoción. Las lágrimas corrían por las mejillas de los presentes.

—¿No hace esto a Maximiliano semejante a Cristo, modelo de todos los mártires, que ofreció su propia vida en la cruz por los hermanos? —insistía Juan Pablo II.

Kolbe ya había elegido su destino cuando era un niño.

Una travesura provocó el enfado de su madre, y el pequeño, carcomido por unos profundos remordimientos tras la reprimenda que había recibido, buscó refugio y consejo en la Inmaculada. «Mamá, cuando me reprochaste, pedí mucho a la Virgen para que me dijera lo que sería de mí. En la Iglesia, le volví a rogar. Entonces se me apareció la Virgen con dos coronas en las manos, una blanca y otra roja. Me miró con cariño y me preguntó si quería esas dos coronas. La blanca significaba que perseveraría en la pureza y la roja que sería mártir. Contesté que aceptaba las dos. Entonces la Virgen me miró con dulzura y desapareció», le confesó un día el sacerdote a su madre, según recordó ella después de la muerte del clérigo.

Desde la más tierna infancia, Maximiliano había estado dispuesto a dar su vida por los demás.

—Preciosa es a los ojos del Señor la muerte de los justos —afirmó el papa recordando el salmo 115.

Juan Pablo II levantó la vista para observar a la multitud y dio por concluida su homilía.

—Amén —dijo, y se marchó.

Franciszek Gajowniczek se persignó. Él era el hombre que escuchaba al pontífice por la gracia de Dios. Habían pasado más de cuarenta años desde que en Auschwitz un ángel bajó del cielo para ofrecerse a morir por él. Y ahora se encontraba allí, en la plaza de San Pedro, para honrar a su salvador.

Lo que empezó en julio de 1941 en el infierno terminó en octubre de 1982 en la casa de Dios.

Maximiliano Kolbe, el santo al que un día defendió un boxeador.

Anexo

Vidas rotas por Auschwitz

LOS BOXEADORES

Noah Klieger (prisionero 172 345)
Periodista y presidente del Maccabi Tel Aviv

Noah Klieger nació en Estrasburgo (Francia) en julio de 1926 y falleció en diciembre de 2018 a los 92 años. Jamás en su vida había subido a un *ring*, pero en Auschwitz, donde llegó en un transporte procedente de Bélgica, decidió levantar la mano cuando los SS preguntaron quién de los recién llegados sabía boxear. En el campo de concentración perdió todos los combates que disputó.

Tras la evacuación de Auschwitz, en enero de 1945, Klieger emprendió las «marchas de la muerte» que le llevaron primero a Mittelbau-Dora y después a Ravensbrück, de donde finalmente fue liberado a finales de abril de ese año. A sus padres también los enviaron a Auschwitz y ambos sobrevivieron.

Después de la liberación, rehízo su vida. Fue periodista —«como mi padre lo había sido, yo también quise serlo», dice— y cubrió los juicios a los criminales nazis tras la guerra. Trabajó en el diario *Yedioth Ahronoth* y desempeñó la labor de corresponsal del diario *L'Equipe*. Su pasión por el baloncesto le llevó a ampliar el espectro de su carrera profesional y se convirtió en presidente del club Maccabi Tel Aviv.

Recibió, entre otras condecoraciones, la Orden de Mérito de la FIBA (Federación Internacional de Baloncesto) y la Orden Nacional de la Legión de Honor de Francia con el rango de caballero, la más alta condecoración otorgada por el país galo. Además, por su coraje y valentía para socorrer a los demás, por todos esos niños judíos que transportó desde Bélgica a Suiza, esos pequeños a los que salvó de los nazis, Noah también tiene la Mención al Rescatador Judío que otorga el Centro Mundial B'nai B'rith-Jerusalén y el Comité de Reconocimiento del Heroísmo de los Rescatadores Judíos durante el Holocausto (JRJ).

El boxeo le salvó la vida en Auschwitz, pero una vez libre nunca más volvió a disputar un combate. «No era un deporte que me interesaba, yo quería jugar al fútbol. Y lo hice hasta los setenta y seis años. En Israel me dieron el premio al deportista más anciano. No sabía regatear, no hubiera podido marcharme ni de una silla, pero era muy fuerte y rápido. El mejor jugador que vi fue Leónidas, un brasileño. Recuerdo un partido del Mundial de Francia de 1938 contra Polonia en el que marcó tres goles», decía.

Noah dedicó buena parte de su vida a viajar por el mundo y a contar su experiencia en los campos de concentración nazis. El 27 de enero de 2017, pronunció un discurso en la sede de la Organización de las Naciones Unidas con motivo del Día Internacional de Conmemoración del Holocausto. Él siempre estuvo dispuesto a ofrecer su testimonio en cualquier lugar. Y así lo hizo hasta su muerte.

Tadeusz Pietrzykowski (prisionero 77)
Teddy, el profesor de gimnasia

Nacido el 8 de abril de 1917 en Varsovia, antes de la guerra fue boxeador en dos clubes de esa ciudad polaca, el Legia y el Syrena. En febrero de 1940, le arrestaron en Pécs (Hungría), desde donde quería ir a Francia para unirse al ejército polaco. Estuvo encarcelado en Muszyna, Nowy Sacz y Tarnów, prisión desde la que fue deportado a Auschwitz en el primer transporte de los presos políticos polacos. Llegó el 14 de junio de 1940 y lo registraron con el número 77. Durante los casi tres años que permaneció en este campo de concentración, se estima que disputó más de cuarenta combates. Además, participó en las actividades del movimiento de resistencia de Auschwitz establecido por Witold Pilecki.

El 14 de marzo de 1943 lo trasladaron a Neuengamme, donde continuó boxeando (unas veinte peleas), y de allí al subcampo de Salzgitter. En marzo de 1945 lo llevaron a Bergen-Belsen, donde fue liberado en abril de ese mismo año. Después de la guerra, se licenció en Educación Física y ejerció como profesor de gimnasia durante veinticinco años. Según su testimonio, volvió a boxear: diez combates. «Pero fue más bien para diversión de mis amigos», asegura. Antes de caer preso de los nazis, Teddy se había proclamado campeón de Varsovia y subcampeón de Polonia.

Las secuelas de Auschwitz le quedaron para siempre. «La guerra y mi estancia en el campo dejaron su huella», aseguraba Tadeusz en su testimonio, que se conserva en el museo del campo.

Salamo Arouch (prisionero 136 954)
El púgil del club Maccabi que perdió a su familia

En Auschwitz perdió a su familia, pero él sobrevivió. Salamo, un peso medio, se quedó solo. En el campo asesinaron a su padre, a su madre, a su hermano y a sus hermanas. A su hermano lo ejecutaron porque se negó a trabajar en el *Sonderkommando*, el grupo de prisioneros que manipulaba en el crematorio los cadáveres de los inocentes.

El boxeo, sin embargo, le dio la oportunidad de vivir en el campo de concentración, donde tuvo que pelear para el entretenimiento de los nazis, casi siempre contra contrincantes más grandes y pesados que él. Según los datos recogidos en el Museo de la Segunda Guerra Mundial de Gdansk y los testimonios de Salamo, participó en más de doscientos combates y no perdió ninguna pelea.

Tras haber estado también en Monowitz, en enero de 1945 lo trasladaron de Auschwitz, donde llegó a mediados de 1943 y quedó registrado con el número 136 954, a Bergen-Belsen, campo del que fue liberado el 15 de abril por el ejército británico. Allí conoció a la que sería su esposa, una chica griega que también se había quedado sola. Se casaron y formaron una familia.

Salamo Arouch era griego y nació en Tesalónica en 1923. Él y su hermano trabajaban como estibadores y ayudaban a su padre, que se ganaba la vida con la pesca. Boxeó desde pequeño y durante la adolescencia formó parte del club pugilístico Maccabi. Tras la guerra, emigró a Tel Aviv, donde, después de servir en el Ejército de Israel, fundó una empresa de mudanzas internacionales.

Antoni Czortek (prisionero 139 559)
De los Juegos Olímpicos de Berlín de 1936 al infierno de Auschwitz

Fue uno de los boxeadores más famosos de Auschwitz, pero la carrera pugilística de Antoni Czortek, que nació el 2 de julio de 1915 en Grudziadz, ya era muy conocida antes de ser apresado por los nazis. El polaco había participado en los Juegos Olímpicos de Berlín de 1936, además de proclamarse subcampeón de Europa del peso pluma en 1939. También ganó cuatro títulos de campeón de Polonia: tres antes de la guerra y uno después.

Hasta que, en el verano de 1943, el 25 de agosto, cruzó la puerta del mayor matadero de seres humanos. Llegó en un transporte procedente de Varsovia. Estaba en Auschwitz y sus logros deportivos ya poco importaban allí; solo era el preso 139 559. En enero de 1945 fue transferido a Mauthausen, donde meses después, en mayo de ese mismo año, el ejército de Estados Unidos lo liberó.

En Auschwitz le obligaron a boxear. En el campo de concentración se enfrentó al famoso púgil alemán Walter Dunning, pelea que muchos de los supervivientes recordaron durante años. Tras la liberación continuó boxeando, incluso se volvió a proclamar campeón de Polonia.

Víctor *Young* Pérez (prisionero 157 178)
Un campeón del mundo asesinado por un poco de comida

Víctor Pérez se proclamó campeón del mundo del peso mosca en 1931 tras derrotar en el segundo asalto a Frankie Genaro, un púgil estadounidense. Era uno de los mejores boxeadores del planeta, pero eso a los nazis no les importaba. Tunecino con orígenes judíos, nació el 18 de octubre de 1911 y entró en Auschwitz el 10 de octubre de 1943, según se recoge en el archivo. Le tatuaron en el antebrazo el número 157 178. Llegó procedente de Drancy, tras ser arrestado en París en septiembre de 1943.

«El Campeón», como le apodaba su amigo Paul Steinberg, peleó en dos ocasiones en España durante su carrera profesional. Primero contra Baltasar Belenguer Hervás, conocido como Sangchili, en la plaza de toros de Valencia, el 18 de marzo de 1933, y después frente a Salvador Lozano en el teatro-circo Olympia de Barcelona, el 9 de octubre de 1935. De ambos combates quedó constancia en las páginas de *El Mundo Deportivo*. Del primero de ellos, recogemos la crónica:

> La sorpresa de la noche la ha producido el valenciano Sangchili (52,950), venciendo ampliamente al excampeón mundial Young Pérez (53,800), después de haberle tirado a la lona cuatro veces durante el cuarto asalto. El tunecino no está desde luego en aquella forma que le permitió alcanzar el título mundial, pero debemos hacer constar que Sangchili se ha mostrado en muy buena forma y con una potencia extraordinaria. A partir del cuarto *round*, que Young Pérez ha terminado como ha podido, se ha limitado a capear las furiosas acometidas del valenciano, a quien

al ser proclamado vencedor lo han sacado del ring a hombros entre una imponente ovación.[47]

Más de dos años después, Víctor Pérez regresó a España y volvió a ser derrotado. Otra vez a los puntos. Así contó *El Mundo Deportivo* aquel combate ante Salvador Lozano:

> Cuando un hombre de la clase de Young Pérez conserva una forma digna y pone al servicio de una y otra toda su gran experiencia, si además de ello se empeña en batirse a la contra, obligando al contrincante a hacer todo el *forcing* del combate, el hacer ante él una buena pelea es algo verdaderamente difícil. Sin embargo, esa buena pelea la hizo anoche Lozano. La hizo a fuerza de coraje, de valentía y de decisión, la hizo buscando ardientemente la media distancia y el cuerpo a cuerpo y logrando encontrarlos. Esa fue la gran labor del *poulain* de Llorens, ese el gran mérito que unos pocos, los pocos que dudaron de la justicia del fallo, no supieron apreciar. Young Pérez subió anoche al ring decidido a durar, a aprovechar la menor ocasión, y sobre todo a hacer el triunfo de su contrincante singularmente difícil. Es natural que fuera así, esa es la labor predilecta de los que, habiendo sido grandes ases de la *boxe*, luchan por continuar siéndolo. Pedirle a un Young Pérez que acepte la batalla en el terreno que se la presenten, es mucho exigirle y no sería lógico criticarle una modalidad determinada que solo su maravilloso juego de piernas y el formidable conocimiento que tiene de las cosas del ring hace posible. [...] A partir del tercer asalto, Lozano se fue imponiendo, lenta pero seguramente, persiguiendo al excampeón mundial por todos los rincones del ring, haciéndole sangrar y apuntándose una franca ventaja, que la excelente esgrima de Young Pérez disminuyó ligeramente durante los *rounds* ocho y nueve, para terminar el combate en un magnífico esfuerzo que puso al francés en franco aprieto y borró hasta la última sombra que pudiera caber acerca

---

47. *El Mundo Deportivo*. Edición del domingo 19 marzo de 1933, p. 2. La información la firmaba José L. Lasplazas.

de la justicia de la decisión [...] El triunfo de anoche tiene una verdadera trascendencia y marca la entrada de Lozano en el campo de los hombres de probada clase internacional.[48]

Todo eso, el boxeo, la vida… se acabó cuando los nazis lo capturaron en Francia en 1943. Tras su paso por Drancy, llegó a Auschwitz III-Monowitz; allí fue uno de los boxeadores del equipo que había creado el comandante del campo. De acuerdo con la información del Museo de la Segunda Guerra Mundial de Gdansk, participó en unos ciento cuarenta combates.

En enero de 1945, durante la evacuación de Auschwitz, Víctor Pérez murió asesinado en Gliwice por un SS en una de las «marchas de la muerte», cuando intentó compartir con los otros presos un poco de pan que se encontró por el camino. Era el día 22.

En 1986, Young Pérez, que también había sido campeón de Francia, entró a formar parte del Salón Internacional de la Fama de los deportistas judíos.

Andrzej Rablin (prisionero 1410)
El preso que descargaba bombas en Auschwitz y se fugó

Andrzej Rablin formó parte de varios kommandos en Auschwitz. Al llegar, trabajó en la preparación del área para construir nuevos barracones para los prisioneros. Luego fue transferido al llamado Landwirtschaft, donde realizó tareas de agricultura y, posteriormente, lo enviaron a descargar las bombas que llegaban al campo de concentración. No hay información sobre qué tipo de explosivos eran y para qué se entregaban. Además, Rablin, que fue uno de los boxeadores del campo, tal y como se recoge en sus memorias en el museo de Auschwitz, estuvo en los almacenes de comida.

Nacido el 1 de enero de 1914 en Cracovia, la Gestapo lo

48. *El Mundo Deportivo*. Edición del jueves 10 octubre de 1935, p. 2. Información firmada por J. L. L.

arrestó en esa misma ciudad el 30 de marzo de 1940 como sospechoso de actividad en el movimiento clandestino polaco. El 18 de julio de ese mismo año lo deportaron a Auschwitz, donde se le adjudicó el número de preso 1410.

El 24 de octubre de 1944 lo mandaron a Sachsenhausen y de allí a Ravensbrück. Finalmente, escapó en abril de 1945 después de que lo enviaran al subcampo en Malchow.

Zbigniew Kazmierczak (prisionero 125 453)
El «boxeador» que participó en un atentado contra la Gestapo

En diciembre de 1939, los nazis lo expulsaron de Poznan a Jedrzejów. A partir de 1942, debido a su actividad en el movimiento clandestino polaco, vivió escondido en Nowa Slupia. Según su propio testimonio de posguerra, Zbigniew Kazmierczak, nacido el 27 de mayo de 1919 en Berlín, participó en el atentado contra el jefe adjunto de la Gestapo en Jedrzejów que tuvo lugar el 9 de junio de 1943. Después, lo arrestaron en la prisión de Kielce, desde donde le deportaron a Auschwitz. Allí, el 24 de junio de 1943, quedó registrado con el número 125 453.

Tras dos semanas de cuarentena, lo trasladaron a Monowitz, donde trabajó en el *Kommando* de los albañiles, transportando ladrillos; fue uno de los ayudantes en la construcción de la planta de energía. En su declaración, recogida en el archivo del museo de Auschwitz, reconoció que boxeó en el campo de concentración: «Recuerdo que, en el invierno de 1943, la segunda fecha de Navidad, se organizó un torneo de boxeo en el que estuvieron Konarzewski (del club de Lodz), un prisionero de la ciudad de Czestochowa y yo, que también participé como antiguo miembro del club Halcón, de Poznan. Además de nosotros, los polacos, peleó también un griego conocido como Zemento y un alemán al que llamábamos Maketanz. A este me enfrenté yo. También participó un judío francés. Tuvimos que pelear quince asaltos; los combates eran como los profesionales. Luché, por supuesto, por un bol de sopa adicional [...] Peleé bastante bien, pero perdí las fuerzas en el tercer asalto y me rendí. Después del torneo de boxeo tuvo lugar un concierto de la orquesta del campo. Tocaron el violín un gitano y un prisionero holandés, que allí se decía que era miembro de la Orquesta Real de Holanda».

En febrero de 1944, lo enviaron al subcampo de Jawischowitz, donde trabajó en la mina de carbón. En junio de 1944, Zbigniew Kazmierczak intentó fugarse junto con sus tres compañeros de campamento, pero los soldados de las SS los descubrieron. Los cuatro fueron trasladados de nuevo a Monowitz, donde recibieron un duro castigo. El 27 de agosto de 1944, lo mandaron a Ravensbrück. Posteriormente, fue liberado.

Jacko Razon (prisionero 115 264)
El Pequeño Joe Luis que no puede olvidar

Apodado «el Pequeño Joe Louis» por la potencia de su pegada, era uno de los púgiles con mayor proyección del club Macabbi. Pero su vida cambió el 13 de abril de 1943 cuando entró en Auschwitz. Estuvo en Monowitz y ayudó a Noah Klieger en su primer combate, además de aprovechar sus ventajas como boxeador para intentar que otros también pudieran sobrevivir en la Buna.

Jacko, el más pequeño de tres hermanos, nació en Tesalónica en 1921. En enero de 1945, tras la evacuación de Auschwitz, llegó a Dora. Su cautiverio terminó en Bergen Belsen en abril de ese mismo año. «Una mañana empezamos a oír gritos: "¡Somos libres!". Y de pronto vimos a soldados ingleses que nos tiraban chocolate y todo tipo de alimentos. Todos los alemanes habían escapado», explica.

«De mi familia, solo sobreviví yo», dice Razon, que se casó después de la guerra y emigró a Israel. Auschwitz permaneció para siempre dentro de él. A menudo «necesitaba» hablar de aquel infierno cuando se reunía con sus amigos, con aquellos que como él sobrevivieron a los nazis. «Es imposible sacarlo de la cabeza. Vive dentro de nosotros. De pronto uno recuerda el campo, y otro grita: "Otra vez estás hablando de esto". Nuestra cabeza siempre está ahí. Es imposible olvidar», afirma en su testimonio en Yad Vashem.

Justo así lo recuerda Gabriel Razon, uno de sus nietos: «Existía una organización de todos los supervivientes de Grecia en Tel Aviv, y él se levantaba cada mañana e iba allí a reunirse con sus amigos».

Con su familia, Jacko intentaba ser diferente, para protegerlos del sufrimiento. «Mi abuelo no hablaba mucho. Nunca expresó sus emociones con nosotros. Estaba como en un rincón. No lloraba —dice Gabriel, que asegura que la huella del Holocausto es muy profunda—: En una casa en la que hay supervivientes, toda la familia está influida por esto: los hijos, los nietos... Da mucha pena y a veces se torna en un hogar triste. Los nietos lo tenemos algo más asimilado, pero los hijos lo sufren más.»

Razon salvó a todos los que pudo en el campo de concentración, y eso nadie lo olvida. «Hasta hoy, cuando voy a determinados lugares, me abrazan y me dicen: "Yo estoy vivo gracias a tu abuelo". Era un hombre especial. Así como vivió en Auschwitz, vivió después de la liberación. Dio amor a todo el mundo y siempre ayudó. Fue un hombre con valores», explica su nieto. Por eso, por su coraje y valentía para socorrer a los demás, Jacko tiene la Mención al Rescatador Judío que otorga el Centro Mundial B'nai B'rith-Jerusalén y el Comité de Reconocimiento del Heroísmo de los Rescatadores Judíos durante el Holocausto (JRJ).

Para el Pequeño Joe Louis, que según Gabriel «solo perdió un combate en el campo, contra Young Pérez», el boxeo se acabó en Auschwitz. «Mi abuelo nunca volvió a pelear después de la liberación», continúa.

A Jacko, ese que a nada ni a nadie temía, solo le pudo la nostalgia, el amor perdido. «Un año antes de que mi abuelo muriera, había fallecido su mujer. Esa pérdida le afectó mucho y ya no pudo remontar», termina Gabriel.

Judah Vandervelde
El deportado que conservaba los pantalones
del campo de concentración

A Judah Vandervelde, nacido en Ámsterdam el 21 de marzo de 1925, no le curó ni la alegría de la liberación. «Después de tres días me desmayé», dice en su testimonio en Fortunoff Archive. «Cuando me llevaron a la Cruz Roja, descubrieron que tenía tuberculosis», continúa. Así que debió permanecer tres meses en el sanatorio recuperándose antes de poder empezar a rehacer su vida, esa que los nazis truncaron en 1943.

Tras pasar por los campos neerlandeses de Westerbork y Vught, llegó a Auschwitz, donde le asignaron al *Sonderkommando*. Solo el boxeo le permitió escapar de ahí y ser trasladado a Monowitz.

La paliza que un día le dio un SS por llevar debajo del traje de rayas un saco de papel para protegerse del frío le dejó secuelas para siempre. «Me debió de dañar algunas vértebras, porque en 1974 tuve que parar de trabajar por mi espalda, que estaba muy mal», afirma.

Evacuado de Monowitz en una de las «marchas de la muerte», pasó, entre otros lugares, por Gliwice, Buchenwald y Dachau. «Nos pusieron a todos en vagones con los que trasladaban carbón, abiertos, expuestos a la nieve, al viento y a un frío gélido. Nos acurrucamos unos contra otros como animales tratando de mantenernos calientes. [...] Todas las noches levantábamos los cadáveres y los apilábamos en un rincón. [...] La gente bebía su propia orina porque estaba sedienta. Fue terrible. Pasamos por Checoslovaquia, nos paramos bajo un puente ferroviario en Praga y la gente que caminaba por arriba nos arrojaba comida como si fuéramos patos en el agua. Recibimos trozos de pan hasta que los alemanes los ahuyentaron. Nos les permitían darnos nada», recuerda Judah sobre su terrible experiencia en el traslado a Buchenwald.

Vandervelde sobrevivió y se trasladó a Inglaterra en 1950. Y siempre conservó los pantalones que llevaba puestos el día que lo liberaron. «Como puedes ver, ya no me encajan —bromea con el entrevistador antes de ponerse serio de nuevo—: En realidad, parecen de papel. Y los llevábamos puesto a veinte grados bajo cero sin nada debajo.»

Solomon Roth (prisionero 144 109)
El niño que «vendía» caramelos en la escuela

Nació el 16 de enero de 1920 en Komarow y se marchó voluntario a defender Varsovia cuando empezó la Segunda Guerra Mundial. Se ganó la vida como pudo desde pequeño. Cuenta que con ocho años «vendía» caramelos en la escuela y con doce trabajaba en una fábrica de camisas. Las duras condiciones de vida en el gueto de Lodz le obligaron a ir a Alemania como mano de obra forzosa a finales de 1940. Su familia recibiría una compensación económica por ello. Ya nunca volvió. Lo enviaron a Birkenau, donde se enfrentó a Czortek en un combate, y después a Monowitz. «Peleé todo el tiempo que estuve en el campo de concentración. Y por eso, por el boxeo, estoy vivo», asegura.

Tras ser evacuado en una de las «marchas de la muerte», llegó a Gliwice. «Mi grupo debía reunirse a las seis en punto, cuatro mil personas, para ir en los trenes hacia Buchenwald. Pero yo no llegué a tiempo. Entonces, cuando me dijeron que me marchaba con el otro transporte, a las 11.00, a Mauthausen, decidí que no iba a ir», recuerda Solomon, que se escondió hasta que días después se encontró con las tropas soviéticas.

Roth se casó y empezó una nueva vida, que le llevó a emigrar a Estados Unidos a finales de 1949. Sus padres, a los que dejó en el gueto de Lodz, murieron asesinados en Chelmno.

Sim Kessel (prisionero 130 665)
Cinco campos y un reencuentro con sus padres

La vida de Sim Kessel fue un cúmulo de milagros. Desde que la Gestapo lo arrestó el 14 de julio de 1942 en Dijon, solo el instinto, la resistencia y el azar le permitieron sobrevivir. Miembro de la Resistencia francesa desde finales de 1940, estuvo en Birkenau, Jaworzno, Auschwitz I, Mauthausen y Gusen. Primero sobrevivió a las puertas de la cámara de gas cuando un SS lo salvó en el último momento; después, a la horca, tras ser condenado a muerte por fugarse.

Nacido el 26 de julio de 1919 en París, estaba a punto de cumplir veintitrés años cuando cayó prisionero de los nazis. Desde Auschwitz lo transportaron a Mauthausen en enero de 1945, un viaje de trece días en el que hubiera muerto de no ser por dos presos que le ayudaron a levantarse y a seguir caminando. Después lo enviaron a Gusen II, donde tuvo que trabajar recogiendo cadáveres.

En mayo de 1945, los norteamericanos lo liberaron. Volvió a París y se pudo reencontrar con sus padres.

Harry Haft (prisionero 144 738)
Superviviente, boxeador profesional y vendedor de fruta

Harry fue el pequeño de la familia. Nació el 28 de julio de 1925 en Belchatow (Polonia) y tuvo siete hermanos, cuatro hombres y tres mujeres. Uno de ellos, Peretz, también estuvo prisionero en el *Lager*, y él utilizó en Jaworzno sus privilegios de boxeador para ayudarle a sobrevivir cuando se rompió un pie.

Harry llegó a Auschwitz tras pasar por varios campos de trabajo. Después de una estancia en Birkenau, donde estuvo destinado en el crematorio y luego clasificando los objetos que los nazis confiscaban a los deportados, fue transferido a Jaworzno. Y allí tuvo que boxear para entretener a los alemanes y poder sobrevivir.

En 1945, el avance de los rusos provocó la evacuación, y Haft encontró la oportunidad de escapar.

Pasó por Flossenbürg y por Gross-Rosen hasta que llegó a un aeródromo en las afueras de la ciudad de Amberg, en Alemania, de donde se fugó echando a correr durante una marcha de evacuación. Los SS le dispararon por la espalda y le dieron por muerto, pero Harry estaba vivo.

Sin nada que comer y escondido en mitad del campo, estaba dispuesto a lo que fuera para sobrevivir. Incluso, según se cuenta en el libro *Harry Haft*, a matar a un SS para robarle el uniforme y asesinar a dos ancianos y a una mujer por miedo a que lo descubrieran y lo entregaran de vuelta a los alemanes. Harry permaneció oculto en el bosque, cobijado en una granja abandonada, hasta que se encontró con el ejército norteamericano.

Emigró a Estados Unidos, empezó su carrera como boxeador y peleó contra Rocky Marciano. Perdió aquel combate contra el que después sería campeón del mundo de los pesos pesados y nunca más volvió a subir a un ring. Se casó, tuvo tres hijos y se ganó la vida con varios empleos, hasta que regentó sus propias tiendas de venta de fruta y comestibles. Falleció el 3 de noviembre de 2007, cuando tenía ochenta y dos años. En su tumba se lee esta inscripción: «Después de todo lo que he pasado, ¿qué daño puede hacerme un hombre con guantes en la mano?».

LOS TESTIGOS DE LOS COMBATES

Erwin Olszówka (prisionero 1141)
Un empleado en la oficina del Schutzlagerführer

Deportado a Auschwitz el 25 de junio de 1940 en un transporte desde la prisión de la Gestapo en Sosnowiec, trabajó como empleado en la oficina del *Schutzlagerführer* (director del campamento). El 20 de enero de 1945, Erwin Olszówka fue evacuado a Wodzislaw Slaski y desde allí, en un tren con vagones abiertos para el transporte de carbón, trasladado a Mauthausen, donde, desde el 25 de enero hasta el 25 de febrero, también trabajó en la oficina principal.

Más tarde, ya en el subcampo de Gusen II, al este de la ciudad de Linz, lo destinaron al *Kommando* de construcción de túneles. Erwin Olszówka, que nació el 24 de septiembre de 1916 en Chorzów, fue liberado por el ejército de Estados Unidos en mayo de 1945.

Pawel Stolecki (prisionero 6964)
El preso que recogía los escombros de los bombardeos aliados

Su detención se produjo el 2 de julio de 1940 en Arnoldstein (Austria) cuando, junto con un amigo, intentaba llegar a Hungría para posteriormente ir a Francia y unirse al ejército polaco. Desde allí, a través de Klagenfurt y Múnich, ambos fueron enviados a Dachau. El 15 de diciembre de 1940, Pawel Stolecki, nacido el 29 de marzo de 1920 en Imielin (Polonia), fue transferido a Auschwitz en un transporte de quinientos hombres. Allí, con el número de prisionero 6964, trabajó en el *Kommando* de descarga de ladrillos hasta marzo de 1941, momento en el que le destinaron a los almacenes del campamento donde se guardaba la ropa de los prisioneros en Auschwitz I. En octubre de 1942, Stolecki fue trasladado al mismo *Kommando* en Auschwitz III-Monowitz.

Sin embargo, el 15 de agosto de 1944, los alemanes lo enviaron a Buchenwald para unirse al llamado *Bauzug-Kommando*, creado para reparar los daños en las ciudades alemanas y eliminar los escombros causados por los bombardeos de los aviones aliados. Estos prisioneros vivían en un tren, compuesto por unos veinticinco vagones de carga equipados con literas de tres niveles.

El 5 de mayo de 1945, el ejército estadounidense liberó en Salzburgo a los prisioneros del *Bauzug-Kommando*, incluido Pawel Stolecki.

Adam Jerzy Brandhuber (prisionero 87112)
El pintor que ayudó a los judíos y después preparaba sus números de preso

Adam Jerzy Brandhuber nació el 23 de octubre de 1897 en Cracovia (Polonia) y fue pintor. Antes de la guerra era profesor en la escuela secundaria de Jaslo. Bajo la ocupación nazi, se unió al movimiento clandestino polaco y ayudó a los judíos, a los que entregaba documentos de identidad falsos. La fecha de su arresto por la Gestapo no está clara, pero ocurrió en junio o julio de 1942. Estuvo recluido en la prisión de Tarnów hasta que lo deportaron a Auschwitz el 14 de enero de 1943.

Allí trabajó en los almacenes del campamento donde se guardaba la ropa de los presos en Auschwitz I. Era el responsable de preparar los números y los símbolos de las categorías de prisioneros que se entregaban a los recién llegados para que cosieran en sus pijamas de rayas.

En 1944 lo trasladaron de Auschwitz a Sachsenhausen. En mayo de 1945 formó parte de un grupo enviado a Lübeck, donde lo liberaron. En 1946, Adam Jerzy Brandhuber regresó a Polonia, y en 1947 comenzó a trabajar en el Museo Estatal de Auschwitz-Birkenau en Oświęcim. Es autor de alrededor de ochenta pinturas y dibujos sobre sus experiencias en el campo de concentración. Falleció en 1981.

Augustyn Woznicka (prisionero 17251)
De derribar casas polacas a construir barracones en Birkenau

Arrestado por la Gestapo el 27 de marzo de 1941 como sospechoso de actividad en el movimiento clandestino polaco, pasó primero por las cárceles de Zabrze y Katowice, antes de ser deportado a Auschwitz el 18 de junio de 1941. Registrado con el número de prisionero 17251, inicialmente trabajó en un *Kommando* destinado a las tareas de construcción de determinadas partes del campo y, posteriormente, en enero de 1942, lo trasladaron a uno responsable de la demolición de las casas de los polacos expulsados por los nazis en el área circundante a Auschwitz.

Desde marzo de 1942 hasta octubre de 1943, Augustyn Woznica, nacido el 18 de noviembre de 1915 en Ruda Slaska, estuvo en el *Kommando* de construcción de barracones en Auschwitz II-Birkeanu. Fue liberado el 29 de junio de 1944.

Jan Czekaj (prisionero 122 980)
En la herrería de Monowitz

Fue deportado a Auschwitz desde la prisión de Cracovia el 25 de mayo de 1943. En junio de ese mismo año, lo trasladaron a Auschwitz III-Monowitz, donde trabajó en la herrería. Hasta que el 18 de enero de 1945, Czekaj y sus compañeros comenzaron la marcha de evacuación a Gliwice y desde allí, en un tren con vagones abiertos para el transporte de carbón, fueron trasladados a Mittelbau-Dora para terminar en el subcampo de Osterode. Jan Czekaj, nacido el 17 de julio de 1917 en Kaszów, se unió allí al *Kommando* que construía un puente. Su liberación llegó el 26 de abril de 1945.

Aleksy Przybyla (prisionero 146 107)
En el **Kommando** *de descarga de ladrillos*

Sospechoso de pertenecer al movimiento clandestino polaco, la Gestapo lo arrestó en 1943 en la localidad de Lazy (donde había nacido el 10 de marzo de 1919); el 5 de septiembre de ese mismo año entró en Auschwitz. El prisionero estuvo destinado a trabajar en la descarga de ladrillos y otros materiales de construcción que llegaban al campo. El 28 de octubre de 1944 lo trasladaron a Sachsenhausen, donde apenas estuvo unos días, porque el 5 de noviembre, una semana después de llegar,

lo transfirieron a Buchenwald. Allí lo liberaron los estadounidenses, en abril de 1945.

Roman Zadorecki (prisionero 25 151)
Un «cerrajero» cómplice de una fuga en Auschwitz

A Roman Zadorecki, que nació el 21 de marzo de 1914 en Lu-
bliniec, la Gestapo lo arrestó en noviembre de 1941 en Oświęcim
por ayudar a un prisionero en su intento de fuga de Auschwitz,
campo de concentración en el que él mismo quedó registrado
en enero de 1942 y en el que estuvo asignado al *Kommando*
del almacén de metal para la construcción. En noviembre de
1944 llegó a Sachsenhausen, donde trabajó como cerrajero. En
abril de 1945 lo evacuaron al subcampo en Ludwigslust, donde
fue liberado.

Tadeusz Sobolewicz (prisionero 23 053)
Peregrino del infierno y actor de teatro

De la cárcel de Czestochowa a Auschwitz, de ahí a Buchenwald
en marzo de 1943, a Leipzig, a Mülsen... Hasta que fue liberado a finales de abril de 1945 durante la marcha de evacuación
de los prisioneros de Flossenbürg. Tadeusz Sobolewicz, cuyo
verdadero nombre es Wladyslaw Sowizral, recorrió el infierno,
pero sobrevivió. Después de su regreso a Polonia, estudió en la
Academia de Artes Escénicas y se convirtió en actor de teatro.
Relató la historia de su cautiverio en el libro *He sobrevivido
para contarlo*.

Sobolewicz nació el 25 de marzo de 1923 en Poznan. Su
detención se produjo el 1 de septiembre de 1941 en Czestochowa
por formar parte, al igual que su padre, del movimiento clandestino polaco. Llegó a Auschwitz el 20 de noviembre de 1941,
donde estuvo un año y medio.

Paul Steinberg (prisionero 157 239)
El amigo políglota de Young Pérez

Entró en Auschwitz en octubre de 1943 y contó su historia en el libro *Crónicas del mundo oscuro*, que publicó en 1996, tres años antes de su muerte. Paul Steinberg, políglota, hablaba al menos cuatro idiomas (alemán, francés, ruso e inglés), nació en Berlín en 1926 y murió en 1999 en París. Incluso llegó a vivir unos meses en España, en Barcelona. Fue uno de los hijos de una familia de emigrantes rusos.

Paul Steinberg aún no era mayor de edad cuando le detuvieron en septiembre de 1943. Le enviaron a Drancy, donde conoció a Víctor *Young* Pérez, el boxeador que había sido campeón del mundo. De allí fue a parar a Auschwitz.

Waclaw Dlugoborski (prisionero 138 871)
En la resistencia polaca y en el hospital del campo

Lo arrestaron el 3 de mayo de 1943 en Varsovia (donde había nacido el 3 de enero de 1926) durante una acción preparada por la Gestapo contra miembros de la resistencia polaca. Después del interrogatorio, lo enviaron a la prisión de Pawiak, y de ahí, el 25 de agosto de 1943, a Auschwitz, donde formó parte de varios grupos de trabajo de prisioneros. Desde la primavera de 1944, se convirtió en uno de los miembros del personal del hospital para presos en Auschwitz II-Birkenau. Trabajó allí hasta enero de 1945. Waclaw Dlugoborski no dejó el campo de concentración durante la evacuación de los prisioneros, sino que permaneció con otros presos hasta después de la huida de los SS y escapó antes de que los soviéticos liberaran el campo.[49]

---

49. El Ejército Rojo liberó Auschwitz el 27 de enero de 1945. Unos siete mil prisioneros aún permanecían en el campo.

Tadeusz Borowski (prisionero 119 198)
Auschwitz, el amor y el suicidio

Su historia acabó en suicidio cuando el 1 de julio de 1951 abrió en su casa una válvula de gas. Murió en Varsovia con solo veintiocho años. Nacido el 12 de noviembre de 1922 en Zhytómyr, ahora perteneciente a Ucrania, este escritor y periodista estuvo encarcelado unos meses en la prisión de Pawiak. En 1943, llegó a Auschwitz, donde también estuvo su prometida, con la que se pudo cartear de manera clandestina durante el cautiverio. De ahí lo trasladaron a Dachau, donde reencontró la libertad.

Durante su estancia en Auschwitz presenció alguna pelea. «Esta tarde he asistido a un combate de boxeo en el *Waschraum* grande, el lugar que fue al principio punto de partida de los transportes a las cámaras de gas. Nos dejaron entrar y nos acomodaron en la primera fila, a pesar de que dentro no cabía un alfiler. El cuadrilátero estaba en la enorme sala de espera. Habían instalado unos focos en el techo, contaban con un árbitro olímpico polaco y boxeadores de fama mundial. Los púgiles eran arios, ya que a los judíos se les prohíbe boxear. Era curioso ver a los mismos a los que día a día rompen los dientes, algunos de los cuales tiene ya la mandíbula vacía, apasionarse por Czortek, por un tal Walter, de Hamburgo, y por un chico joven que se ha entrenado en el campo y que se ha convertido aquí en un boxeador de gran clase», recordaba Tadeusz Borowski en *This way for the gas, ladies and gentlemen*.

El boxeo... y luego los conciertos.

La vida del campo de concentración tenía cosas desconcertantes. Parece mentira que, donde todo era muerte, también hubiera tiempo para el entretenimiento. «Después del combate, asistí a otro espectáculo bien distinto: un concierto. Vosotros, allí, en Birkenau no tenéis ni idea de qué maravillas culturales tienen lugar a solo un par de kilómetros de los hornos crematorios», en palabras de Tadeusz. El film *Paisaje después de la batalla* dirigido por Andrzej Wajda está basado en los escritos de Borowski.

Henry Zguda (prisionero 39551)
Del infierno a los Juegos Olímpicos de Helsinki

A Henry Zguda, le salvó la vida en Auschwitz el boxeador Kazimierz Szelest, su amigo de la infancia. Ambos se conocían de la YMCA (Young Men's Christian Association/ Asociación Cristiana de Jóvenes) de Cracovia, una organización a la que Henry se unió en 1933 para nadar y jugar al waterpolo, modalidades en las que estuvo compitiendo hasta el 30 de mayo de 1942, cuando los alemanes lo detuvieron. Tenía veinticuatro años. Lo llevaron a la cárcel de Montelupich y desde ahí lo trasladaron a Auschwitz el 15 de junio de 1942.

Sobrevivió al campo y en 1947 se convirtió en entrenador de natación del ejército polaco; posteriormente, llevó al equipo de waterpolo de su país a los Juegos Olímpicos de Helsinki en 1952.

Desde Auschwitz, los nazis lo enviaron el 12 de marzo de 1943 a Buchenwald. Una «marcha de la muerte» lo llevó a Dachau; los estadounidenses lo liberaron el 29 de abril de 1945.

Vivió en Varsovia hasta que el 31 de diciembre de 1958 emigró a Estados Unidos. Se instaló en Nueva York, se casó y se formó como fisioterapeuta. Había nacido el 12 de julio de 1917 en Cracovia y murió en 2003.

Yaacov Handeli (prisionero 115003)
Auschwitz le dejó solo

Yaacov Handeli perdió a toda su familia en Auschwitz. Allí asesinaron a su padre (Shlomo), a su madre (Dudun), a sus hermanos (Yehuda y Shmuel) y a sus hermanas (Pearla, Lucía e Ida). Él vivió y lo hizo en parte gracias a la protección de Jacko Razon, uno de los boxeadores.

La vida de Handeli se truncó cuando los nazis invadieron Grecia en 1941. Ocuparon Tesalónica, su ciudad natal, e implantaron un régimen de terror. Promulgaron las leyes antijudías y convirtieron el barrio Baron Hirsch en un gueto. A Yaacov y a su familia los deportaron el 7 de abril de 1943, cuando él tenía quince años. El día 13 llegó a Auschwitz. A Handeli lo enviaron a Monowitz, donde trabajó en la cocina y robó platos de sopa para ayudar a los prisioneros más débiles.

En enero de 1945, emprendió una «marcha de la muerte»; el campo estaba siendo evacuado. Llegó a Gliwice a pie, y luego en tren, en vagones usados para trasladar carbón, abiertos, a Mittelbau-Dora, desde donde lo enviaron a Bergen-Belsen. Allí acabó su cautiverio; los británicos lo liberaron. «Fue el 15 de abril de 1945 a las tres de la tarde», asegura en su libro *A greek jew from Salonica remembers*. Después emigró a Israel y se casó con Rachel, con la que tuvo dos hijos.

Freddie Knoller (prisionero 157 103)
Treinta años de silencio y una vida para contar

«Guardé silencio sobre mis experiencias hasta los cincuenta y tres años; habían pasado casi treinta desde mi liberación en Bergen Belsen», escribe Freddie Knoller en *Desperate Journey*. Nació en Viena el 17 de abril de 1921 y fue el menor de tres hermanos. La anexión de Austria por parte de la Alemania nazi en 1938 le obligó a escapar. Los judíos estaban cada vez más acorralados; él huyó a Bélgica; sus hermanos mayores, a Estados Unidos. Sus padres, David y Marja, no pudieron salir de Austria y cayeron presos de los nazis. Ambos murieron en Auschwitz.

Desde Bruselas, huyendo de nuevo de los alemanes, que habían invadido el país en mayo de 1940, Freddie fue a Francia. Allí lo encarcelaron, se fugó y vivió bajó una identidad falsa en París. Se unió a la Resistencia en 1943 hasta que, según cree traicionado por una antigua novia, cayó en manos de la Gestapo mientras cumplía una misión y trataba de llevar un mensaje a la localidad gala de Bergerac. Nunca olvidará aquel día. Era el cumpleaños de su madre: el 5 de agosto de 1943.

Pasó por Drancy y desde aquel campo de tránsito del suburbio de París lo enviaron a Auschwitz, adonde llegó el 10 de octubre de 1943. Estuvo en Monowitz y conoció a Víctor *Young* Pérez, uno de los boxeadores. En el *Kommando* 95 trabajó descargando sacos de cemento y soportó como pudo las duras condiciones de vida del *Lager* con la ayuda de otro prisionero, el profesor Waitz. Freddie aguantó hasta el final y lo evacuaron en una marcha de la muerte. Su camino: Mittelbau-Dora, Bergen Belsen y la liberación.

Ya libre, regresó a Francia, a la localidad de Figeac, donde vivió con un médico que le cuidó hasta que recuperó su salud. Después, en 1947, emigró a Estados Unidos para reunirse con sus dos hermanos. Se casó en 1950 con Freda y, dos años después, se instaló en Inglaterra. Tuvo dos hijas, Marcia, que vive en las islas Canarias (España), y Susie. Ellas fueron las que una noche, mientras cenaban en familia, le incitaron a romper ese silencio sobre su terrible pasado.

«Yo quería conocer la verdad porque sabía que mi padre había sufrido mucho, pero no nos decía nada. Es una persona que siempre intenta estar alegre y que trata de evitar los problemas. Él guardaba silencio, nunca mostraba sus sentimientos para que no nos afectara a nosotras, sus hijas. Pero yo necesitaba saber qué le había pasado a mi padre e insistí», asegura Marcia.

Aquel día, Freddie por fin se desahogó. Se lo contó todo, sin ambages. «Así fue. Estuvo hablando horas y horas, casi toda la noche. Empezó a recordar y fue algo verdaderamente impresionante. Aquel día se rompió la barrera que había entre él y nosotras con ese tema. Para él fue como una liberación», continúa su hija.

Ahí empezó todo. Freddie abrió la puerta del recuerdo y jamás la volvió a cerrar. Desde entonces, dedicó su vida a contar lo que pasó en aquellos años, a recordar para no olvidar. Escribió dos libros y acudió a conferencias y a escuelas, concedió entrevistas... Lo que fuera para contribuir a la memoria del Holocausto. «Esas charlas son para él como una terapia», dice Marcia.

Knoller, que ya ha cumplido los cien años, acudía casi todos los días a una asociación de supervivientes, el Holocaust Survivors Center en el Reino Unido, aunque la pandemia del coronavirus le obligó a parar. En el momento de la conversación con su hija, en febrero de 2021, llevaba casi un año sin poder ir. «Está triste por llevar tanto tiempo en casa, es una persona que necesita a la gente», me contó.

A Marcia, por su parte, le ha costado sesenta y ocho años encontrar el valor para visitar Auschwitz. Solo con imaginar lo que su padre tuvo que pasar le duele el alma. «Nunca he estado allí, mi hermana sí, pero yo no. Elegí no ir. Para mí no era el momento, pero en el futuro iré. Ahora ya estoy preparada», asegura. Y pide un deseo: «Hace unos días recibimos la buena noticia de que iban a hacer una película sobre la historia de mi padre. Solo espero que él viva lo suficiente para poder verla».

Agradecimientos

*L*o último, pero sin duda lo más importante. Desde luego, para mí lo es. Porque más que del autor, estas páginas son un cúmulo de esfuerzos de muchas personas dispersas por el mundo, un trabajo colectivo sin el que estas líneas jamás hubieran visto la luz. Una contribución, la suya, desinteresada, apasionada y fundamental, vital, para que este proyecto haya llegado a buen puerto. Desde archiveros hasta traductores pasando por profesores, estudiosos del Holocausto y familiares de los supervivientes, sin olvidar, por supuesto, a todos y cada uno de los museos y archivos a los que consulté, lugares en los que siempre recibí de sus empleados una exquisita atención.

Gracias, muchas gracias por vuestra predisposición. Por esa amabilidad, diligencia y profesionalidad con las que atendisteis todas y cada una de mis peticiones, que fueron muchas. Muchísimas. Mi más sincera y honesta gratitud a todos vosotros. Si alguien se echa en falta en este listado, sepa aquel al que mi mala memoria olvidó que tan agradecido le estoy como a todos los demás. No le quepa la menor duda.

Lo que nació como un reportaje en el diario *Marca* ha evolucionado. Si para su publicación en el periódico ya colaboraron un buen puñado de personas, para su transformación a libro han sido muchas más. Es momento de ponerles nombre y apellidos.

Gracias a Noah Klieger, superviviente de Auschwitz, por contarme lo que pasó allí. Usted fue el origen de todo. Jamás olvidaré aquella tarde en el hotel Intercontinental. Gracias por dedicarme parte de su tiempo. D.E.P.

Gracias a Iris Klieger, su hija, por querer participar en este proyecto; gracias por las decenas de correos electrónicos cruzados para traducir el entrañable, intenso y emotivo texto que escribiste. Gracias por las fotografías, por la colaboración, por la cortesía... Simplemente, gracias.

Gracias a Alan Haft, hijo del prisionero Harry Haft, por enviarme esa carta profunda, íntima y desgarradora. Gracias por tu predisposición a ayudarme.

Gracias a Wojciech Plosa, director del Archivo del Museo Estatal de Auschwitz-Birkenau en Oświęcim, por tantas y tantas horas de su tiempo dedicadas a resolver mis preguntas, por la enorme cantidad de testimonios que me consiguió, por las fechas, números de preso y fotografías, por las pequeñas biografías que me envió; por el increíble e impresionante trabajo que hace cada día. Gracias por ser un ejemplo de profesionalidad y generosidad.

Gracias a Ernest Kowalczyk, del Instituto Polaco de Cultura de Madrid, por su paciencia y su exquisita atención. Gracias por los cientos de páginas que me has traducido del polaco al castellano en persona, por videoconferencia o por el medio que fuera. Porque tú siempre estabas ahí para colaborar. No tendré tiempo en esta vida para agradecerte lo que has hecho por mí. Ya lo sabes, pero te lo vuelvo a decir: eres un amigo. Muchas gracias por todo.

Gracias a Yéssica San Román, directora del Área de Educación, Holocausto y Prevención del Antisemitismo del Centro Sefarad-Israel de Madrid, por ofrecerme la posibilidad de entrevistar a Noah Klieger. Sin ella, sin su ayuda, este libro jamás hubiera sido posible. Por eso y por mucho más. Porque ya participó desinteresadamente en otros de mis proyectos anteriores. Aún recuerdo aquella llamada que hicimos desde su despacho a Yehuda Bacon, otro superviviente de Auschwitz. Gracias por recibirme siempre que lo necesité.

Gracias a Guillermo Reparaz, por atender al que continuamente le llamaba con la eterna cantinela: «¿Me puedes traducir un texto del francés al castellano?». Gracias, por supuesto, por venir aquella tarde conmigo al hotel Intercontinental, por las horas de transcripción y por muchas cosas más. Gracias, amigo *Repa*. Eres un crack.

Gracias a Cecilia Levit por aparecer en mi camino, por entusiasmarse desde el principio con todo lo que le contaba sobre el proyecto. Gracias por las traducciones que me hiciste del hebreo. Gracias por estar siempre ahí, por implicarte, por ayudarme con todo lo que te pedí. Gracias por prestarme parte de tu tiempo, sé que es poco; sin embargo, cada vez que lo necesité encontraste un hueco para mí. Creo que yo he ganado una lectora y tú puedes estar segura de que has conquistado un oyente.

Gracias a Miguel Ángel Jiménez por ofrecerse a ayudar desde el primer día sin ni siquiera conocerme. Gracias por las traducciones del alemán; gracias por esa pasión que transmites y por ese conocimiento enciclopédico del Holocausto que posees.

Muchas gracias, por supuesto, al Museo Estatal de Auschwitz-Birkenau en Oświęcim (Wojciech Plosa, Zuzanna Janusik y Łukasz Lipiński), a Yad Vashem (David Cahn), a Fortunoff Archive (Christy Bailey-Tomecek y Stephen Naron), al Museo Conmemorativo del Holocausto de Estados Unidos (USHMM) (Bruce Levy, James Gilmore, Hannah Meyer y Patricia Heberer Rice), al Memorial de Mauthausen (Christian Dürr), al Memorial de Neuengamme (Franciska Henning y Reimer Möller), al Museo Judío de Tesalónica (Lucy Nachmia), al Museo Judío de Atenas (Alexandra Patrikiou), al Museo de la Segunda Guerra Mundial de Gdansk (Hanna Mik) y a la Biblioteca de Providence (Lanham Bundy y Kate Wells). Los testimonios, documentos y páginas de periódico que todos ellos me han enviado han sido valiosísimos y la base con la que se ha elaborado este libro.

Gracias a Dafna Chocron, de Yad Vashem España, por invitarme a aquel evento en el que conocí a Cecilia; gracias por estar siempre dispuesta a colaborar y por mediar con Yad Vashem Israel.

Gracias a Clara Isabel García-Suelto, exdirectora de la

Biblioteca del Holocausto de Leganés, por abrirme las puertas de la que era su «casa», por prestarme tantos y tantos libros y por recibirme siempre con una sonrisa.

Gracias a Marcia Knoller, hija de Freddie Knoller, por intentarlo con tu papá. No pudo ser, pero para mí es lo mismo que si hubiera sido. Te estoy muy agradecido. Gracias por responder siempre a mis llamadas.

Gracias a Carlos Ramos, director de la editorial Córner, por ese correo electrónico que un día sin esperarlo recibí. Por darme la oportunidad de hacer lo que nunca pensé que podría. Por la paciencia, por la espera y por el respeto a mi forma de ser, de pensar y, sobre todo, de trabajar. Por confiar en mi palabra, por darme libertad y tranquilidad. No fueron condiciones, eran necesidades.

Gracias a mis amigos, mis «correctores». Gracias a Lalo, el «hermano» que nunca tuve, pero que un día en una clase universitaria me encontré; gracias a Julia, mi Julita, y a Patricia, mi Patri, «mis chicas» del periódico, las que siempre están ahí, las que nunca fallan; gracias a Alberto, el hosco, ese que a mí siempre me ayuda, el mismo del que tanto aprendí y, por supuesto, del que continúo aprendiendo; y otra vez gracias a Guillermo Reparaz y a Ernest Kowalczyk; gracias a todos vosotros, Lalo, Julita, Patri, Alberto, Guille y Ernest, por regalarme vuestro tiempo y hacer de improvisados, casi «obligados», correctores para enmendar todos y cada uno de mis errores en el texto.

Gracias al doctor Abraham Huli por su total y absoluta predisposición a colaborar. Lástima que nuestros caminos se cruzaran en la recta final del proceso. Gracias por ponerme en contacto con Gabriel Razon, nieto de Jacko Razon. Y, por supuesto, muchas gracias a ti, Gabriel, por estar dispuesto a participar aquel domingo en la videollamada —Cecilia, siempre ayudando, ejerciendo de organizadora y traductora— en la que nos hablaste de tu querido abuelo.

Gracias a Juan Carlos Fernández, ilustrador de *Marca*, por poner su talento con el «pincel» siempre a mi disposición.

Gracias a *Marca* y a su director, Juan Ignacio Gallardo, por las facilidades dadas para disponer en este proyecto de todo el material —texto, fotografías y vídeos— empleado en el reportaje.

Gracias a Esther Sarfatti por querer «embarcarse» en esta aventura y por traducirme los textos del griego.

Gracias a Steven Harold Starry Adams por escucharme con paciencia durante las clases de inglés siempre que le hablaba, cuántas veces fueron, de mis avances con el libro y de cómo me sentía. Gracias por estar dispuesto a ayudarme con las traducciones.

Gracias a José María Faraldo, profesor de la Facultad de Geografía e Historia de la Universidad Complutense de Madrid, por recibirme en su despacho y contribuir a que yo tuviera acceso a aquel archivo al que tanto deseaba llegar.

Gracias a Birgit Pichler por ponerme en contacto con Christian Dürr, del Memorial de Mauthausen. Y gracias a la historiadora Rosa Toran y a la Amical de Mauthausen, que en el pasado ya me ayudaron con otros proyectos y que en este también aportaron su granito de arena —como siempre que a ellos recurro— en el comienzo de la investigación.

Gracias a Jordi Vidal, al que una tarde —al final fueron dos— «asalté» con todas mis dudas de inglés y él, con una eterna paciencia, una a una resolvió. Gracias por tu atención, desde luego, no pudo ser mejor.

Muchas gracias a Cris, porque siempre estuvo ahí a pesar de «mi ausencia». Gracias por tu paciencia, gracias por la espera, por tantas y tantas horas que te debo y que ahora vamos a disfrutar. Gracias por escuchar, gracias por aguantar. Y gracias por ese ordenador que te «robé» para escribir.

Gracias a mis padres, porque ellos, simplemente, se lo merecen todo.

Y gracias a todas aquellas personas que de alguna forma, por mínima que sea, hayan contribuido a que ustedes tengan hoy estas páginas entre sus manos.

¡MUCHAS GRACIAS DE CORAZÓN!

Referencias

La información de este libro procede de mi entrevista con Noah Klieger, de testimonios escritos y orales de los supervivientes de Auschwitz que se conservan en archivos y museos, de libros publicados por ellos mismos y de recuerdos contenidos en periódicos o en páginas web oficiales de los Memoriales.

A continuación, las notas:

Auschwitz, el ring de la muerte

40 «A los judíos, cuando se tenga poder para ello»: Goebbels, J. (2016). *Diario de 1945*. La Esfera de los Libros, p. 184.

40 «No debería transcurrir un solo día sin que el adolescente deje»: Hitler, A. (2018). *Mi Lucha*. Total Book, p. 192.

42 «No estaba en mis cálculos acceder con tal prontitud al puesto de comandante»: Höss, R. (2009). *Yo, comandante de Auschwitz*. Ediciones B, p. 96.

42 «La tarea que me incumbía de ahora en adelante»: *ibid*, p. 96.

43 «Sin duda, es mucho más fácil construir un campo nuevo»: *ibid*, p. 97.

43 «Todo debía concluirse lo más rápido posible»: *ibid*, p. 97.

43 «Empezaron a llegar internos polacos al campo de concentración»: Goldensohn, L. (2004). *Las entrevistas de Núremberg*. Taurus, p. 370.

44 «Para adquirir mano de obra y acomodarla a tiempo»: Setkiewicz, P. (2008). *The histories of Auschwitz IG Farben werk camps 1941-1945*. Auschwitz-Birkenau State Museum, p. 49.

El SS borracho y loco del boxeo

48 «Daba la impresión de estar permanentemente borracho»: *ibid*, p. 289.

En manos de los nazis

54 «Ven al cuarto de baño conmigo»: este momento de su captura lo cuenta Noah Klieger en el documental *Box for life*, dirigido por Uri Borreda.

Como no sepas boxear, vas a la cámara de gas

56 «Cuando vuelvo a ver esa escena que viví desde las primeras filas»: Steinberg, P. (2004). *Crónicas del mundo oscuro*. Círculo de Lectores, p. 50.

La dulce mirada del campeón del mundo

61 «Young Pérez estaba sonado»: *ibid*, p. 43.

61 «Vuelvo a ver la dulce mirada muda del campeón»: *ibid*, p. 45.

61 «A menudo hablaba con él, aunque se expresaba con dificultad»: Knoller, F. y Landaw, J. (2002). *Desperate Journey*. Metro, p. 191.

62 «A mí me interesaba este deporte»: Pawel Stolecki, en su testimonio que se conserva en el Museo Estatal de Auschwitz-Birkenau en Oświęcim.

62 «Formábamos una pequeña banda que vagabundeaba por el campo»: Steinberg, P., *op cit*, p. 44.

63 «Drancy no parecía más que un vasto bloque de apartamentos»: Knoller, F. y Landaw, J., *op cit*, p. 143.

63 «Era la esclusa que separaba»: Steinberg, P., *op cit*, p. 45.

63 «Fui testigo de las secuelas de dos»: Knoller, F. y Landaw, J., *op cit*, p. 147.

63 «Cuidado con Brunner y el boxeador»: *ibid*, p. 145.

63 «De vez en cuando, veía a Brunner»: *ibid*, p. 146.

64 «¿Es un campeón alemán de antes o algo así?»: *ibid*, p. 145.

64 «El Boxeador no solo por su predilección por pegar a la gente»: *ibid*, p. 147.

64 «Drancy fue la antesala de la muerte»: Kessel, S. (1972). *Hanged at Auschwitz*. Stein and Day, p. 43.

64 «Los prisioneros se peleaban por todo»: *ibid*, p. 44.

64 «Algunas noches todavía sueño con los niños»: *ibid*, p. 46.

El convoy 60

65 «De repente, anunciaron que habría un transporte»: Steinberg, P., *op cit*, p. 59.

65 «No teníamos la menor idea acerca del destino»: *ibid*, p. 45.

65 «Un autobús nos llevó a una estación»: Knoller, F. y Landaw, J., *op cit*, p. 150.

66 «La RATP, la compañía de transportes municipales»: Steinberg, P., *op cit*, p. 59.

66 «Cuando hubieron cerrado la puerta del vagón»: *ibid*, p. 62.

66 «Yo me uní a los demás para golpear»: Knoller, F. y Landaw, J., *op cit*, p. 151.

66 «¡Os enviamos a un lugar donde trabajaréis para la gloria del Reich!»: *ibid*, p. 151.
66 «El tren dio una sacudida hacia delante»: *ibid*, p. 152.
67 «No pasó mucho tiempo antes»: *ibid*, p. 152.
67 «Lo que hubiera fuera no podía ser peor»: *ibid*, p. 153.
67 «El tren paró en tres o cuatro ocasiones»: Steinberg, P., *op cit*, p. 62.
67 «Apareció fuera un carro tirado»: Knoller, F. y Landaw, J., *op cit*, p. 155.
68 «El tren se detuvo al tercer día»: https://deportation.yadvashem.org/index.html?language=en&itemId=5092632&ind=-1
68 «Estábamos en lo que parecía ser una estación»: Steinberg, P., *op cit*, p. 71.

Combates a la luz de los reflectores antiaéreos

69 «El quinto día, el Campeón fue asignado a las cocinas»: *ibid*, p. 46-47.
69 «A petición suya, me nombraron»: *ibid*, p. 47.
69 «Era un día de otoño dulce y gris»: *ibid*, p. 48.
70 «La explanada, grande como dos campos de fútbol»: *ibid*, p. 49.
70 «Frente al ring, doscientos oficiales»: *ibid*, p. 49.
70 «En la carpa, en las butacas para el público»: Zbigniew Kazmierczak, en su testimonio que se conserva en el Museo Estatal de Auschwitz-Birkenau en Oświęcim.
71 «En la esquina contraria»: Steinberg, P., *op cit*, 51.
71 «El Campeón empezó»: *ibid*, p. 52.
71 «En un momento en que estaba desequilibrado»: *ibid*, p. 53.
72 «Durante el segundo asalto»: *ibid*, p. 53.
72 «El gong sonó por última vez»: *ibid*, p. 54.
72 «Puede que le viera un par de veces más»: *ibid*, p. 56.

Más de veinte derrotas por una vida

80 «Como aficionado a los deportes desde pequeño»: Avey, D. y Broomby, R. (2011). *The man who broke into Auschwitz*. Hodder & Stoughton, p. 121.
81 «Delante de la carpa había combates de boxeo»: Jan Czekaj, en su testimonio que se conserva en el Museo Estatal de Auschwitz-Birkenau en Oświęcim.

Jackito es mi protegido, ¿está claro?

Las citas de Jacko Razon que se incluyen en este capítulo corresponden al testimonio que se conserva en Yad Vashem: YVA O.3/6396.
85 «Quien realmente me salvó fue mi buen amigo»: Handeli, Y. (1993). *A greek jew from Salonica remembers*. Herzl Press, p. 77.

87 «Destaca por la dureza de su estilo»: Municipality of Thessaloniki (2010). *Gymnastikos silogos Maccabi thessalonikis 1908-2010*, p. 92.
88 «Al segundo día, debido a las terribles condiciones»: Handeli, Y., *op cit*, p. 57.
88 «Las chicas de Salónica eran conocidas por su belleza»: *ibid*, p. 58.
88 «Esos admirables y terribles judíos salónicos»: Levi, P. (2004). *Si esto es un hombre*. Círculo de Lectores, p. 81.
89 «A pesar de su fortaleza física, los judíos griegos»: Handeli, Y., *op cit*, p. 68.

Al que veas muy débil, me lo mandas

Las citas de Jacko Razon que se incluyen en este capítulo corresponden al testimonio que se conserva en Yad Vashem: YVA O.3/6396
90 «A fin de despejar el campo de concentración»: Wachsmann, N. (2015). *KL: historia de los campos de concentración nazis*. Crítica, p. 391.
90 «Teníamos que pasar por un bloque»: Handeli, Y., *op cit*, p. 67.
91 «El doctor Kuenca fue un hombre inusual»: *ibid*, p. 74.
92 «Jacques también ayudó»: *ibid*, p. 77.

El círculo en la arena

Las citas de Jacko Razon que se incluyen en este capítulo corresponden al testimonio que se conserva en Yad Vashem: YVA O.3/6396.
Las citas de Salamo Arouch que se incluyen en este capítulo corresponden a lo que se publicó en la revista *People* el 19 de febrero de 1990 (https://people.com/archive/boxer-salamo-arouchs-death-camp-bouts-end-in-a-triumph-of-the-spirit-vol-33-no-7/) y en el diario *New York Times* el 18 de diciembre de 1989 (sección C, p. 2).
97 «Cuando Arouch llegó al campo»: Handeli, Y., *op cit*, p. 77.
100 «En la cocina, conocí a los dos boxeadores»: *ibid*, p. 76.
101 «Nos cargaron en vagones de carbón»: *ibid*, p. 82.
101 «Yo mismo lo hice»: *ibid*, p. 82.
101 «Es imposible describir el sufrimiento»: *ibid*, p. 83.
101 «Los griegos se ayudaron mucho»: *ibid*, p. 83.
101 «Un griego, no de Salónica»: *ibid*, p. 83.
102 «Un ucraniano, sabía que era ucraniano»: *ibid*, p. 87.

La promesa a papá

Las citas de Judah Vandervelde que se incluyen en este capítulo corresponden al testimonio que se conserva en Fortunoff Archive: Judah V. Holocaust Testimony (HVT-2137). Fortunoff Video Archive for Holocaust Testimonies, Yale University Library.

105 «Haber concebido y organizado las Escuadras»: Levi, P. (2004). *Los hundidos y los salvados.* Círculo de Lectores, p. 424.

109 «Nuestra jornada de trabajo empezaba temprano»: Müller, F. (2016). *Tres años en las cámaras de gas.* Confluencias Editorial, p. 217-218.

109 «Siempre me he preguntado cómo hacían esos judíos»: Höss, R., *op cit*, p. 147.

109 «Dado nuestro constante andar con los muertos»: Müller, F., *op cit*, p. 217.

Fingir para dejar de boxear

Las citas de Judah Vandervelde que se incluyen en este capítulo corresponden al testimonio que se conserva en Fortunoff Archive: Judah V. Holocaust Testimony (HVT-2137). Fortunoff Video Archive for Holocaust Testimonies, Yale University Library.

111 «Ellos [los miembros del Sonderkommando] sabían perfectamente»: Höss, R., *op cit*, p. 146.

Deja que sea Dios el que haga justicia

Las citas de Tadeusz Pietrzykowski que se incluyen en este capítulo corresponden al testimonio que se conserva en el Archivo del Museo Estatal de Auschwitz-Birkenau en Oswięcim. Colección Testimonios, vol. 88, pp. 1-38, Osw./Pietrzykowski/2013. Número de inventario: 164136.

119 «La guerra ennoblece y hace mejores»: Ringelblum, E. (2003). *Crónica del gueto de Varsovia.* Alba Editorial, p. 30.

La patada en los genitales

Las citas de Tadeusz Pietrzykowski que se incluyen en este capítulo corresponden al testimonio que se conserva en el Archivo del Museo Estatal de Auschwitz-Birkenau en Oświęcim. Colección Testimonios, vol. 88, pp. 1-38, Osw./Pietrzykowski/2013. Número de inventario: 164136.

123 «No han venido a un sanatorio»: Czech, D. (1990). *Auschwitz Chronicle 1939-1945: from the Archives of the Auschwitz Memorial and the German Federal Archives.* Henry Holt and Company, p. 13.

124 «Esta noche, las tropas polacas han abierto fuego»: Wachsmann, N., *op cit*, p. 219.

126 «Si no te lo hacemos a ti, ellos, los nazis»: Judah V. Holocaust Testimony (HVT-2137). Fortunoff Video Archive for Holocaust Testimonies, Yale University Library.

126 «Su tarea consiste en asegurarse de que se trabaja…»: Rees, L. (2005). *Auschwitz: los nazis y la «solución final».* Crítica, p. 41.

Cabezas hinchadas como una calabaza

Las citas de Tadeusz Pietrzykowski que se incluyen en este capítulo corresponden al testimonio que se conserva en el Archivo del Museo Estatal de Auschwitz-Birkenau en Oświęcim. Colección Testimonios, vol. 88, pp. 1-38, Osw./Pietrzykowski/2013. Número de inventario: 164136.

128 «En Auschwitz, los kapos recibían recompensas y privilegios»: Müller, F., *op cit*, p. 77.

128 «Como resultado de las actividades "deportivas"»: *ibid*, p. 81-82.

130 «Siempre había un público compuesto por los SS»: Shawver, K. (2017). *Henry: a polish swimmer's true story of friendship from Auschwitz to America*. Köehlerbooks, p. 95.

130 «Los alemanes llamaban a treinta o cuarenta prisioneros»: *ibid*, p. 96.

130 «La gimnasia [...] a menudo provocaba la muerte»: Kessel, S., *op cit*, p. 106.

130 «Si alguno de mis movimientos era incompleto o demasiado lento»: *ibid*, p. 106.

131 «Le conocí durante el primer día en el campo»: Declaración de Michal Piekoś: «Files in the criminal case of the former members of the SS crew at Auschwitz-Birkenau concentration camp», pp. 305-307.
https://www.zapisyterroru.pl/dlibra/publication/3216/edition/3197/content?navq=aHR0cDovL3d3dy56YXBpc3l0ZXJyb3J1LnBsL2RsaWJyYS9yZXN1bHRzP2FjdGlvbj1BZHZhbmNlZFNlYXJjaEFjdGlvbiZ0eBlPS0zJnNlYXJjaF9hdHRpZDE9Njcmc2VhcmNoX3ZhbHVlMT1EZWF0aCUyMG1hcnNoZXMmcD0w&navref=MmhiOzJncyAzMzk7MzJwIDJoYzsyZ3Q

131 «Como resultado de los agotadores ejercicios, del hambre»: *ibid*.

131 «No sé cuántas víctimas mortales»: *ibid*.

131 «A nuestra espalda comenzó lo que en Auschwitz se conocía como "deporte"»: Müller, F., *op cit*, p. 77.

132 «Se lanzaban contra el suelo»: *ibid*, pp. 77-78.

132 «Estaban exhaustos mientras el sudor»: *ibid*, p. 78.

132 «A punto de caer redondos de agotamiento»: *ibid*, p. 78.

132 «La mirada sangrienta de Vacek»: *ibid*, p. 78.

133 «*Herr Kommandant*, como ser humano»: *ibid*, pp. 80-81.

Solo esperaba que me disparara en la cabeza

Las citas de Tadeusz Pietrzykowski que se incluyen en este capítulo corresponden al testimonio que se conserva en el Archivo del Museo Estatal de Auschwitz-Birkenau en Oswięcim. Colección Testimonios, vol. 88, pp. 1-38, Osw./Pietrzykowski/2013. Número de inventario: 164136.

134 «Descubrí que Palitzsch»: Setkiewicz, P. (2014). *The private lives of the*

Auschwitz SS. http://www.auschwitz.org/en/museum/news/the-private-lives-of-the-ss-in-auschwitz,992.html.

137 «Palitzsch era el ejecutor de las sentencias de muerte»: Sobolewicz, T. (2010). *He sobrevivido para contarlo.* Museo Estatal de Auschwitz-Birkenau, p. 139.

138 «Le encantaba matar en el bloque 11»: Shawver, K., *op cit*, p. 135.

¿Quieres un poco de pan? Ven, vas a boxear

Las citas de Tadeusz Pietrzykowski que se incluyen en este capítulo corresponden al testimonio que se conserva en el Archivo del Museo Estatal de Auschwitz-Birkenau en Oświęcim. Colección Testimonios, vol. 88, pp. 1-38, Osw./Pietrzykowski/2013. Número de inventario: 164136.

140 «El público recuerda todavía al número 77»: Borowski, T. (1976). *This way for the gas, ladies and gentlemen.* Penguin Books, p. 114.

140 «La sala estaba llena de humo de cigarrillos»: *ibid*, p. 114.

El boxeador que salvó al boy scout

Las citas de Tadeusz Pietrzykowski que se incluyen en este capítulo corresponden al testimonio que se conserva en el Archivo del Museo Estatal de Auschwitz-Birkenau en Oświęcim. Colección Testimonios, vol. 88, pp. 1-38, Osw./Pietrzykowski/2013. Número de inventario: 164136.

145 «Teddy era *boy scout*»: Sobolewicz, T., *op cit*, p. 110.

145 «Él era del primer transporte»: *ibid*, p. 107.

145 «Pesaba treinta y cuatro kilos»: *ibid*, p. 77.

145 «Era Teddy, un boxeador de Varsovia»: *ibid*, pp. 107-108.

146 «Me di cuenta de que a mí también»: *ibid*, p. 118.

146 «Todo se arreglará»: *ibid*, p. 118.

146 «Me dio una palmada en el hombro»: *ibid*, pp. 118-119.

147 «Al poco rato vino Teddy»: *ibid*, p. 119.

147 «¿Estás loco?»: *ibid*, p. 119.

147 «Pues que trabaje»: *ibid*, p. 119.

147 «Está bien»: *ibid*, p. 119.

147 «Ahora todo depende de ti»: *ibid*, p. 120.

147 «La situación de un prisionero»: *ibid*, p. 125.

148 «Los cocineros comían la misma sopa»: *ibid*, p. 124.

Pelea, queremos ver cómo te destrozan la cara

Las citas de Tadeusz Pietrzykowski que se incluyen en este capítulo corresponden al testimonio que se conserva en el Archivo del Museo Estatal de Auschwitz-Birkenau en Oświęcim. Colección Testimonios, vol. 88, pp. 1-38, Osw./Pietrzykowski/2013. Número de inventario: 164136.

El ataque al comandante de Auschwitz

Las citas de Tadeusz Pietrzykowski que se incluyen en este capítulo corresponden al testimonio que se conserva en el Archivo del Museo Estatal de Auschwitz-Birkenau en Oświęcim. Colección Testimonios, vol. 88, pp. 1-38, Osw./Pietrzykowski/2013. Número de inventario: 164136.

152 «En Auschwitz no había tiempo para aburrirse»: Höss, R., *op cit*, p. 150.

152 «Tenía mucho que hacer»: Goldensohn, L., *op cit*, pp. 387-388.

153 «Debía proseguir mi tarea»: Höss, R., *op cit*, p. 150.

153 «Cuando el espectáculo me trastornaba»: *ibid*, p. 150.

153 «¿Tiene algún deporte favorito»: *ibid*, p. 390.

153 «La mayor parte del tiempo la pasaba en los establos»: *ibid*, pp. 17-18.

154 «Cuando tenía seis años»: *ibid*, p. 18.

154 «Cuando cumplí siete años»: *ibid*, pp. 18-19.

155 «Todos los miembros de mi familia»: *ibid*, p. 151.

156 «En otra ocasión en que montaba a caballo»: *ibid*, p. 178.

157 «A nada temía»: *ibid*, p. 18.

157 «¿Cuál cree que debería ser su castigo?»: Goldensohn, L., *op cit*, p. 381.

Kolbe

Las citas de Tadeusz Pietrzykowski que se incluyen en este capítulo corresponden al testimonio que se conserva en el Archivo del Museo Estatal de Auschwitz-Birkenau en Oświęcim. Colección Testimonios, vol. 88, pp. 1-38, Osw./Pietrzykowski/2013. Número de inventario: 164136.

Las otras citas de Mieczyslaw Koscielniak, Jozef Sobolewski, Franciszek Gajowniczek y Wladislaw Swies también pertenecen a sus testimonios en el Archivo del Museo Estatal de Auschwitz-Birkenau.

158 «Kolbe consiguió una victoria espiritual»: https://www.vatican.va/content/john-paul-ii/es/homilies/1979/documents/hf_jp-ii_hom_19790607_polonia-brzezinka.html.

El paquete de tabaco del Reichsführer

Las citas de Tadeusz Pietrzykowski que se incluyen en este capítulo corresponden al testimonio que se conserva en el Archivo del Museo Estatal de Auschwitz-Birkenau en Oświęcim. Colección Testimonios, vol. 88, pp. 1-38, Osw./Pietrzykowski/2013. Número de inventario: 164136.

163 «Aunque durante el día Himmler»: Höss, R., *op cit*, p. 216.

163 «Lo examinó todo muy detalladamente»: *ibid*, p. 212.

163 «Furioso por mis constantes quejas»: *ibid*, pp. 213-214.

164 «Ese hijo de su madre»: Shawver, K., *op cit*, p. 144.

164 «Él iba reluciente»: *ibid*, p. 144.

164 «No tenía un aspecto demasiado castrense»: Rees, L., *op cit*, p. 206.
164 «Los asesinatos, sin embargo, habían comenzado»: Benz, W. (2009). *El Tercer Reich: 101 preguntas fundamentales*. Alianza Editorial, p. 189.
164 «Tras inspeccionar Birkenau»: Höss, R., *op cit*, p. 214.
166 «He visto su trabajo y los resultados obtenidos»: *ibid*, p. 218.

El tifus por dejar K.O. al Asesino de Polacos

Las citas de Tadeusz Pietrzykowski que se incluyen en este capítulo corresponden al testimonio que se conserva en el Archivo del Museo Estatal de Auschwitz-Birkenau en Oświęcim. Colección Testimonios, vol. 88, pp. 1-38, Osw./Pietrzykowski/2013. Número de inventario: 164136.

Fragmentos de cartas a mamá

Las diversas partes de las cartas de Tadeusz Pietrzykowski que se citan en este capítulo forman parte del testimonio que se conserva en el Archivo del Museo Estatal de Auschwitz-Birkenau en Oświęcim. Colección Testimonios, vol. 88, pp. 1-38, Osw./Pietrzykowski/2013. Número de inventario: 164136.

El Rompehuesos

Las citas de Tadeusz Pietrzykowski que se incluyen en este capítulo corresponden al testimonio que se conserva en el Archivo del Museo Estatal de Auschwitz-Birkenau en Oświęcim. Colección Testimonios, vol. 88, pp. 1-38, Osw./Pietrzykowski/2013. Número de inventario: 164136.

Las otras citas de Bogdan Suchowiak, Adam Jurkiewicz, Ryszard Kessler y Stanislaw Osika que se incluyen en este capítulo pertenecen a los testimonios que se conservan en el Memorial del Campo de Concentración de Neuengamme.

Un polaco nunca tiene miedo a pelear

Las citas de Andrzej Rablin que se incluyen en este capítulo corresponden al testimonio que se conserva en el Archivo del Museo Estatal de Auschwitz-Birkenau en Oświęcim. Colección Testimonios, vol. 101, pp. 89-105, Osw./Rablin/2395. Número de inventario: 166989.

El púgil al que temían los kapos

185 «No puedes imaginar lo que el hambre»: Shawver, K., *op cit*, p. 110.
186 «Parecía una estrella de cine»: *ibid*, p. 53.
186 «Dos levantadores de pesas»: *ibid*, p. 61.
186 «No te preocupes»: *ibid*, p. 61.
186 «*Henyu*, ¿qué estás haciendo ahí abajo?»: *ibid*, p. 111.
186 «Estoy listo para morir»: *ibid*, p. 111

187 «Apareció un carro de mano»: Sobolewicz, T., *op cit*, pp. 122-123.
187 «Kazio empezó a boxear»: Shawver, K., *op cit*, p. 152.
187 «Kazio era uno de los hombres»: *ibid*, p. 112.
187 «Ahora tienes que ir»: *ibid*, pp. 111-112.
188 «Henry es mi amigo y tiene que vivir»: *ibid*, p. 112.
188 «Así es como sobreviví al campo»: *ibid*, p. 112.
188 «Pietrzykowski era uno de los buenos»: *ibid*, p. 154.
188 «Kazio era buen amigo»: *ibid*, p. 113.
188 «Me dijo que no me preocupara»: *ibid*, p. 162.
189 «Ese era Kazio»: *ibid*, p. 115.

Una propuesta de fuga

Las citas de Andrzej Rablin que se incluyen en este capítulo corresponden al testimonio que se conserva en el Archivo del Museo Estatal de Auschwitz-Birkenau en Oświęcim. Colección Testimonios, vol. 101, pp. 89-105, Ośw./Rablin/2395. Número de inventario: 166989.
190 «Apruebo cualquier medida»: Höss, R., *op cit*, p. 215.
190 «Esta plaga de evasiones»: *ibid*, p. 215.
191 «Bendera, según explica Laurence Rees»: Rees, L., *op. cit.*, p. 209.

El hombre que devolvía las ganas de vivir

Las citas de Antoni Czortek que se incluyen en este capítulo corresponden al testimonio que se conserva en: Mauthausen Memorial, 5.2.388, Mauthausen Survivors Documentation Project, *interview to* Antoni Czortek, 7/7/2002.
Las otras citas de Adam Jerzy Brandhuber, Augustyn Woznica, Erwin Olszówka, Aleksy Przybyla, Roman Zadorecki, Waclaw Dlugoborski y Andrzej Rablin pertenecen a sus testimonios en el Archivo del Museo Estatal de Auschwitz-Birkenau en Oświęcim.

El hijo resucitado y los padres asesinados

Las citas de Solomon Roth que se incluyen en este capítulo corresponden al testimonio que se conserva en Fortunoff Archive: Solomon R. Holocaust Testimony (HVT-2435). Fortunoff Video Archive for Holocaust Testimonies, Yale University Library.
208 «Dios, ten piedad de nosotros en este minuto final»: Engelking, B., Tych, F., Zbikowski, A. y Zyndul, J. (2004). *Memory: The history of polish jews before, during and after the Holocaust*. Shalom Foundation, p. 109.

Soy el hombre que te dio a tu marido

Las citas de Solomon Roth que se incluyen en este capítulo corresponden al testimonio que se conserva en Fortunoff Archive: Solomon R. Holocaust Testimony (HVT-2435). Fortunoff Video Archive for Holocaust Testimonies, Yale University Library.

Oficialmente, estás muerto

217 «Mañana te tengo que matar»: Kessel, S., *op. cit.*, p. 142.

218 «Nunca había perdido la esperanza de escapar»: *ibid*, p. 123.

219 «Nos habíamos fijado en una carretilla»: *ibid*, p. 128.

219 «Un poco antes de las seis de la tarde»: *ibid*, p. 137.

219 «Yo iba a ser el último»: *ibid*, p. 139.

220 «Aún hoy puedo cerrar los ojos»: *ibid*, pp. 139-140.

220 «Fue la imagen de mi madre»: *ibid*, p. 140.

220 «¿Qué ha pasado? ¿Por qué estoy aquí?»: *ibid*, p. 141.

221 «Medio delirando»: *ibid*, p. 143.

221 «Jakob era un antiguo boxeador»: *ibid*, p. 143.

221 «Mitad en alemán, mitad en francés»: *ibid*, p. 144.

221 «Oficialmente, estás muerto»: *ibid*, p. 146.

Jakob, el Rey bajo Tierra

Las citas de Boleslaw Staron, Edward Pecikiewicz, Stefan Markowski, Kazimierz Sowa, Zbigniew Sapinski, Franciszek Tomaszek, Stanislaw Tomaszek, Józef Razowski, Tomasz Siwiec, Julian Likus, Zdzislaw Hyla, Michal Popczyk, Hildegarda Mrzewa, Anna Sobolewska, Lucjan Sobieraj, María Grodon, María Wiercigroch y Aleksy Przybyla que se incluyen en este capítulo corresponden a sus testimonios que se conservan al Museo Estatal de Auschwitz-Birkenau en Oświęcim.

224 «Había llegado a Auschwitz a principios de 1943»: Müller, F., *op cit*, p. 149.

225 «Corría el rumor de que había»: *ibid*, pp. 149-150.

226 «Un preso muy robusto, Jakob»: Berler, W. (2001). *Superviviente del infierno*. Planeta, pp. 111-112.

Una botella con diamantes

Las citas de Harry Haft que se incluyen en este capítulo corresponden al testimonio que se conserva en el United States Holocaust Memorial Museum. Oral History | Accession Number: 1992.A.0128.41 | RG Number: RG-50.165.0041.

241 «¡Dadme a este hombre!»: Scott Haft, A. (2006). *Harry Haft: survivor of Auschwitz, challenger of Rocky Marciano*. Syracuse University Press, p. 49.

243 «¿Qué pasa aquí?»: *ibid*, p. 50.

Los generales de Berlín

Las citas de Harry Haft que se incluyen en este capítulo corresponden al testimonio que se conserva en el United States Holocaust Memorial Museum. Oral History | Accession Number: 1992.A.0128.41 | RG Number: RG-50.165.0041.

244 «Todos estaban atónitos»: Scott Haft, A. *op. cit.*, p. 22.
245 «Empezó a fingir que estaba borracho»: *ibid*, p. 30.
246 «Tú serás testigo de que yo no me comportaba»: *ibid*, p. 55.
247 «Vas a ser boxeador»: *ibid*, p. 60.
247 «Harry tenía dieciocho años»: *ibid*, p. 61 y p.62.
248 «Te has ganado una reputación»: *ibid*, p. 63.
248 «El francés se movía con habilidad»: *ibid*, pp. 65-66.
248 «La recompensa por la victoria»: *ibid*, p. 68.

Rocky Marciano

Las citas de Harry Haft que se incluyen en este capítulo corresponden al testimonio que se conserva en el United States Holocaust Memorial Museum. Oral History | Accession Number: 1992.A.0128.41 | RG Number: RG-50.165.0041.

250 «Voy a ser el primero»: Scott Haft, A. *op. cit.*, p. 149.
254 «Voy a luchar con todo mi corazón»: *ibid*, p. 151.

EPÍLOGO. *Un santo*

Las frases del Papa Juan Pablo II que se mencionan en este capítulo corresponden a su homilía del 10 de octubre de 1982 en la canonización de Maximiliano Kolbe: https://www.vatican.va/content/john-paul-ii/it/homilies/1982/documents/hf_jp-ii_hom_19821010_canonizzazione-kolbe.html.
268 «Mamá, cuando me reprochaste»: Vázquez Borau, J. L. (2012). *Vida de Maximiliano Kolbe*. Editorial San Pablo España.

ANEXO.
Teddy, el profesor de gimnasia

Las citas de Tadeusz Pietrzykowski que se incluyen corresponden al testimonio que se conserva en el Archivo del Museo Estatal de Auschwitz-Birkenau en Oświęcim. Colección Testimonios, vol. 88, pp. 1-38, Osw./Pietrzykowski/2013. Número de inventario: 164136.

El pequeño Joe Luis que no puede olvidar

Las citas de Jacko Razon que se incluyen corresponden al testimonio que se conserva en Yad Vashem: YVA O.3/6396.

El deportado que conservaba los pantalones
del campo de concentración

Las citas de Judah Vandervelde que se incluyen corresponden al testimonio que se conserva en Fortunoff Archive: Judah V. Holocaust Testimony (HVT-2137). Fortunoff Video Archive for Holocaust Testimonies, Yale University Library.

El niño que «vendía» caramelos en la escuela

Las citas de Solomon Roth que se incluyen corresponden al testimonio que se conserva en Fortunoff Archive: Solomon R. Holocaust Testimony (HVT-2435). Fortunoff Video Archive for Holocaust Testimonies, Yale University Library.

Auschwitz, el amor y el suicidio

290 «Esta tarde he asistido a un combate de boxeo»: Borowski, T., *op cit*, p. 113.
290 «Después del combate»: *ibid*, p. 114.

Auschwitz le dejó solo

292 «Fue el 15 de abril de 1945»: Handeli, Y., *op cit*, p. 89.

Treinta años de silencio y una vida para contar

292 «Guardé silencio sobre mis experiencias»: Knoller, F. y Landaw, J., *op cit*, p. 18.

Bibliografía

Avey, D. y Broomby, R. (2011). *The man who broke into Auschwitz*. Hodder & Stoughton.

Baud, D. (2009). *Alfred Nakache, le nageur d'Auschwitz*. Loubatières.

Benz, W. (2009). *El Tercer Reich: 101 preguntas fundamentales*. Alianza Editorial.

Berler, W. (2001). *Superviviente del infierno*. Planeta.

Biblioteca El Mundo (2009). *Diez días que transformaron Europa*.

Biblioteca El Mundo (2009). *Hitler aplasta Polonia*.

Biblioteca El Mundo (2009). *Hitler se pasea por los Países Bajos*.

Borowski, T. (1976). *This way for the gas, ladies and gentlemen*. Penguin Books.

Czech, D. (1990). *Auschwitz Chronicle 1939-1945: from the Archives of the Auschwitz Memorial and the German Federal Archives*. Henry Holt and Company.

De Wind, E. (2019). *Auschwitz, última parada: cómo sobreviví al horror* (1943-1945). Espasa.

Dwork, D. y Jan van Pelt, R. (2004). *Holocausto: una historia*. Algaba Ediciones.

Engelking, B., Tych, F., Zbikowski, A. y Zyndul, J. (2004). *Memory: The history of polish jews before, during and after the Holocaust*. Shalom Foundation.

Goebbels, J. (2016). *Diario de 1945*. La Esfera de los Libros.

Goldensohn, L. (2004). *Las entrevistas de Núremberg*. Taurus.

Handeli, Y. (1993). *A greek jew from Salonica remembers*. Herzl Press.

Hitler, A. (2018). *Mi Lucha*. Total Book.

Höss, R. (2009). *Yo, comandante de Auschwitz*. Ediciones B.

Jewish Community of Thessaloniki (2011). *Greek Jews in sport: The contribution of Thessaloniki*.

Kessel, S. (1972). *Hanged at Auschwitz*. Stein and Day.

Kleist, R. (2013). *El boxeador: la verdadera historia de Hertzko Haft*. Norma Editorial.

Knoller, F. y Landaw, J. (2002). *Desperate Journey*. Metro.

Knopp, G. (2005). *Los niños de Hitler*. Editorial Planeta.

Kogon, E. (2005). *El Estado de las SS: el sistema de los campos de concentración alemanes*. Alba Editorial.

Langbein, H. (2005). *People in Auschwitz*. Fitzhenry & Whiteside.

Levi, P. (2004). *Los hundidos y los salvados*. Círculo de Lectores.

Levi, P. (2004). *Si esto es un hombre*. Círculo de Lectores.

Müller, F. (2016). *Tres años en las cámaras de gas*. Confluencias Editorial.

Municipality of Thessaloniki (2010). *Gymnastikos silogos Maccabi thessalonikis 1908-2010*.

Rees, L. (2005). *Auschwitz: los nazis y la «solución final»*. Crítica.

Ringelblum, E. (2003). *Crónica del gueto de Varsovia*. Alba Editorial.

Roszkowski, W. (2015). *East Central Europe: a concise history*. Instytut Studiów Politycznych Polskiej Akademii Nauk.

Scott Haft, A. (2006). *Harry Haft: survivor of Auschwitz, challenger of Rocky Marciano*. Syracuse University Press.

Setkiewicz, P. (2008). *The histories of Auschwitz IG Farben werk camps 1941-1945*. Auschwitz-Birkenau State Museum.

Shawver, K. (2017). *Henry: a polish swimmer's true story of friendship from Auschwitz to America*. Köehlerbooks.

Simpson, K. (2016). *Soccer under the swastika*. Rowman & Littlefield.

Sobolewicz, T. (2010). *He sobrevivido para contarlo*. Museo Estatal de Auschwitz-Birkenau.

Steinberg, P. (2004). *Crónicas del mundo oscuro*. Círculo de Lectores.

Time Life Folio (2008). *La guerra relámpago*. Ediciones Folio.

Time Life Folio (2008). *Las SS*. Ediciones Folio.

Vidal, C. (1995). *El Holocausto*. Alianza Editorial.

Vázquez Borau, J. L. (2012). *Vida de Maximiliano Kolbe*. Editorial San Pablo España.

Wachsmann, N. (2015). *KL: historia de los campos de concentración nazis*. Crítica.

Zaloga, S. (2007). *La invasión de Polonia: Blitzkrieg*. RBA Coleccionables.

Otras fuentes:

http://auschwitz.org/
https://www.ushmm.org/
https://www.yadvashem.org/
https://fortunoff.library.yale.edu/
https://www.ehri-project.eu/
https://www.kz-gedenkstaette-neuengamme.de/
http://www.jmth.gr/
https://www.zapisyterroru.pl/dlibra
https://www.memorialdelashoah.org/
https://www.jewishmuseum.gr/
https://muzeum1939.pl/
https://www.mauthausen-memorial.org/
https://www.buchenwald.de/nc/896/
https://www.annefrank.org/
https://www.vatican.va/content/vatican/es.html
https://niepokalanow.pl/

Este libro utiliza el tipo Aldus, que toma su nombre

del vanguardista impresor del Renacimiento

italiano, Aldus Manutius. Hermann Zapf

diseñó el tipo Aldus para la imprenta

Stempel en 1954, como una réplica

más ligera y elegante del

popular tipo

Palatino

K. O. Auschwitz

se acabó de imprimir

un día de primavera de 2022,

en los talleres gráficos de Liberdúplex, s.l.u.

Ctra. BV-2249, km 7,4, Pol. Ind. Torrentfondo

Sant Llorenç d'Hortons

(Barcelona)